"职引未来" 系列丛书

金色年华
璀璨多姿

★★★

校友职业生涯成长故事

金华职业技术大学 / 编

机械工业出版社
CHINA MACHINE PRESS

职业教育是对接产业最密切、服务经济最直接的教育类型。近十年来，职业教育已累计为各行各业培养输送了6100余万高素质劳动者和技术技能人才，为经济建设提供了基础性保障。本书汇编了金华职业技术大学职业教育办学30年来99位校友的职业生涯成长故事，注重故事挖掘，以小见大，讲述他们在学业、事业及个人发展道路上的宝贵经验与智慧，让社会各界更加了解职业教育。该书可作为高校职业生涯规划课程的辅助读物，也可帮助中学生及家长熟悉金华职业技术大学相关职业的就业前景和发展趋势，为广大有志到金华职业技术大学接受高等职业教育的学子提供专业成长与职业发展上的帮助。

图书在版编目（CIP）数据

金色年华　璀璨多姿：校友职业生涯成长故事 / 金华职业技术大学编. -- 北京：机械工业出版社，2025.
2. --（"职引未来"系列丛书）. -- ISBN 978-7-111
-77890-5

Ⅰ. G718.5
中国国家版本馆CIP数据核字第2025623VK4号

机械工业出版社（北京市百万庄大街22号　邮政编码100037）
策划编辑：熊　铭　　　　　责任编辑：熊　铭
责任校对：张爱妮　李小宝　　责任印制：任维东
北京中兴印刷有限公司印刷
2025年4月第1版第1次印刷
184mm×260mm·19.75印张·382千字
标准书号：ISBN 978-7-111-77890-5
定价：88.00元

电话服务　　　　　　　　　网络服务
客服电话：010-88361066　　机　工　官　网：www.cmpbook.com
　　　　　010-88379833　　机　工　官　博：weibo.com/cmp1952
　　　　　010-68326294　　金　书　网：www.golden-book.com
封底无防伪标均为盗版　　机工教育服务网：www.cmpedu.com

编 委 会

前言

在时光的织锦上，每一缕丝线都承载着故事，每一抹色彩都映照着梦想的光芒。今天，我们手捧的这本《金色年华　璀璨多姿　　校友职业生涯成长故事》汇编了来自不同行业、不同背景的校友成长故事。这些故事，跨越了不同的时代洪流，从科技创新的前沿阵地到教育研究的深邃殿堂，从企业管理的波澜壮阔到社会服务的细微之处，每一个案例，都是对"匠心筑梦，技能报国"最生动的诠释。

他们之中，有人以创业者的姿态，勇立潮头，用智慧和汗水书写属于自己的商业传奇；有人则选择在平凡的岗位上默默耕耘，用坚持和奉献铸就职业的辉煌；更有那些勇于突破自我、不断追寻内心声音的探索者，他们在挑战与困境中涅槃重生，实现了职业生涯的华丽转身。这些故事，如同五彩斑斓的画卷，展现了校友们多姿多彩的人生轨迹，更深刻揭示了职业教育赋予人的无限可能与力量。

金华职业技术大学于2024年经教育部同意以金华职业技术学院为基础整合资源设立。其前身金华职业技术学院源于1994年筹建的民办金华理工学院，于1998年经教育部批准设立，1998—2000年，浙江农业机械学校、金华贸易经济学校、金华农业学校、金华师范学校、义乌师范学校、金华卫生学校相继并入。

在编辑此书的过程中，我们仿佛穿越时空，与每一位校友并肩同行，共同经历了那些或欢笑或流泪或挥洒汗水或坚持奋进的日日夜夜。我们力求以最真挚的情感、最细腻的笔触，还原每一个动人瞬间，让每一位读者都能感受到那份来自心底的震撼与感动。我们期待，这本书能够激发更多年轻人对职业教育的热爱与向往，激励他们在未来的职业生涯中勇往直前、追求卓越。

在此，我们要向所有参与案例分享的校友致以最崇高的敬意和最深切的感谢！是你们的真诚与勇敢、坚持与奋斗，为这本书增添了无尽的光彩与力量。同时，也要感谢所有为本书的编辑付出辛勤努力的校友和工作人员，是你们的智慧与汗水，让这本书得以顺利出版。我们深知，书籍的出版只是开始，而非终点。因编委会时间精力有限、校友信息掌握不全面等，致使诸多典型生动的校友故事未能一一汇编到本书内，我们对此向这些校友致以诚挚的歉意。同时，我们期待更多的校友与母校取得联系，向我们告知你们成长的心路历程，分享个人发展的经验与智慧，让"金职人"的故事持续书写下去。最后，让我们携手并进，在职业教育的广阔天地中继续书写属于我们的辉煌篇章。

目录

1. 从砖瓦之地到建筑之巅：筑就梦想的领航者

姓　　名： 王波

职业岗位： 中晨工程咨询有限公司董事长

所学专业： 房屋建筑工程

毕业时间： 2002年7月

以不懈的努力和坚定的信念，
在建筑领域书写了属于自己的辉煌篇章。
不仅继承了家族对建筑行业的深厚情感，
更敏锐地捕捉到国家发展的脉搏，
毅然投身于基础建设的热潮中。

　　我叫王波，是金华职业技术学院（可简称金职）房屋建筑工程专业2002届毕业生，任中晨工程咨询有限公司董事长，为国家一级造价工程师、高级工程师，曾参与多个综合开发项目的造价咨询工作以及工程项目的稽查工作和审计工作。

　　回望过去，那些关于选择、挑战与成长的记忆，如同砖石般构筑起我如今的成就。今天，我想与大家分享我的成长故事，一个关于梦想、坚持与超越的故事，希望能为正在奋斗的你带去一丝启迪与力量。

 高中时期：职业萌芽

　　我的故事，始于一个对建筑充满向往的家庭。家中长辈多从事建筑行业，每当他们谈论起高楼大厦、桥梁道路时，那份自豪与激情总能深深地感染我。家庭的熏陶让我对建筑业产生了浓厚的兴趣。在高考填报志愿的那一刻，我毅然决然地选择了金华职业技术学院房屋建筑工程专业。这不仅是家族使命的延续，更体现了我对国家发展脉搏的敏锐捕捉。

　　那时的我，内心便已种下了一颗承载着建筑梦想的种子，渴望在这片充满机遇的沃土上生根发芽，而彼时，正值基础建设亟须加强的时期，国家政策的春风为建筑行业注入了强大的动力，对专业人才的需求如饥似渴。我也敏锐地意识到，在这国家发展的关键时刻，也是我个人价值得以实现的宝贵舞台。因此，我毅然决然地投身于这股建设热潮之中，决心在建筑领域开拓出一片新天地，成为行业进步的领航者。

 高职时期：职业启航

　　进入大学后，我如饥似渴地学习专业知识，上大学就是为了学习，那时候课时多，但总觉得时间不够用，课余时间也是用来学习。学校的课程设置既丰富又实用，从基础的建筑材料学、力学、结构设计原理，到高深的工程造价、计量与计价、项目管理，每一门课程都为我日后的职业生涯打下了坚实的基础。

　　每年暑假，我都会主动争取去工地实习的机会，初到工地，我被眼前的景象深深震撼——高耸的塔吊、轰鸣的机器、穿梭的工人，一切都显得那么生动而真实。我戴上厚重的安全帽，穿上反光背心，仿佛瞬间融入了这个由钢铁与混凝土构建的世界。从最基础的测量放线开始，我手持卷尺，穿梭在钢筋水泥之间，每一步都小心翼翼，生怕有任何差错。我从最基本的测量放线、材料搬运工作做起，逐渐参与到施工图纸的阅读、工程量的计算等核心工作中。

　　最让我难忘的，是大二那年暑假实习，在参与一个大型商业综合体的施工过程中，我负责核对施工图纸与现场实际施工的吻合度。由于设计图纸的复杂性和现场施工的动态性，我遇到了前所未有的困难。施工图纸上的每一个线条、每一个符号都仿佛在向我提出挑战，而现场的各种突发情况更是让我应接不暇。那段时间，我几乎每天都"泡"在工地上，与工人们一起讨论解决方案，与设计师反复沟通调整方案。经过无数个日夜的奋战，我们终于克服了重重困难，确保了工程的顺利进行。那一刻，我深刻体会到了"纸上得来终觉浅，绝知此事要躬行"的真谛。

　　实习过程中经历了许多磨难和挫折，但也正是这些经历让我变得更加坚韧和成熟。它们不仅提升了我的专业技能和综合素质，也为我日后创业成功奠定了坚实的基础。

 工作时期：职业实践

　　在施工现场管理和工程造价两个发展方向中，我还是锚定了工程造价领域。后来在专业老师的推荐下，我成功入职浙江中信工程咨询有限公司。在这里，我参与了多个大型项目的造价咨询和管理工作，不仅积累了丰富的实战经验，还逐渐形成了自己独特的工作方法和思路。这段经历，为我日后的创业奠定了坚实的基础。

2012年，我开始创业，成立中晨工程咨询有限公司。创业初期，困难重重，资金短缺、团队不稳定、市场竞争激烈……每一个问题都像是一座大山，压得我喘不过气来。为了节约成本，我亲自上阵，既当老板又当员工，从项目洽谈、现场勘查到报告编制，每一个环节都亲力亲为。同时，我坚持诚信经营，以客户为中心，不断提升服务质量。正是这份坚持和努力，让公司在激烈的市场竞争中逐渐站稳了脚跟。随着公司业务的不断拓展，我意识到，单靠个人的力量是远远不够的。于是，我开始着手组建一支高素质、专业化的团队。我们共同面对挑战，共同分享成功的喜悦。

在团队的共同努力下，中晨工程咨询有限公司逐渐成长为行业内的佼佼者。历经二十余年风雨，公司从一家名不见经传的小公司发展成为服务各级政府、大型国企、大型房地产开发项目的综合性工程咨询机构，从手工作坊式运作到拥有自主研发的工程造价运营云平台的高科技企业，从偏居一隅到业务覆盖二十余个省市的全国性公司，成绩斐然，承接了包括国家电网在内的多个重大项目的造价咨询工作，电力行业造价营收在全国名列前茅。我更是有幸参与了《变电工程工程量计算规范使用指南》《输变电工程结算导则》等书籍的编写工作，这些经历不仅让我在专业领域赢得了广泛的认可，更让我深刻体会到了作为一名造价工程师的责任与使命。

在2016—2018年间，我作为西藏地区及新疆地区农网升级改造项目造价咨询小组的负责人，承担的项目为国家"十三五"扶贫项目及"三区三州"扶贫项目，由我负责带领的造价咨询小组克服了高原及偏远地区条件艰苦等不利因素，在时间紧任务重的情况下，圆满地完成了电力公司交办的任务，为国家"十三五"扶贫项目及"三区三州"扶贫项目电网造价精准控制贡献了绵薄之力，其中"三区三州"扶贫项目中西藏农网项目被党中央评为"全国脱贫攻坚楷模"称号。工作期间，我个人曾获得"国家建设项目优秀协审先进工作者""四川省电力建设行业先进个人"等荣誉。2021年，我在杭州牵头成立金华职业技术学院建工校友产业联盟，为从事建筑行业的金职校友搭建交流平台，促进校友间合作，目前联盟会员已超100人。

职场心路：职业寄语

梦想与坚持的力量不可估量。从满怀憧憬的少年到行业领航者，我深知每一步成长都源于对梦想的追求与不懈努力。面对困难，我以坚韧不拔的意志克服，诠释了"纸上得来终觉浅，绝知此事要躬行"的真谛。我坚信，只要心怀梦想、脚踏实地、勇于超越，就能书写自己的辉煌。

如今，当我回望来路时，心中充满了感激，从一个普通的建筑工人到如今的行业专家，每一步都凝聚着汗水与智慧。我也深知，没有国家的支持、学校的培养、同事的帮助以及家人的理解与支持，就没有今天的我。因此，我始终怀着一颗感恩之心，积极履行社会责任，回馈社会与母校。

（供稿单位：建筑工程学院）

2. 用专业守护生命之源

姓　　名： 顾家斌
职业岗位： 浙江中广饮水科技有限公司总经理
所学专业： 机械制造与自动化
毕业时间： 2010年7月

我们不断尝试和创新，不断试验提高净水标准，
秉承"健康、节能、高效、安全"的人居理念，
为净水行业创造高端技术，
执着专注、精益求精、追求卓越。

　　我叫顾家斌，现任浙江中广饮水科技有限公司总经理，先后参与起草了《产品碳足迹评价规范纯水机》团体标准、《反渗透纯水机生产技术规范》团体标准等5项团体标准，获得了"丽水市企业骨干人才（绿谷企业英才）"荣誉称号。我坚信只要肯努力，不管在哪里都能取得成绩。

　　说到机械制造与自动化专业，大部分人第一印象都是画图纸、搞设备。其实，机械专业呈现跨学科、多行业融合的特点，并非只有机械行业才需要机械专业人才，任何行业，无论是生产型企业还是研发型单位，只要使用设备、生产线，就有机械专业人才的用武之地。诸如印刷、物流、制药、食品、橡胶等行业都需要他们来安装和维护生产设备。在现代生产环境中，很多机械类产品都需要懂技术的人进行营销、售后，给客户介绍不同的参数，以便其选取合适的零件，这样才能真正实现将产品卖给客户。产品的管理者也同样要懂技术，只有懂技术，才能看到市场上欠缺哪类产品，才能针对市场痛

点，带领企业生产出优秀的产品。

我的工作就是与饮水设备打交道，通过不断优化饮水净水设备，提高净水效率和质量，当我研发的产品和技术方案为客户解决问题，收到消费者认可时，我会觉得自己的工作很有意义。

 ## 高中时期：职业萌芽

高中时，我就读于浙江省重点中学——浙江省平湖中学。高中的教育以理论教学为主，老师教我们一般都是"手拉手"领着教，在学习过程中学生很容易就养成依赖老师、只会记忆和背诵的习惯。在高中学习期间，我经常反思自己以后要干什么，应该怎么更好地努力学习，这也为以后坚定地选择机械专业打下了基础。

高中3年，在老师、家人的影响下，我对机械行业的了解逐步加深，也在网上看了很多机械技能竞赛作品，我也很喜欢沉浸在机械产品制作这种氛围中。从我职业生涯发展来看，高中的学习经历为我之后的专业发展奠定了良好基础。

 ## 高职时期：职业启航

高考后，我进入了金华职业技术学院。当时我通过亲戚朋友打听，金华职业技术学院的机械制造与自动化专业是学校的王牌专业，和我自己本身的兴趣也很对口，父母听说我学习这个专业也很支持，鼓励我通过学习好好掌握一门技术。

来到金华职业技术学院后，我对机械制造与自动化专业充满了期待，在大一开课的前几周，我就感受到了这个专业和传统学科的不同，它不单纯依赖于理论课程，而是更加注重动手能力和实际应用能力。我还在班级中担任团支书一职，在学好专业知识之外，管理能力大大增强。

大学时期大部分是基础课程，专业课则以机械制图、机械设计基础为主。由于专业特点，我经常会画图画到深夜，但最终当一幅高标准的机械图纸被我完美画出来时，我的自豪感会特别强烈。我也是在这个过程中慢慢体会到，人生不能因为一次失败就丧失信心，只要自己不放弃，就有机会获得成功。我的老师戴欣平也给了我很多鼓励，帮助我从高考的失败中重拾自信。戴老师特别强调，学历并非衡量个人价值的唯一标准，大专生同样能凭借不懈努力与卓越才能，在众多竞争者中脱颖而出。这也为我日后融入社会、踏入职场乃至晋升至管理层打下了坚实的心理基石。他教会我，无论身处何种环境，只要保持积极进取的态度，勇于面对挑战，就能开创属于自己的精彩人生。这段经历不仅丰富了我的学识，更塑造了我坚韧不拔的性格，成为我人生旅途中宝贵的财富，指引我不断向前，勇攀高峰，让我学会了如何在问题中寻找解决方案，为我后面工作打下了良好的基础。

 ## 工作时期：职业实践

　　毕业后，我的第一份工作是在日本电产新宝（浙江）有限公司做产品采购，后来又转岗到雅乐思电器集团从事产品开发，在这两家公司，我的设计水平得到了很大的提升。2015年我进入宁波京喜生活电器有限公司，担任技术负责人，这时我的工作开始向管理者转变。2018年，我来到浙江丽水，加入中广电器集团，先后担任净水事业部总监，两净事业部副总经理，2022年升任集团全资子公司浙江中广饮水科技有限公司总经理，由技术岗位全面向企业运营管理岗位转型。

　　2023年10月我担任中国质量检验协会净水设备专业委员会副会长，2024年3月担任中国膜工业协会净水分会副会长，先后起草了《产品碳足迹评价规范纯水机》团体标准、《反渗透纯水机生产技术规范》团体标准、《净水产品质量分级开水器》团体标准、《绿色产品家用净水设备》团体标准、《绿色产品商用净水设备》团体标准共5项；参与制定《绿色产品评价家用净水设备》国家标准、《反渗透膜测试方法》国家标准、《优质健康饮用水服务评价体系》团体标准、《紫外发光二极管（UVC-LED）饮用水杀菌器》团体标准、《水生态健康评价技术规范》团体标准、《住宅室内环境健康舒适系统应用技术导则》共6项；申请发明专利2项，参与实用新型专利17项，外观设计专利9项，荣获"丽水市企业骨干人才（绿谷企业英才）"荣誉称号。我的工作致力于为合作伙伴提供安全、可靠、稳定、有差异化，同时具备市场竞争力及议价权的净水产品。

职场心路：职业寄语

　　作为一名机械从业者，我很热爱这个行业，它不仅可以生产出一件件具有社会价值的净水产品，满足用户的需求，也让我找到了工作的意义。当我研发的产品能为社会进步做出贡献时，我对自己所学的专业知识深深地感到自豪。

　　这就是我的职业故事，我对职业的理解是：用心做好每一件产品，把产品当作事业、当作梦想，用心去做。对于想从事这个行业的同学，你要有足够的毅力，有克服困难的勇气，始终相信只要不放弃，终有一天梦想会实现。

（供稿单位：智能制造学院）

3. 我是"高铁医生"，为旅客出行保驾护航

姓　　名： 邱成业
职业岗位： 中国铁路上海局集团有限公司上海动车段动车组地勤机械师
所学专业： 机械制造与自动化
毕业时间： 2017年7月

安全优质，舒适出行，

检修故障，精益求精，

我相信只要用心，一切皆有可能。

　　我叫邱成业，是杭州动车运用所检修一班地勤机械师，现任杭州动车运用所检修一班副工长。我的工作内容是对动车运用所配属的一百多列高铁进行检修维护，保障动车组安全、优质、准时、准点上线运行，保障旅客安全舒适出行。

　　一列标准动车组列车的零部件有近50万个，任何一个"器官"出问题，都会影响动车组列车的安全运行，这对负责"望闻问切"的动车组机械师也提出了非常高的要求，在金华职业技术学院机械制造与自动化专业的学习奠定了我扎实的理论基础。

　　由于工作性质特殊，动车组白天上线运行，凌晨回所检修，第二天一早出库上线，工作量大、时间紧张、质量标准高，拥有机械与电气的专业基础，为我在工作中对故障点的发现、研判、处置争取了宝贵的时间，我也是在不断检修处置中学习并积累了丰富的经验。

 高中时期：职业萌芽

知之者不如好之者，好之者不如乐之者

　　高中我就读于温州市苍南县求知中学，这是一所普通高中，我将高中的大部分时间用在了学习我感兴趣的内容，我还乐意去钻研。

　　也许是受到我父亲的影响，他曾是一名木匠，经常会做一些带榫卯结构和简单机械结构的门窗等家具，以至于我高中时对"通用技术"这门课特别着迷。记得那时候我的

技术老师徐老师每周都会留一个产品设计课题，并要求同学们把它的机械结构画图展示出来，还设置了产品需要满足的要求，有时还会让我们动手把它制作出来。我印象最深的是学校里举办的"筷子搭桥""鸡蛋撞地球"等活动，那时候我对这些就非常感兴趣，研究怎样的结构稳定性更好、承载能力更强，最终总能在比赛中取得好成绩。

这些趣味比赛缓解了我高中时期巨大的学习压力，在比赛中去钻研、去动手、去实现，也潜移默化地培养了我对机械制造的喜爱。依旧记得那时"通用技术"这门课高考成绩差两分满分，也正因如此我高考后直接报读了金华职业技术学院机械制造与自动化专业。

 ## 高职时期：职业启航

知行合一、务实创新

大学时期，我选择了金华职业技术学院机械制造与自动化专业，这是我根据自己的兴趣和未来的职业规划深思熟虑后的决定。我深知，只有真正热爱，才能全身心地投入到学习中，去实践，去创新。每一次深入学习机械、电气电路原理，我都感到无比的兴奋和满足，我知道，这些知识将会是我未来职业生涯中不可或缺的基石。

大学的生活丰富多彩，我也积极参与其中。我担任了学院学生会主席、青年志愿者大队主席、机制143班班长等，这些经历不仅锻炼了我的组织协调能力，也使我更深入地理解了团队合作的重要性，更为现在班组的组织协调生产工作奠定基础。同时，我也没有忽视学业，多次被评为三好学生、优秀团干，四次获得校优秀学生一等奖学金，这些荣誉都是对我努力的肯定。在大学期间，我有幸获得了2015—2016学年国家奖学金，这是对我专业学习成果的最高认可。同时，我还获得了市优秀志愿者、校十佳大学生、校百名学习标兵等荣誉称号，这些都是我在大学期间积累的宝贵财富。更为重要的是，我在大学期间积极参与社会实践，将所学知识应用到实际中，各学年寒暑假社会实践论文一等奖、多个社会实践先进个人的荣誉，都是对我知识应用的最好证明。这些实践经验，使我对机械制造与自动化专业有了更深入的理解，也为我日后的工作打下了坚实的基础。

 ## 工作时期：职业实践

业精于勤，荒于嬉；行成于思，毁于随

从 2016年12月至2017年6月期间，我先后在单位安排下在上海虹桥动车运用所与上海

动车段高修场转向架车间实习。在虹桥动车运用所实习期间，我在技术组6S定置小组参与动车运用所内工位、设备、工具等相关物品的定置摆放。刚踏出校门的我，对于每件事情都想做到尽善尽美，所以在这期间我就利用业余时间，对将要摆放的工具物件、设备等进行学习研究并虚心向老师傅们求教。根据工位上的作业进程及相关作业内容和老师傅们的习惯，我将自身融入作业与使用过程中，以参与者身份合理地进行6S线、区域等定置工作。在虹桥动车运用所实习不久，我又被分配到高修场转向架车间的轮轴班组实习，主要学习分解后轮对的三、四级维修，正是这难得的实习机会使我对转向架结构轮轴部分有了更加深入的了解，对轮径尺、第五种检查器、内径尺等使用更加娴熟，特别是对轮对进行探伤维修前后的故障对比，为我现在对轮对故障的检查和判断打下了极为稳固的基础。在这实习期间，我跟着我们轮轴工长学习单车比武内容，他将平常教授集训队的技能毫无保留地传授给我，我还经常利用业余时间去其他车间练习，对单车检查检修技能有了很大的提升。

2017年7月从金华职业技术学院毕业之后，我正式被分配到杭州动车运用所工作，从高修场到运用检修车间，新的环境让我对自身业务水平学习又有了更高的要求。夜班中，一级检修作业任务多、时间紧，检查要到位、故障判断要精准，这对检修者要求甚高。在正式入路时我跟着师傅学习上部一级检修，顶岗2号位，从基础学起，从一趟趟作业执标到业余时间作业指导书参考资料自学、参加比武练习技能，再到不懂就追着师傅后面问，不断地学习上进，我的业务水平在一年内突飞猛进，进单位短短一年时间我就做到了1号位作业组组长，但是这并没让我对技能的提升有所松懈，我愈加对临修故障处理产生了浓厚的兴趣，时常利用作业间歇时间在临修师傅们处理故障时"偷师"。

我从"看"到"问"最后要求上手"尝试"，结束时都会记录对应故障处理所需工具、物料及料号、师傅们的技巧、个人小结等。在日常工作中我还利用闲暇时间提报所里的合理化建议及技术改进措施，其中"沪杭两端增设自助工具领用柜"这个项目就获得2020年第三季度成果奖。我同时还参与运用所2021年第二季度动车运用所检修作业指导书修订工作，对"CRH1B车钩风管检查维护""CRH1B前部车钩全面检查维护"两个项目的指导书进行修订。正是这积极进取不断精业务强技能的精神，使我在技能上有很大的提升，同时也获得领导们的认可。在入路短短三年时间就担任杭州动车运用所检修一班挂职工长职位，先后在督导组、质量检查组等多岗位锻炼，现任杭州动车运用所检修一班副工长职位。自2020年6月起，我学习的项目越来越多，机会也越来越多，挂职期间我不断向每个岗位上的老师傅虚心学习，特别是学习更多的临修故障处理，让我在技能方面有了更全面的提升。

职场心路：职业寄语

　　我时刻牢记自己的职责，以严谨的态度、精湛的技术，为旅客的出行保驾护航。工作之余，我仍然保持着对机械制造与自动化的热爱和追求。我不断学习新的知识，掌握新的技术，以适应日新月异的高铁技术发展。我相信，只有不断学习，才能不断进步，才能更好地为旅客服务。回顾我的学习和工作经历，我深感幸运和自豪。我感谢大学时期的学习和实践，感谢每一位老师和同学的帮助和支持。我将继续努力，以更专业的知识和技能，为高铁事业的发展贡献自己的一份力量。

（供稿单位：智能制造学院）

4. 奋飞不辍，薪火相传：从学生到老师的蜕变之路

姓　　名： 龚元冰
职业岗位： 重庆工商学校汽车专业教师
所学专业： 汽车检测与维修
毕业时间： 2017年7月

用"匠心"绽放理想之花，
用"匠行"精进专业技能，
从学生到老师的成长蜕变，
我相信，技能强国之梦终会化为传承。

　　我叫龚元冰，2014年，我怀着对专业技能的热忱进入金华职业技术学院，选择了汽车检测与维修专业。在这三年的学习中，我不仅积累了扎实的理论知识，更通过大量的实践操作，将知识转化为具体的技能，为日后的职业生涯打下了坚实的基础。如今，我在重庆工商学校担任汽车专业课教师。在这个岗位上，我深切感受到过去的学习不仅让我获得了专业上的成长，更让我对教育工作有了全新的理解。我认识到作为教师，培养学生的职业技能固然重要，但更关键的是帮助他们建立对职业发展的信心和规划。因

此，在教学过程中，我不仅注重课程内容的实用性，更努力引导学生在实际操作中培养解决问题的能力和创新思维。

我的工作也让我不断反思，教育不仅是知识的传授，更是对学生未来的塑造。我深知，每一堂课的背后，都承载着学生们对未来职业的期待，因此我始终以高度的责任感和使命感，激励自己不断提升教学水平，用实际行动去影响和引导学生。这段从学习到工作的历程，不仅让我成为一名教育工作者，也让我更加坚定了帮助学生走向成功的信念。

 ## 高中时期：职业萌芽

我出生于重庆市的一个偏远小山村里，自幼成长在一个质朴的农村家庭之中，父母为了生计远赴他乡务工。由于偏僻的地理位置，小学里仅有三位老师任教，其中两位是一对相濡以沫的夫妻，他们是韩荣老师和罗生德老师，他们以非凡的敬业精神，常常一人身兼数职，午休时还要不辞辛劳地为自带午餐的学生加热饭菜。这段求学经历，在我心中悄然种下了一颗梦想的种子——成为一名教师，我渴望有朝一日能够分担老师们的重负。步入社会后，我有幸再次见到那两位启蒙恩师，当我问及他们为何甘愿留守乡村，为学生们点亮知识的灯塔时，韩荣老师告诉我："有孩子的地方，就应当有老师的身影；而缺少老师的地方，更是我们责无旁贷的战场。"这句话深深地打动了我，让我对教育事业的使命感油然而生，愈发坚定。然而，受限于家乡教育资源的匮乏，初中时期，我被父母接到了浙江省台州市，开始了新的求学之旅。

高中阶段，我在台州市路桥区新桥中学就读。一次与同学在学校走廊上的闲聊，让我见证了同学的非凡观察力——他仅凭车辆驶过的侧影，便能准确道出品牌，甚至部分车型，这让对汽车品牌一无所知的我大为惊叹。这份惊奇让我对汽车世界产生了浓厚兴趣，于是我开始如饥似渴地探索汽车的品牌、型号、价格等奥秘。高考填报志愿之时，我几乎是毫不犹豫地选择了汽车检测与维修技术专业，希望能够在这个领域深耕细作，实现自己的价值与梦想。

 ## 高职时期：职业启航

在校的3年时光，我过得既充实又富有成效。我像一块饥渴的海绵，每日沉浸在知识的海洋中，不断汲取养分、锤炼技能。学校为我们搭建了卓越的学习平台，不仅配备了先进的汽车检修设备与丰富的教学资源，还汇聚了经验丰富的教师团队。尤其是参与技能大赛的经历，更是让我受益匪浅，收获了宝贵的经验与成长。

初入大学，听闻有比赛的消息，我便暗下决心，誓要在赛场上崭露头角，赢得荣誉。于是，大一暑假，我毅然前往台州市一家知名修理厂实习。尽管当时尚未学习专业的核心课程，面对陌生的工具和复杂的操作，我显得手足无措。但我没有退缩，而是选择主动出击，通过细致观察与勤奋学习，逐渐融入了这个新环境。我尤其记得第一天实习，为了打破尴尬，我主动向一位经验丰富的师傅学习，通过为他打光的方式，不仅协助了他的工作，也赢得了他的注意与认可。接下来的日子里，我重复着这份看似简单却意义重大的工作，直至师傅放心地将车辆保养的任务交予我。在修理厂，我日均完成近十辆车的保养工作，技能得以迅速提升。随着与师傅关系的日益紧密，我更是获得了参与试车及拆解发动机等专业性较高的任务的机会，这也为我日后的专业学习打下了坚实的基础。

大二伊始，我凭借大一暑假的实习经历，成功入选技能大赛选拔队伍。在指导老师杨杭旭和徐建军的精心指导下，我与队友们一同投身于紧张的训练之中。我们专注于汽车电路的研习，面对老师设置的种种故障挑战，我们团结协作，不断尝试与突破。在日复一日的磨炼中，我们不仅掌握了扎实的电路知识，还培养出了极高的默契度，一个眼神便能心领神会。最终，在比赛中，我们凭借出色的表现赢得了佳绩。我很荣幸能够加入这样一支优秀的团队，他们在我成长的道路上给予了我莫大的支持与鼓励。尤为难忘的是，比赛前两周，老师们常常熬夜为我们分析工单，指出出现的问题，并为我们量身定制解决方案。这段紧张而充实的训练时光，不仅让我的技能得到了质的飞跃，更让我学会了如何在压力与挑战中保持冷静与坚韧。我衷心感谢学校为我们提供的宝贵机会与平台，让我们得以在试错中成长，在挑战中前行。

 工作时期：职业实践

毕业之际，学校如期举办了年度招聘会，我虽参与其中，却因心系故土，婉拒了几份面试成功的邀约。随后，恩师们又热心地为我引荐了诸多知名企业，遗憾的是，那时的我满心只想归乡，与众多良机擦肩而过。回首往昔，方觉年轻时应勇于闯荡，地域不应成为束缚梦想的枷锁，毕竟岁月匆匆，三五载光阴转瞬即逝。

返回家乡后，我惊讶于家乡的巨变，尤其是汽车修理行业的蓬勃兴起，市场虽趋于饱和，但在电路与汽车电脑板维修领域却人才稀缺。于是，我拜入当地知名的电路大师门下，专攻汽车电路技术，凭借对汽车的无限热爱，我迅速成长为该领域的佼佼者。一个月后，曾经的指导老师找上我，让我回学校协助技能大赛，那份对母校的深深眷恋以及对师长的深切思念驱使我踏上了归途，再次投身于那段曾见证我成长的技能竞赛之旅。

初为人师，角色转换带来的不适在所难免，但随着时间的推移，我愈发沉浸于这份职业之中，深深爱上了机电学院这个温暖的大家庭。在这里，我不仅负责实训室的管理与实训课程的教学，还继续着我最热衷的技能大赛培训工作，只不过身份已从参赛者转变为指导者。2018—2019年，我所指导的学生连续斩获浙江省技能大赛一等奖，这既是对他们努力的肯定，也是对我教学工作的鼓励。

2020年初，基于多方面的考虑，我离开学校重返重庆，在重庆工商学校担任汽车专业课教师。幸运的是，我仍能继续指导学生参与技能大赛，将我的经验与热情传递给下一代。2023年，我更是勇于挑战自我，参加了全国职业院校教师教学能力比赛，并荣幸地获得了一等奖，这背后离不开大学时期在技能大赛中积累的宝贵经验与教师们的悉心栽培，它们为我奠定了坚实的专业基础，让我能够在教学舞台上自如演绎"剧本"，引领学生探索知识的海洋。

 职场心路：职业寄语

前方的道路虽长，但我誓将坚定不移地在汽车领域深耕细作，不断磨砺与提升自我，力求在综合能力上实现新的飞跃。在教育这片热土上，我将持续发光发热，将毕生所学倾囊相授，助力学子们茁壮成长。我衷心期望，每一位学弟学妹都能在学习之旅中收获满满，发现并点亮自己的独特光芒，照亮未来前行的道路。

（供稿单位：智能制造学院）

5.让"智能"不再是"只能"
——智能梦想家的创新之旅

姓　　名：李彤
职业岗位：浙江德硕科技股份有限公司研发工程师
所学专业：汽车检测与维修技术
毕业时间：2018年7月

智能科技追梦者，

致力于让平价智能工具普及的创业者，

让"智能"不再是"只能"。

我叫李彤，一个想让平价智能工具走进千家万户的人。回顾我的成长历程，我深感童年经历对我性格的塑造有着深远的影响。从小，我就生活在一个充满爱与鼓励的环境中，父母不仅重视我的学业，更鼓励我勇于探索未知，尝试新事物。这种氛围让我学会了坚韧不拔，面对挑战时总能保持积极向上的心态，相信努力总会有回报。在探索与尝试的过程中，我逐渐对学习产生了浓厚的兴趣，同时也发现了自己对技术创新的热爱。我享受解决问题的过程，喜欢思考并提出新的想法。这种勇于探索和创新的精神，在我后来的学习和工作中都得到了充分的体现。

 ## 中职时期：职业萌芽

由于初中时严重的叛逆，让原本在班级中名列前茅的我，学习成绩一落千丈，最终就读于市里一所职业高中——永康职业技术学校，学习汽车检测与维修。

在此期间，我初次感受到了机械的魅力：滑轮组、飞轮机构、连杆机构、张紧、啮合、过盈……老师通过一个个生动的案例向我们展示了这些机械原理在实际生活中的广泛应用。滑轮组的设计使搬运重物变得轻松，飞轮机构帮助机器保持稳定运转，连杆机构则让动力传递更加高效……这些看似简单的原理，实际上蕴含着深厚的科学知识，让我对机械工程产生了浓厚的兴趣。我开始思考，如果能将这些机械原理运用到更复杂的系统中，将会如何改变我们的生活？

与此同时，经历了叛逆期的我，开始展现出对书本知识的无限渴望。我就像一块干涸的海绵，迫切地在知识的海洋中汲取力量。每翻开一本书，字里行间都仿佛在向我诉说着一个个动人的故事，带领我踏上探索世界的旅程。我沉浸在知识的世界里，感受着知识的力量如何拓宽我的视野、激发我的思考。书籍不仅丰富了我的内心，也让我重新认识了自己，找到了人生的方向。随着阅读的深入，我逐渐明白，知识将是我未来道路上最坚定的伙伴。

 ## 高职时期：职业启航

来到金华职业技术学院后，丰富多样的实操车间让我对机械有了更深刻的理解。在一门名为"汽车文化"的课程中，我对智能设备也有了新的感悟。尽管我自认为是一个比较慵懒的人，但老师告诉我们："世界是由懒人推动的。"这句话激励我开始动手制作一些小玩意，以提升自己的生活品质。

在大一下学期，我参加了学院的"大学生职业生涯规划大赛"，并一路过关斩将，成功晋级浙江省总决赛。大一暑假，我接到老师的电话："李彤，做好准备，决赛即将来临。"在家里的两个月时间里，我废寝忘食地准备着决赛内容。站上赛场时，我充满信心，渴望赢得第一名。然而，由于硬件突发问题，我在赛场上慌乱失措，最终获得了第二名的成绩。这次经历让我对智能设备的研发产生了执念，激励我更加努力追求自己的目标。

 工作时期：职业实践

入伍时期

大学毕业后我通过直招士官入伍，成为一名光荣的消防武警，并于2019年11月代表南通支队参加第三届江苏总队全省消防部队信息通信岗位业务竞赛比武，获江苏省第一名。

在某一次火场救火时，因为设备受限火势无法详细探查。队长说："兄弟们，里面的情况不明确，只能硬着头皮上了。""只能"，又是"只能"。"这个装备没有办法，只能这样了。""现在我们增援没到，只能自己干了。""里面情况不清楚，只能兄弟们一步一步去蹚了。"过往的一幕幕浮现出来，理工生的倔强开始展露。在归队后我向队里申请了800元经费。队长问我要干吗。我说："我不想每次都是只能人去蹚。"

那一次我独自一人，坐在营地前。前面是我自己改造过的无人机和控制器。在飞机起飞时，我对着控制器喊道："指挥部，指挥部，李彤呼叫，李彤呼叫，收到请回复，收到请回复。"约莫半分钟后，我听到控制器上传来声音："收到，收到，李彤你成功了。"那一瞬间，我知道我的"智能"将不再仅仅是"只能"。2019年7月，开创无人机与指挥调度中心图传互通并在全支队推广，个人获嘉奖一次。

创业时期

2019年，我从部队退役，回到了社会。在探寻未来道路的过程中，我敏锐地发现了智能家居（工具）市场的巨大潜力——一个被誉为深蓝海的市场，随即全心投入其中。经过半年的深入市场调研，我意识到虽然智能家居的普及速度在不断加快，但其价格却依然居高不下，普通消费者难以承受。这让我看到了商机，也激发了我的使命感。我出生并成长在被誉为"五金之都"的地方，从小耳濡目染制造业的环境和精神，对于制造领域的理解和操作拥有得天独厚的优势。凭借这份优势，我有信心能够推动智能家居（工具）领域的发展，让更多的普通家庭能够享受到智能化带来的便利，同时确保产品价格更为亲民，以适应更广泛的市场需求。

近年来，智能行业逐渐走进人们的日常生活，越来越多的人开始意识到这一技术不再是遥不可及的梦想。智能工具如智能家具、AI绘画等，纷纷出现在我们的身边。然而，尽管这些工具渐渐普及，却仍面临相对高昂的价格和复杂的操作界面，使得许多用户难以快速上手。这是智能技术"只能"的表现之一。许多智能设备在设计过程中缺乏人性化考虑，导致使用体验不尽人意。因此，未来智能科技的发展必须重视用户体验，关注人性化设计，以提升智能技术的实际价值。

在创新与实践中绽放光彩，创办自己的公司，是许多创业者的梦想。而我，也在这条路上迈出了坚定的步伐。这里，我见证了智能设备的研发、实验，以及那些曾经只存在于脑海中的创意如何一步步变为现实。在这里，我仿佛回到了高中时代，那块渴望知识的干涸海绵再次被投入机械研发的汪洋大海中。每一天，我都沉浸在各种新技术、新理念的学习与实践中，感受着知识的力量和创新的魅力。而这一切的经历和体验，都为我后来走上研发工程师的道路打下了坚实的基础。

如今，我已经从公司管理岗位脱离，全身心投入到研发工作中。我相信，在未来的日子里，我会在这条道路上走得更远、更稳。因为我深知，只有不断创新、不断学习，才能在这个日新月异的时代中立足。

职场心路：职业寄语

从中职的初识机械，到大学的深入探索，再到工作时期的实践创新，我的每一步都踏在了智能技术发展的浪潮上。从最初的懵懂好奇，到如今的执着追求，我深刻体会到智能技术不仅改变了我们的生活方式，更激发了我对未知世界的无限向往。未来，我将继续秉承"以用户为中心"的设计理念，致力于智能技术的研发与创新，让智能科技真正融入我们的生活，成为我们不可或缺的得力助手。

（供稿单位：智能制造学院）

6. 从业24年，坚持做应急广播行业攀登者

姓　　名：赵震
职业岗位：杭州图南电子股份有限公司总经理
所学专业：应用电子技术
毕业时间：2001年7月

做一行爱一行，事不怕小，
只要努力去做，肯定能做成一番事业来，
这种脚踏实地、一点一滴干事业的精神，
是母校应用电子技术专业带给我的精神财富。

　　我叫赵震，现任杭州图南电子股份有限公司董事、总经理、高级工程师。我2001年毕业于金华职业技术学院应用电子技术专业，从大学毕业至今一直从事应急广播系统的研究，致力于为社会提供可信赖、便捷易用的信息广播产品和服务。从业20余载，先后获得浙江省科技进步奖二等奖（"多通道语音和心音信号的自适应处理与无线传输技术及其应用研究"项目）等奖项，参与多项国家行业标准起草以及《应急广播系统建设技术白皮书》评审工作，在各类专业刊物上发表多篇论文。

 高中时期：职业萌芽

　　我的高中母校是浙江省浦江县虞宅中学，现已更名为浙江省浦江县第三中学。

　　回忆起在虞宅中学的岁月，自己还是一个按部就班的高中生，浦江是全国著名的书画之乡和民间艺术之乡，有着浓郁的文化气息和深厚的文化积淀。学校里文学氛围、书画氛围特别浓厚，这样的校园文化熏陶了我，富足的精神生活对我今后的发展产生了深远的影响。

高职时期：职业启航

我是1998年考入金华职业技术学院应用电子技术（简称：应电）专业的，班主任是唐金花老师，她是东南大学毕业的，科研和教学水平都很高，我们都很尊敬和喜爱她。我们是金华职业技术学院应电专业的首届学生，故在教学上，无论是理论课教学，还是实验项目试做，老师们也是第一次，都格外认真。当时专业里聘请了四位浙江大学教授主讲专业课程，实验室都是新建的，老师们日夜学习、备课、做实验、批改理论作业，不敢有一丝怠慢。

我和几个班委被老师们任命为学习小助手，为了完成全班同学的实验指导，我们在老师的指导下先把自己的任务完成，自己做完后再协助老师一个组一个组帮助指导、测试，记录数据也格外详细，每一份实验报告都写得有理有据，形成了"教授—助教—学生"一体的学习氛围。那时候，虽然学习条件有限，但是每一个电路，我们都想方设法研究通透，整本书的每一道理论题目，我们都啃过、做过。有时为了所有人都完成实验，老师和学生们一起把2节课的实验延长到4节课、6节课，直到每个人都满意而归。

我们在学校生产工艺课上练习了收音机的焊接，这个项目深受大家喜爱，自己组装成功一个收音机很有成就感，这个项目也对我今后的工作产生了深远的影响，使我走向了应急广播行业。

在学生管理方面，师生共建的模式也很有特色——以抓学风促班风为目标，高职学生与中职学生一起开展文体活动，高职学生引领中职学生，当大领班。我在班里担任生活委员，在学校也组织了团委、学生会的多项活动。学校很重视学生自我管理能力的培养，做好了有加分，做不好就扣分，赏罚分明，着重培养了我们勤奋、积极、谦逊、和善的品行。那时候，无论学习多辛苦、工作多紧张，大家总是开开心心、乐观积极、和谐上进、不服输，这些在学校形成的习惯，为我今后的工作与创业奠定了坚实的基础。老师们淳厚的治学风范造就了应用电子技术专业强劲的发展动力，我也为自己能成为应电专业首届学生而感到自豪。

 工作时期：职业实践

工作初期

我工作后一直从事广播产品研发设计、生产、销售等工作，刚开始客户群体主要为农村乡镇广播、学校广播、公园广播、工厂企业广播等小区域的内部广播，广播通过无线电发射机与接收机组成内部系统，不受外面信号干扰。

我们公司的业务与母校应用电子技术专业的核心课程对接非常紧密，每年都有母校的老师过来找我安排实习与共建课程，刚好让我在毕业后有了继续与母校交流的机会，我公司成了母校的示范性合作基地，我也成为母校的兼职教师，每年都对口联系学弟、学妹参加实习。那时候学弟、学妹最熟悉发射机、广播接收机，特别是广播接收机，人手会做，成为学弟、学妹最能理解的一个应用系统。

2008年，随着母校的应用电子技术专业被评国家示范高职院校重点建设专业，母校对应用电子技术专业进行了教学改革，派了模拟电子技术、高频电子技术、电子产品生产工艺与管理、电子产品制图与制板、电子产品营销与客户管理、电子产品装调实习等课程的老师进入我公司的对应岗位与公司员工共同开发课程，我们双方的团队经常一起讨论，母校以声音为信息载体开发的便携式喊话器、50W音频功率放大器、收音机、发射机等产品进入"电子电路调试与应用"课程及相关教材，该课程评上了国家级精品课程，教材入围国家级"十二五"规划教材，为一届届应用电子技术专业的学弟、学妹打好了扎实的基础。

二次创业

随着公司业务拓展及技术发展，我于2012年同核心团队去杭州开启二次创业，合伙创立图南电子，探究应急广播的数字化、智能化发展之路。

母校也陆续输送毕业生到我公司就业，如郑浩渊（应电专业07级，现任杭州图南电子股份有限公司市场管理部总监，高级工程师）、苏佳佳（应电专业10级，现任杭州图南电子股份有限公司研发中心硬件部副经理，高级工程师），一批又一批的学弟、学妹慕名找到公司参与实习与就业，我自己也在工作过程中荣升为公司总经理，我与母校一同成长着。

从2012年到现在，杭州图南电子股份有限公司已发展成为集研发、生产、销售、服务于一体的国内知名应急广播领域的专精特新企业。

24年来，从学校到工作我一直追求一个产品做到极致，从小产品做到大系统，从弱小的创业团队到近200人规模、年销售额超2亿元、利税超6000万元的规模以上企业。

近些年，复杂多变的市场环境、日趋繁重的企业管理工作，让我认识到进一步系统学习企业管理知识的必要性和重要性。于是，我利用工作之余的闲暇和差旅在途等时间备考，2023年，以过线近40分的成绩，顺利考取浙江大学非全日制MBA研究生。

24年的耕耘与收获，凝聚着创业者的艰辛与付出。《庄子》说："北冥有鱼，其名为鲲……背负青天，而莫之夭阏者，而后乃今将图南。"12年前我选取"图南"作为公司的名字和品牌，来表达我们希望在应急广播领域实现冲天豪气、凌云之志、音声向远、语达解忧、造福万民的愿景。

✅ 职场心路：职业寄语

我想这种脚踏实地、一点一滴干事业的精神是母校应电专业带给我的精神财富，我也希望我的学弟学妹们能秉承这样的实干精神，做一行爱一行，事不怕小，只要努力去做，肯定能做成一番事业来。

[供稿单位：信息工程学院（怀卡托国际学院）]

7. 在电力线路上风雨兼程

姓　　名： 李万正
职业岗位： 杭州西铭电子有限公司总经理
所学专业： 应用电子技术
毕业时间： 2002年7月

应用电子技术专业真的很有意思，
每一根电线、每一块芯片、每一个元器件，
组合起来会产生不一样的效果，
就好比人生，遇到每一个人、每一件事都是有意义的。

我叫李万正，曾担任浙江省某电子研究所副所长，后来辞职创业，创办了杭州西铭电子有限公司。

我公司主要做仪器仪表，目前主要为国家电网和中国石化服务，专注于综合能源服务中的设备监测、状态诊断、大数据分析，是应用电子技术领域里的一个小门类，但是技术含量很高。公司拥有20多项专利和软件著作权，是杭州市高新技术企业、杭州市软件企业、浙江省科技型中小企业。

 中专时期：职业萌芽

　　我就读于安吉技师学院。其实当时我的中考分数已经达到普通高中录取线了，但是从长远发展、就业考虑，我还是选择在一所中等专业学校攻读电工电气专业，想着未来能去供电系统相关单位工作。

　　在中专，我一直很努力学习，连续三年都是第一名，都获得一等奖学金，其间，还担任过学校学生会干部，被评为学校优秀毕业生。

　　我非常感谢国家，中专刚毕业那年，国家对高考政策进行了调整，中专毕业生可以参加普通高校招生考试。面临人生岔路，当时如果直接就业，我可以去华东天荒坪抽水蓄能有限公司或者国网浙江安吉县供电有限公司上班，但是我还是选择了高考。我的高校报考志愿很明确，要么选择职业院校继续学习电子电气类相关专业，要么选师范类专业，等毕业后回中专任教。

　　当年高考，我发挥失利没有考上浙江师范大学。于是，我开始了解各个职业院校的电子电气专业，我发现金华职业技术学院的专业设置、师资配备、实践历练、就业情况等，与同类院校相比，更加吸引我，所以，我填报了金华职业技术学院应用电子技术专业。

 高职时期：职业启航

　　3年大学，我履行了对自己的承诺，学业上虽然没有获得第一名，但是基本是排在班级前列，每学期都荣获奖学金。我始终认为学生的第一要务就是学习，只有在完成学习任务的前提下，才能去做其他事情。

　　我在学校担任了学习部部长、分院学生会主席、总院学生会主席。学生干部经历真的对我之后就业、创业有很大的影响，因为这段经历大大提高了我的执行力、行动力以及应急处置能力。而这些也是专业课程所学不到的。

　　我记得有一次机械系与建工系比赛，比赛非常激烈，双方队员情绪激动，现场搞得非常不愉快。我担心事后会发生冲突，于是，事后与双方队员积极沟通、耐心劝导，利用之前建立的良好关系，成功地把矛盾化解了，避免了冲突升级和不良情绪的"淤积"。那一次我深深地意识到，学生干部就是老师与同学之间的纽带，到了关键时刻你必须挺身而出，这就是学生干部的责任感和正气。

担任学生会主席期间，我意识到不仅要实实在在地做事，还要时刻关心每一名同学的思想与生活情况，积极组织内部团队建设，用心完成每一件事，勤于思考总结。我自己都没想到这样一点一滴的积累，在我日后的求职过程中起到了很大的作用。

临近毕业实习，我去浙江省某电子研究所应聘，当时招聘分笔试和面试两个部分，笔试主要考技术测试，我的成绩并没有十分突出，但是面试我是第一名，因为主要问我在校期间组织策划活动、实践经历相关的内容。这对我来说，都是亲身亲历过的，我答得很实在也很细致，面试官对我非常满意，没过几天我就收到了实习上班的通知，成为一名销售助理。细节之处见真章，大概就是这个意思吧。

 工作时期：职业实践

工作初期

刚进研究所时，我是一名一线业务员，留意细节、做事勤快、不怕吃苦，是我工作的秘诀。例如，我每天上班提早一小时到达办公室，打扫自己和所长的办公室。虽然这不是什么大事，但是我却一直坚持。当时的我月月蝉联销售冠军，单位的销售额最多时呈十倍增长，原本需要一年时间转正，我只用了三个月就完成了。

对于业务员来说，最硬核的成绩就是销售额。无论当初做销售助理还是后期自身创业，我都把三样东西放在最重要的位置：过硬的产品质量、到位的技术服务、良好的人格魅力。我卖的产品并不比别人便宜，但是我一直秉持"做不到的不说，虚假的不说，言必信、行必果"的原则。

有一次，我的客户在产品使用上出现了问题，我立马协调研究所技术员前往客户公司沟通，发现是操作不熟悉造成的，于是，我亲自到客户公司与运维主管联系，因为有应用电子专业基础，我可以现场指导操作员，让客户对我们的售后服务质量赞不绝口。

经过一次次用心的服务，我的客户越来越多。从2002年4月—2005年10月，我在研究所奋斗了三年多，便从一名销售助理一跃成为副所长，主管销售工作。三年的积累与成长，让我逐步在管理、经营理念等方面形成了自己的一整套思路与设想，自立门户的念头悄悄萌生了。

创业时期

通过在研究所的这段经历，我积累了丰富的人脉资源、做事经验，熟悉了市场规则，在找到两个合伙人后，我便开启了创业之路。

创业路上的酸甜苦辣不言而喻。创业初期，最大的挑战就是资金问题。刚开始准备注册资金50万元，对于初入职场三年多的我来说，这是很困难的。于是，我退而求其次，将注册资金从50万元降到20万元，等公司上了轨道后再增资，到现在公司注册资本已经达到1688万元。

钱的问题解决了，产品研发成了第二大问题，我们要针对国家电网和中国石化这类公司的变电站，专门做一套检测设备仪器，这套设备仪器在当时国内做得并不多，属于一个冷门设备仪器，可学习借鉴的设备仪器不多，全靠我带领几个技术员没日没夜地研发测试。好在当时浙江大学将一个实验室开放给了我们，为我们的产品研发提供了很大的帮助，最终完成了电能质量分析仪、局部放电测试仪等一系列设备的研发。现在，我们每年都要进行设备仪器更新，如果不更新，很快就会被行业所淘汰。

在创业路上行走了19年，最让我骄傲的，就是客户忠诚度和公司口碑。我认为民营企业，要严格执行国家政策要求，合理安排员工时间，定岗定责，提升工作效率。现阶段，我仍将公司定位为小微科技型企业，企业业绩稳步上升，员工幸福感逐步提升。令我欣慰的是，公司成立到现在，没有一分贷款和欠债，赚的每一分钱都是实实在在的。

 职场心路：职业寄语

我来自农村，父母都是朴实的农民，靠种地及微薄的锯木生意将我与弟弟抚养成人。我也在成长的路上学会依靠自己，磨砺了吃苦耐劳的意志。回首往事，我觉得大学生不要盲目创业，最好先择业后就业，锻炼吃苦能力，积累经验，选择一个喜欢的领域沉淀8~10年的时间，再进行创业。

[供稿单位：信息工程学院（怀卡托国际学院）]

---

8. 当家门口的医生，做群众健康的守门人

姓　　名：黄颖

职业岗位：义乌市福田街道社区卫生服务中心副院长

所学专业：药学

毕业时间：1998年7月

在以药物战胜病痛的服务中享受快感，
在责任担当中守护群众健康的大门。

我叫黄颖，在义乌市福田街道社区卫生服务中心工作20余年。自金华卫生学校毕业，我以西药库员工身份起步，从一名普通的员工成长为副院长。在职业生涯的旅途中，我有幸获得了多项荣誉。2018年，获得"义乌市委平安先进个人"荣誉称号；2020年获得"义乌市统战部最美抗疫个人""义乌市农工党基层委优秀党员"荣誉称号；2021年获得"农工民主党浙江省委社会服务工作先进个人"荣誉称号。这些荣誉既是对我过往努力的认可，也是我未来前行的动力。

 ## 初中时期：职业萌芽

我出生于义乌的一个小村庄，成长在一个普通的农村家庭，父母都是朴实的农民。11岁那年，我怀揣对未来的憧憬和对知识的渴望，踏入了义乌市东河初中的校门。那时的我，对一切都充满了好奇，每一天都像是在探索未知的宝藏。初中三年，我埋头于书本之间，努力学习，成绩始终名列前茅。

然而，升学的选择让我很纠结。上高中，意味着继续学习文化知识，并伴随着未知的激烈的竞争和挑战；上中专，则能更快地掌握一门技能，将来的就业有保障，并且还能上城市户口、吃商品粮、分配工作。我的内心充满了矛盾，在与亲朋好友一起反复权衡后，我选择了就读中专，进入金华卫生学校药学专业学习。踏入全国重点中专金华卫生学校的大门让我提前进入了职业发展阶段。

 ## 中专时期：职业启航

进入金华卫生学校学习，正式开始了我的药学专业之旅。三年的中专经历是我专业知识积累的关键时期，更是我个人性格塑造、能力提升和自我认知深化的重要阶段。

学校开设了系统的药学课程，从基础的药理学、药物化学到药剂学、药物分析，每一门课程都让我对药学有了更深入的了解。在学习过程中，我逐渐发现，自己对药学充满了浓厚的兴趣，那种通过药物帮助人们缓解病痛、恢复健康的成就感，让我更加坚定了自己的职业选择。

确定了目标之后，我高效利用早晚自习时间和一日三餐的空余时间，努力通过自主学习去加强自己对专业知识的理解。我知道自己的不足，也明白自己需要比别人付出更多努力。起初遇到不会的题目，逢人便问，大半个班的同学都被我问过，渐渐地我会的题目越来越多，专业知识掌握得也越来越好，就变成其他同学来找我问问题了。

然而，中专的学习生活并非一帆风顺。由于年龄尚小，我在面对繁重的课业和复杂的专业知识时，也曾感到过迷茫和挫败。但我深知，只有通过不断的学习和实践，才能真正掌握这门学问，为将来成为一名合格的药师打下坚实的基础。

 ## 工作时期：职业实践

这是我人生旅程中最为丰富多彩、充满挑战与机遇的一段时光。从初入职场的青涩与懵懂，到逐渐成长为能够独当一面的专业人才，在不断的努力中我树立了正确的人生观和价值观，同时也找到了职业发展方向。

1998年，我带着对药学事业的满腔热情和紧张期待踏入了工作岗位。刚开始，我被分配到了西药库工作，主要工作内容是记住药品价格、不良反应、相互作用等，不能出现配伍禁忌。一开始，面对各式各样的药品、严格的配伍禁忌以及患者们焦急的询问，我感到了前所未有的压力。在那段时间，我记得很清楚，有一位同科室的老前辈给了我很大的帮助。她和我妈妈年纪一样大，对我们这些新来的同事非常关照，有什么不懂的事情都可以向她请教，在她的帮助下，我逐渐适应了工作环境。

之后随着工作经验的积累，我逐渐从一名普通的药剂师成长为科室的骨干。我不仅熟练掌握了各类药品的性质、用途以及用法和用量，还学会了如何根据患者的具体情况进行个性化用药指导。我深知，作为一名药师，我们的工作直接关系到患者的健康和安全，因此我始终保持着高度的责任心和敬业精神。工作之余我也不放弃继续学习，努力提升学历。2002—2006年，我先后完成了浙江医科大学函授专科以及浙江大学的自考本科学业。

2016年，国家为了保障和维护群众健康，方便群众看病就医，推出家庭医生签约服务项目。新政策出台第一年，村民们对此政策不了解，我们就进村进行宣教普及。我利用每周五村干部集中办公的时机每周一次进村宣传，拿着精心准备的资料耐心讲解，让村民了解家庭医生签约的优势，可以享受什么福利、报销比例怎么样等这些切实利益问题。通过长时间的宣传，慢慢地这项工作也稳步推进下来。

又是一个周五，我准时出现在村民王大爷家里，他之前在镇上看病，镇上医生建议再去上级医院检查。王大爷和我说了这事，比较担心费用问题。我告诉他签约了家庭医生之后，可以由我们医院出具转诊单，到上级医院挂号窗口免挂号费，而且一些大型检查费用和医药费也有相应的减免比例，王大爷听了之后也放下了担心。拜别了王大爷之后，我又去了李奶奶家里给她测血压，看到血压数值都到了165/100毫米汞柱，我急忙问她有没有服药，确定是忘记服药后，我告知她不按时服药的危害，李奶奶找到药立即服下，并且保证以后不会忘记。这段作为家庭医生的服务经历，不仅让我成为连接医院与村民的桥梁，更让我深刻体会到"健康所系，性命相托"的沉重与荣耀。

 职场心路：职业寄语

针对那些满怀热情或即将步入药学殿堂的学弟学妹们，我愿以过来人的身份，分享几点诚挚的建议：

首先秉持极致的细心和严谨。药学作为一门学科，常常在细微之处见真章。药物分子结构中的一个微小变化，或是剂量调整上的一丝偏差，都可能对药效产生重大影响，甚至危及患者的生命安全。

其次，培养强大的逻辑思维能力。深入理解药物的作用机制、掌握药物间的相互作用等复杂关系，这不仅关乎个人的专业素养，更是为人类健康保驾护航的基础。

此外，学习药学不仅是知识的探索，更是责任的担当。作为未来的药学工作者，你们将肩负起守护人类健康的崇高使命，请保持对药学的热爱与敬畏，持续追求新知，精进技能，以实际行动践行这份神圣的责任。

最后，珍惜在校的宝贵时光，它是你们积累知识、锻炼能力的黄金时期。请勇于面对挑战，积极参与学校活动、项目比赛或志愿服务，不断突破自我，让每一次努力都成为通往卓越的阶梯。展望未来，我相信你们定能在药学的广阔舞台上大放异彩，用智慧和力量为人类的健康事业书写辉煌篇章。加油，药学学子们！

（供稿单位：制药工程学院）

9. 校园到商海的热血征程

姓　　名：杨强
职业岗位：浙江华奥商务信息有限公司董事长

所学专业：市场营销

毕业时间：2013年7月

对成功的渴望，

会化作我们前行的动力。

每一次突破，

则是对自我价值的最好证明。

　　在人生的长河中，每个人都是自己故事的书写者。对我而言，这段旅程从甘肃的偏远小镇起步，穿越校园的青涩，最终抵达商海的波澜壮阔。我是杨强，一个普通的名字背后，藏着一段不平凡的成长经历。目前，由我创立的公司有浙江华奥商务信息有限公司、海南优客邦投资有限公司、上海华奥云法律咨询有限公司、杭州华宜融商务服务有限公司等，主营业务是金融类融资咨询服务及社会经济咨询服务，年营业额在600万元左右。

 高中时期：职业萌芽

　　我出生在甘肃的一个普通家庭，祖祖辈辈都是农民，家里还有两个姐姐。我的家乡位置偏远，经济比较落后，小时候上学我需要翻过一座大山，一天来回三趟，每趟一小时。遇到冬天下雪泥泞，路程更加艰难，好不容易到教室，还要轮流值班烧煤取暖，早上两节课教室里都是煤烟味。周末不用上学的时候，我也不能闲着，要帮家里放羊。那个时候生活是辛苦的，但或许也正是这样的环境磨砺了我的意志，培养了我坚韧不拔的性格。

　　小时候我的学习不好，我的大伯经常对我说："杨强，你一定要好好学习，今后走出这座大山，干出自己的事业。"很长时间我对"走出大山"这件事情都没有概念，直到后来第一次坐飞机出来，才发现家乡真的都是山，连大路都看不见。那个时候我突然对走出大山有了强烈的渴求，"想要成功"的种子在心里萌发，我更加珍惜学习机会，并在内心多次立志一定要在外打拼出一片天地。我渴望能够通过自己的努力为祖祖辈辈这种靠天吃饭的生活画上句号，改变命运，让家人过上更好的生活。

 高职时期：职业启航

　　2010年，我怀揣对未来的憧憬，踏入了金华职业技术学院经济管理学院的大门，主修市场营销。到学校之后我发现了自己跟同学们的贫富差异。因为大部分同学家里条件好，很少考虑生活费的问题，而我却总是在思考或尝试着生活自立。印象最深的就是我和几个同学在学校里用学费开启的第一次创业之旅：卖生活用品。由于商业思维的不成熟，我们很快遭遇了失败，学费也打了水漂，生活一下子陷入困顿。这事很快被班主任黄海江老师知道了，他不仅没有责怪我们，还给我们申请了延期缴学费，帮助我们度过了危机。祸兮福所倚，为了凑学费，我在一家婚庆公司做兼职，天天跑业务，几乎跑遍了金华所有的酒店，初尝了工作的各种酸甜苦辣。那段时间虽然压力很大，也很辛苦，但这段经历快速地教会了我创业的不易，对我后面的学习和工作产生了很大的影响。

大学期间，我不仅学习了专业知识，更积极参加各类校内外实习与创业项目，既接触到了真正的市场，也逐渐树立了商业思维。大二那年，我和同伴创立了老火车河粉店，学校很支持我们的创业项目，给予了我们宝贵的场地资源和创业指导。那段日子，我们起早贪黑，从食材的采购到菜品的制作，再到顾客的接待，每一个环节都亲力亲为。在这个过程中，我遇到了许多志同道合的伙伴，我们共同探讨市场趋势，策划营销方案，也会经常结伴去请教专业老师，学习如何更好地将理论知识融入实战策略。老火车河粉创业项目最后被选送参加省"挑战杯"创新创业竞赛，并获得了二等奖。那段时光充满了挑战与激情，让我不仅积累了宝贵的实践经验，更在心智上实现了质的飞跃。

或许是因为我天生对数字比较敏感，在这个阶段的市场营销学习过程中我逐渐对金融行业产生了兴趣。我利用大量课余时间深入研究市场趋势，阅读大量与金融相关的书籍和文章，努力拓宽自己的视野和知识面，这为我日后的创业之路奠定了坚实的基础。

 工作时期：职业实践

工作初期

2013年毕业后，我留在了金华，加入了一家初创公司。那时的我满腔热血，敢做敢拼，很快赢得了老板的信任。甚至在我工作仅两个月，公司遭遇困难时，老板力排众议让我挑起了公司总监的重责。这份信任让我十分感动，但同时又令我深觉压力很大。我明白只有迎难而上、突破自我，才能柳暗花明。在公司无人管理的情况下，我主动承担起盘点等各项工作，兢兢业业做好各项分内分外事，并学会了在坚持原则的同时灵活地处理问题。虽然公司最终因经营不善而倒闭，但这段经历却成了我职业生涯中宝贵的一课。

创业时期

2015年，经人引荐我来到杭州工作。刚开始我在一家化妆品公司做销售。在那里，身边的同龄人个个月薪过万，对比起来，我的销售综合技能还很弱。尽管如此，我没有气馁，反而更明确了自己该学习提升的地方。两年时间内我不断学习磨炼，慢慢对商业有了概念，积累了一定的社会经验和资源，并最终萌生了创业的念头。我创立了自己的第一家公司——杭州贞靓丽生物科技有限公司，可惜由于经营不善最后以倒闭告终。我不仅搭进了全部积蓄，还负债50多万元，连日常开支都成问题。为了生存，我只好去开网约车，每天出车15小时以上来维持生计。但这并不是长久之计，3个月后债务全面爆发，每天一睁眼就必须面对各种催收。好在天无绝人之路，这些催收让我慢慢对金融行业背后的运作逻辑有了了解。我每天查资料研究，终于在一次和朋友的接触中了解到了支付行业，我觉得以我的销售管理经验完全可以做好这个业务。于是，经过辗转努力，我幸运拉到投资，并创立了人生中的第二家公司——浙江华奥商务信息有限公司。三个月后，公司慢慢开始赢利，我也渐渐走出困境。面对困难，很多人会选择退缩，我庆幸自己选择的是挑战。

随着公司业务的不断拓展，我们逐渐在金融后端服务领域站稳了脚跟，通过精准沟通和专业服务，提高用户体验感，降低平台用户流失，达到用户体验最优化、平台损失最小化的目标。当然，我深知在这个日新月异的时代，仅仅满足于现状是不够的。金融行业永远充满复杂性和挑战性，只有不断创新，才能在激烈的竞争中立于不败之地。现在，我和我的团队仍在不懈追求中。我们广泛参与各种行业交流和合作活动，与业界同仁共同探讨行业发展趋势和未来机遇，积极探索新的业务模式，寻求更广阔的发展空间。

 职场心路：职业寄语

回首过去，我感慨万千。从一个青涩的校园学子，到如今的创业者，我经历了太多的风雨和坎坷。对我而言，每一次的挫折和失败都像是成长的垫脚石。我感谢那些在我生命中给予我帮助和支持的人，也感谢不怕困难勇于挑战的自己。未来的路还很长，我将继续以饱满的热情和坚定的信念，书写属于自己的精彩篇章。学弟学妹们，未来若要投身商海，打铁还需自身硬，学好专业技能，时刻保持好奇和学习的态度。有志者，事竟成，破釜沉舟，百二秦关终属楚；苦心人，天不负，卧薪尝胆，三千越甲可吞吴。

（供稿单位：商学院）

10. 旅游之梦，一路生花

姓　　名：施惠峰

职业岗位：杭州华悦旅行社有限公司总经理

所学专业：旅游管理

毕业时间：2001年7月

领航文旅新风尚，

匠心策划每一程，

卓越管理促发展，

共绘旅游新蓝图。

　　我是施惠峰，2001年毕业于金华职业技术学院旅游管理专业，为该专业第一届毕业生。我在校期间任班级团支部书记，从事班团委工作，同时在学院的支持和领导下，成立了金华职业技术学院黄山摄影协会，任首届会长。就读期间多次被评为"优秀班干部"，毕业时被评为"优秀毕业生"。现任浙江省民主促进会会员，浙江省政协特邀信息员，新江南文化发展研究院院长，杭州两山教育咨询有限公司总经理，杭州华悦旅行社有限公司总经理，杭州吴兴商会轮值会长、副会长，长三角地区党校校长论坛秘书处办公室副主任等职。公司目前主要从事党政培训，致力于将浙江近年来取得的成功经验向全国推广。经过这几年的发展，公司积累了丰富的培训经验，形成了"安吉'两山'理念大讲堂"等培训品牌。

 高中时期：职业萌芽

　　高中，我就读于湖州第六中学重点班，担任班团支部书记一职。在日常的学习中，我被书本中幅员辽阔、风景秀丽的祖国大地深深吸引。"要是能成为一名导游，穿梭于祖国的大好河山之间，探索并介绍各地的自然风光与民俗文化，与形形色色的游客相遇，那该有多好！"这在我心中埋下了一颗报考旅游管理专业的种子。

高职时期：职业启航

收到金华职业技术学院的录取通知书后，我心中涌动着复杂的情绪，虽有些小小的失落，但我相信无论身处何地，是金子总会发光。

进入学校后，在学好文化课的前提下，因为爱好摄影，我在学院学工办的支持下发起成立了金华职业技术学院黄山摄影协会，担任首任会长。黄山以其雄伟壮观、气势磅礴著称于世，是所有旅游管理专业学生都想去、会去的风景名胜区，以黄山来为摄影协会命名，一是对自然美景的崇敬与追求，二是希望所有会员勇于挑战自我、勇攀高峰。在担任会长期间，令我印象最深刻的就是我亲自策划并成功举办了"旅行中国"主题摄影展。协会的会员们用镜头记录下那些令人震撼的自然风光和丰富多彩的民俗文化，评选后进行展出。我们展出了大量精美的摄影作品，不仅丰富了校园文化生活，也激发了更多同学对摄影和旅游的兴趣。这次活动让我深刻体会到了团队合作的力量，也让我更加坚定了推广摄影文化的决心。

因为喜欢做班团委工作，我还竞聘了班级的团支部书记。我带领同学们前往旅游景区进行志愿服务，为游客提供导览服务；深入乡村开展文化调研和支教活动，用实际行动践行社会责任。这些经历让我更学会了如何组织和管理团队，更让我学会了如何承担责任、如何与人沟通交流、如何为社会做出贡献。这些经验和能力也将伴随我走过之后人生的每一个阶段。

大三时，我分别在金发铁路大厦营销部和金华职工旅行社进行了实习。在金发铁路大厦时，我负责接待各地旅游团。首次独立带领团队前往金华双龙洞时，一开始我紧张得几乎语无伦次、手心冒汗。但回忆起两年的专业学习，无数个深夜站在宿舍走廊背导游词的场景，我告诉自己"你可以的！"最终，我圆满地完成了这次任务。这段实习经历为我积累了宝贵的工作经验，更使我树立了充足的信心。

到了金华职工旅行社（现为金华市职工修养中心）之后，我很快就成了导游队伍中的佼佼者，多次获得游客的高度评价。在一次前往广西北海银滩的旅行团中，一位团友在下海游泳时一直不停地向外游去，我看着非常担心，立刻带上游泳圈，紧紧地跟在他后面，直至安全返回。上岸时，那位游客对我竖起了大拇指，说我非常的有责任心，一定能干好导游工作。

 工作时期：职业实践

大学毕业后，我踏上了前往杭州的求职之路。在那个网络尚未普及的时代，我全凭双脚奔波，一份份投递简历，一次次参加面试，最终成功加入了杭州金桥旅行社。入职之后，我每天都在拼了命地学习杭州地接及华东五市的带团知识与技巧。机会总是青睐有准备的人，当时突然有一个带华东五市自备车团的任务，但是没有人带过自备车团，大家都不敢接。最后我站了出来，我想我准备了那么久，学习了那么多的知识和技巧，我一定可以。那个时候没有导航，自备车驾驶员不认识路，全靠导游，我不仅要负责讲解，还要给驾驶员指路。但凭借充足的准备和丰富的经验，最后我超预期地完成了带团任务，成为公司华东五市带自备车团的第一人。

初入职场的两年，我勤勉尽责，从一名青涩的大学毕业生迅速成长为一名合格的导游，并于2002年初晋升为杭州金桥旅行社导游部经理。2003年初，我和朋友合伙成立了一家公司，后来因为各自经营理念的不同于年底撤资退股。初次创业虽然失败，但让我得到了很多有用的经验。

2004年，命运的转机悄然降临。机缘巧合之下，我成功面试浙江省委党校人文旅行社总经理一职。我积极准备，顺利通过了面试，正式开启了从导游到管理者的职业生涯新篇章。这一年，年仅26岁的我，面对"一穷二白"的旅行社，从采购办公设备到制定内部管理制度，事必躬亲，常至深夜，虽劳心劳力，却也乐在其中。随着团队的组建，我更是将心思全数倾注于团队建设、市场开拓上，频繁奔波于各地。在我的带领下，旅行社业绩连年翻番，赢得了市场的广泛赞誉与党校领导的高度认可。2012年，我成立了杭州华悦旅行社有限公司，实现了企业的独立经营。

这些年，我在经营好自己主业的同时，努力"充电"，提升自我。我目前已取得中央党校工商管理函授本科，并在浙江大学继续教育学院MBA总裁班进修3次。我还积极投身社会活动和公益事业，先后担任了一些公益性的社会职务，这让我能够更好地实现抱负，服务社会。特别是担任杭州吴兴商会副会长，每年出资帮扶贵州贫困学生、湖州困难家庭。我还积极组织和参与献爱心活动，为服务社会尽一份绵薄之力。

 职场心路：职业寄语

回望我的求学与职业生涯，每一步都充满了挑战与机遇，而正是这些经历塑造了今天的我。在此，我想对学弟学妹们提出几点建议：

积极参与：在大学期间，不要害怕参与各种社团和活动。这些经历不仅能丰富你们的大学生活，更能锻炼你们的组织能力、团队协作能力和领导力。像我一样，勇敢站出来，担任学生干部或社团负责人，你会发现自己成长得更快。

持续学习：毕业不是学习的终点，而是新的学习旅程的开始。在这个快速变化的时代，唯有不断学习，才能跟上时代的步伐。我鼓励你们继续深造，攻读更高学历，同时积极参加各类培训，拓宽视野，提升自我。

回馈社会：在追求个人发展的同时，不要忘记回馈社会。积极参与公益活动，用自己的力量去帮助那些需要帮助的人。这不仅能让你感受到助人的快乐，更能提升你的人生价值。

（供稿单位：文旅学院）

11. 最美教师的"教育共富"梦

姓　　名： 祝响响
职业岗位： 金华市浦江县郑宅镇中心小学语文特级教师、正高级教师
所学专业： 中等师范
毕业时间： 1996年7月

铭记并践行"学高为师，身正为范"，
尽我所能，
用知识和爱心去温暖那些渴望知识的孩子们，
希望他们能在我的帮助下，
走出大山，
看到更广阔的世界。

我叫祝响响，1996年毕业于金华师范学校，就读于中师961班，现为金华市浦江县郑宅镇中心小学教师。我始终坚持用最初的心，走着"教育共富"这条最远的路，到全国各地支教、送教130余次，我的支教事迹先后被中央广播电视总台、人民网等30余家媒体报道。新时代为教师队伍建设提出"高素质""专业化"等要求，而学习研究则是教师专业成长的根本，这些年来，我先后获得"全国最美教师""全国优秀教师""省教书育人楷模""省万人计划教学名师""省特级教师""省春蚕奖""省教坛新秀"等30多项荣誉称号。这些收获让我坚信：在迈向专业化的道路上，既有泪水、汗水，更有收

获与憧憬。

 中专时期：职业启航

　　求学期间，对我影响最大的是老校区墙上"学高为师，身正为范"的八字校训。学高为师，让我明白学习研究应该是教师最具本色的精神特质；身正为范，让我明白甘于奉献应该是教师最具底色的精神特质。无论什么年代，爱岗敬业、兢兢业业、不计得失、无私奉献、甘愿牺牲的人都会得到最崇高的敬意。"学高为师，身正为范"让我对教师这一行业永远怀揣热爱的情感，风雨润桃李，黑白画春秋。从那时开始，我就下定决心，要一辈子做老师，更要一辈子学做老师。

　　都说第一代中等师范生可能是中国综合素质最好的一代教师。他们在很多人眼里成为多面手、全能型教师，不仅仅凭借着自身优秀的素质，更是得益于当时师范教育"多能一专"的培养模式。在金华师范学校求学期间，我除了去琴房练琴、画室练画、面壁苦练普通话、晨跑强身健体外，还参加了合唱、舞蹈、摄影等丰富的社团活动，在见习、实习期间更是得到老师们手把手的指点。母校这三年奠定的坚实基础，让我们一出校门就能独当一面。我想，作为职业教育主力军的师范院校，需要高举"师范教育"的旗帜，继续保持这些优良传统，并且发扬光大。师范教育不仅要培养出一名入门教师，更要为若干年后历练一名优秀教师奠定坚实的基础。

　　母校"学高为师，身正为范"的校训，时刻提醒我们：教师不能只做传授书本知识的教书匠，而要成为塑造学生品格、品行、品味的"大先生"。

 工作时期：职业实践

　　回想自己28年的工作经历，我想用三个关键词概括。一是吸纳，在我工作的前十年，更多的是参加各种专业培训，在导师的引领下成长。正是有了这些宝贵的经历，才使我拥有了一双隐形的翅膀，在语文教育的天空中尝试着飞翔。二是磨砺，我参加了十多次省、市、县的课堂教学比赛。赛课是一件苦活儿、累活儿，那几年，它几乎占据了我所有的空余时间，但赛课中的那些经验和感受是自己"闭关自守"时所没有的，一些思考和感悟更是"闭门造车"时所没有的。三是共成长，后来，我也学着导师们的样子，竭尽全力去帮助和培养年轻教师，看着他们日渐成长，感觉同样是那么美好。

　　2013年，因为一次在贵州的支教经历，大山深处的学子成了我的新牵挂。从此，我踏上了城乡教育均衡这条充满鲜花和荆棘的道路：十年前，我从城区到山区，把好学校办到了村民的家门口；五年前，我从东部到西部，把先进教育理念传播到了薄弱地区；如今，我从支教到扎根，带领乡村教师踏上教育共富的新征程。

2023年，我有幸当选为全国人大代表，在全国两会上提出了多个与新时代教师队伍建设相关的建议，让与会的领导和代表听到来自一线学校最真实的声音，得到了国家各部委的积极响应。在为教育"鼓"与"呼"的同时，我也给自己提出了一个新的命题：如何做好教研共富，打造乡村教师队伍建设新样态。我成立了浦江县第一个乡村名师工作室，成了青年教师眼中的"首席教师"，我的课堂里不仅有40多名学生，还有一波又一波来"蹭课"的青年教师。他们总是喜滋滋地说："响响老师，以前的专家只能说给我们听。您来了之后，不仅可以做给我们看，还能推着我们走，这种感觉真是太美妙了！"当然，我更愿意把自己当作"共享教师"，以这个小小的乡村名师工作室为载体，为浦江县的每所农村小学都培育一名"乡村种子教师"，努力从一个人到一群人，共同奔赴乡村教育的星辰大海。

一晃28年，从初出茅庐的城区语文老师到地地道道的山村女校长，再到关注城乡教育均衡的支教老师，不知不觉走过了教育的三重门。做一个新时代的教育者，始终是我最朴素的信念。因为我深切地知道：在这个伟大的时代中，比起我们的荣誉，我们的坚守更为动人；比起我们的成就，我们不倦的追求更为耀眼。

 职场心路：职业寄语

看着一届届师范生步入大学或是走向社会，欣喜之余，我想和各位学弟学妹共勉：请以一株草的姿态去做教育。首先，我们要明白自己的起点，只是一株平凡踏实的三叶草。唯有保持这种空杯心态，才能听得进建议，做得进学问。其次，我们要明白自己的选择，可以成为一株厚积薄发的尖毛草。在前六个月我们看不见它生长的姿态，但在雨季来临的时候，它能在两三天内长到一墙多高，这是因为前六个月它一直在做一件事——扎根。更重要的是，我们要明白自己的担当，努力成为一株有思想的苇草。思想是一个优秀老师的教学灵魂。我们要努力成为一个有思想的教师，这样才能更好地彰显自己的教育能量。

（供稿单位：师范学院）

12. 做边疆建设的"螺丝钉"，让青春在奉献中闪光

姓　　名： 乔良
职业岗位： 新疆塔什库尔干塔吉克自治县农业农村局（乡村振兴局）项目办公室主任
所学专业： 小学教育
毕业时间： 2021年7月

辗转天山南北，投身乡村振兴，

扎根南疆基层，奉献无悔青春。

到祖国最需要的地方，把一抹"志愿红"，留在美丽的帕米尔高原上。

　　我叫乔良，是金华职业技术学院小学教育专业2021届毕业生，现任新疆塔什库尔干塔吉克自治县农业农村局（乡村振兴局）项目办公室主任。2021年秋，为以实际行动践行回馈祖国的愿望，我毅然放弃手里已经颇有起色的创业项目，不远万里、辞别亲友，义无反顾地报名参加了"大学生志愿服务西部计划"，从浙江到新疆，成为建设祖国边疆中的一员。而后我主动请缨，通过自治区选拔考试，从北疆到南疆，成为一名扎根南疆的基层干部。

 高中时期：职业萌芽

　　从小学开始，我一直是品学兼优的学生，是亲朋好友口中"邻居家的孩子"。但是高中阶段的我，遭遇了家庭变故，导致生活步履维艰，与母亲相依为命。当时的我还在读重点高中，因为变故，心态发生了很大的转变，学习成绩也一落千丈。后来，党和政府给予了我们家很大的帮助，让我有幸继续完成学业，母亲也一直以积极乐观的心态教导我，要成为一个知恩图报的人。我出生于内蒙古，生长在浙江，颠沛流离的生活让内蒙古汉子的豪爽与浙江人敢为人先的浙江精神在我心中同时生根。一直以来，是党和政府给予了我无微不至的关怀和资助，也正因如此，报效祖国的决心也在我的内心里生根发芽。

高职时期：职业启航

　　高考结束后，我考上了金华职业技术学院。来到师范学院，首先映入眼帘的就是"百年师范"的牌匾，开学第一课我就记住了"学高为师，身正为范"的校训，这也成为我之后的立身准则。在校期间，我努力学习专业知识，母校"理论+实践"并行的教学模式，让我快速且扎实地掌握了教师教学技能，对我后续的工作和生活产生了深刻影响。大一到大二的每学期，学院都会安排我们去金华的各个小学听课见习，让我们从真实一线的课堂活动中学到真本领。虽然我现在没有从事师范类工作，但母校注重实践的教学模式，极大地启发了我，促使我在工作岗位上始终坚持走向基层一线和"田间地头"。

　　在校期间，我加入学院组织的绿荫支教团开展暑期支教，灵活运用所学知识和技能，参与金华市特殊教育学校、婺城区红石榴残疾人之家等地的志愿支教服务活动。我利用课余时间学习航模知识，与校航模社部分成员合作成立了"竹蜻蜓工作室"，自主研发了汽油发动机靶机、上单翼轻木电动飞机，以及用于兴趣培训和科普展览的KT板套材、纸质飞机套材，通过线上竞标的方式成功获得解放军某军区靶机销售的订单。我们还协助学校与金华市科协、共青团金华市委等多部门联合举办了金华市第一届"走进无人机"主题科普活动。2020年12月，还是大三学生的我在积累了丰富的工作经验的基础上，创建了金华益进教育信息咨询有限公司，先后与金华市少年宫、金华梦境自然博物馆、金华荣光国际学校、南苑小学、青春小学、站前小学等多所学校就航模教学开展深入合作，得到业内广泛好评，成果曾获地区级媒体新闻报道。

 工作时期：职业实践

（一）千锤百炼，玉汝于成，提升干事之能

　　为响应国家"到边疆去，到祖国最需要的地方去"的号召，2021年10月，我放弃了手里已经颇有起色的创业项目，报名参加了"大学生志愿服务西部计划"，成为建设边疆中的一颗"螺丝钉"。经层层选拔，我被分配至博尔塔拉蒙古自治州温泉县交通运输局工作。初进疆，面对完全陌生的工作环境和行业内容，我没有畏惧没有逃避，语言不通就先从简单的打招呼开始，业务工作不熟练，就利用下班时间反复自学，把成为本单位业务领域里的行家里手作为工作目标，积极接受新鲜事物和新鲜知识。靠着一点一滴的积累，我从刚开始连设计图、施工图都看不明白，到后来做到只用简单工具就能大致检测出道路桥梁的施工工艺标准，并对需要修缮的路段设计出针对性的维修简案。同时，我将每日工作进行量化，制定工作学习表。经过一年的努力，我所在服务地成功入选2022年度"四好农村路"全国示范县。长期的实地研究，深入群众、深入现场，也让我迅速摆脱了身上的书生气，成为群众和同事口中的"儿子娃娃"。

（二）初心如磐，奋楫笃行，永葆赤子之心

一次偶然的机会，我了解到"时代楷模"拉齐尼·巴依卡的英雄事迹，也了解到在祖国最西边，有一个世世代代自发守卫祖国边疆、抵御分裂势力的民族——塔吉克族。他们因所处地自然条件过于恶劣，发展相对滞后。因此，当"大学生志愿服务西部计划"服务期满一年时，我并没有选择结束服务，而是本着"到最艰苦的地方奉献"的初衷，通过考试来到了新疆塔什库尔干塔吉克自治县，成为县乡村振兴局的一名公职人员。在挨家挨户走访时我发现，防返贫监测预警平台监测户库科西鲁格乡喀玛如孜村村民依木然·图然库里的两个孩子因学杂费繁重，有因学返贫风险。我仿佛看到了曾经的自己，便及时对接，多渠道沟通、多方面争取，为孩子们申请了"雨露计划"专项补贴资金，让孩子们安心上学，灵活运用政策工具，帮助监测户消除返贫风险。

（三）使命在心，重任在肩，涵养奉献之情

常看万家灯火，常思百姓忧乐。再后来，我负责了全县扶贫资产监管工作，以高度的责任心，切实加强对全县各乡镇、村集体经济组织的监督指导工作。全县820项价值合计21.55亿元的扶贫资产，做到每一项运营情况了如指掌。在工作中，我灵活运用在校期间学到的师范生教学技巧、"2+1"创业实验班期间学到的新媒体运营技巧，组织了3次全县范围的义务培训，引导全县47个涉农村集体采用"互联网+"模式优化招租模式和手段，通过近一年的不懈努力，全县扶贫资产收益率较接手前一年度提升35%，综合收益率更是在全地区各县市排名中名列前茅。我还积极开发扶贫项目资产的联农带农作用，深入发掘扶贫项目资产带动脱贫户、监测户参与产业发展的方式方法，通过劳动获得稳定收入，发挥联农带农、促农增收实效，进一步激发农户内生发展动力的方式方法。通过引导、鼓励农户，积极招商引资，与经营主体洽谈等多种方式方法，帮助全县300余人次农户在家门口就业。

 职场心路：职业寄语

风雨多经人不老，关山初度路尤长。祖国西部工作三年多来，辗转天山南北，这是组织对我的信任和考验，更是我建设祖国、奉献青春的真实答卷。我将继续厚植于基层沃土，在祖国最需要的地方，迎难而上擦亮青春底色，始终如一践行初心使命，投身祖国边疆的乡村振兴事业，不辜负国家和母校对我的培养。

（供稿单位：师范学院）

13. 把红船故事说进每个人心里

姓　　名： 王麓涵
职业岗位： 嘉兴南湖景区讲解员
所学专业： 现代文秘
毕业时间： 2019年7月

身在国旗下，
长在红船边，
我希望通过自己的方式，
把红船故事讲给你听。

　　我叫王麓涵，2019年毕业于金华职业技术学院文秘专业，现在是嘉兴南湖景区的一名红船讲解员。一个不拔尖的普通学生，只要找准兴趣和方向，精钻细研，踏实肯干，以一丝不苟的"工匠精神"努力在平凡的岗位上敬业奉献，最终会成为这个行业的领跑者。在3年多的工作时间中，我累计接待游客近700批次，虽然接待的人不同，但我给他们讲解的都是同一个故事——世界上最大的政党诞生的故事。目前我已经成为嘉兴全域的优秀讲解员，并在2023年成为中国共产主义青年团第十九次全国代表大会代表，代表全嘉兴260万青年赴北京参会。

 高中时期：职业萌芽

　　我出生在浙江嘉兴的一个县城，我的外公是一名老共产党员，我从小耳濡目染，听着外公讲红色故事，跟着唱红色歌曲，接受着红色教育长大。高中时，我就读于浙江省平湖市新华爱心高级中学，由于比较喜欢语文和写作，我选择了文科班。整个高中学习生涯中，我的生活很平淡，虽然学习成绩不突出，但在朗诵方面却经常被老师们表扬，也让我对于表达和展示有了更多的信心。高考结束后，我对于填志愿感到迷茫。最后，母亲觉得既然我擅长写作和演讲，建议我报考文秘专业，可以把自己擅长的事情做得更好。就这样，我与金华职业技术学院文秘专业结缘。

高职时期：职业启航

2015年，我如愿进入金华职业技术学院的文秘专业。文秘专业开设了丰富且实用的课程，有速录、办公自动化、实用性公文写作、中国现当代文学、专题活动策划等。大一入学没多久，我就感到有些力不从心，班上大部分同学高中时就学习了文秘的相关知识，我无法赶上大家的进度，对学习一度失去兴趣。一直到大一的第一次速录课，老师组织了一场速录摸底竞赛，从未接触过速录的我在那次竞赛中获得了第一名，这让我信心倍增。在深入学习后，我才发现速录的课程要真正入门是很难的。"你就把这个机器当成中文的键盘，不要着急，一步步来，找找感觉……"耐心的杨海燕老师一次次不厌其烦地指导我们，渐渐地，我们能够听到词语句子就盲打出来。速录学习的成功，让我对其他科目的学习也渐渐有了信心。班主任叶向军老师和各科老师也一直帮助我的学习。在老师们的帮助下，我逐渐掌握了学习方法。

大三时，我在学校的安排下前往金华市税务局实习。从理论学习走向实践操作，让我认识到了文秘专业技能在行政部门里的用武之地。税务局的实习工作琐碎而复杂，我们常常要对各种表格进行排版整理，极大地锻炼了我们对办公软件的操作能力。记得有一次，局里有个紧急任务，我们要在短时间内把近一万个注册企业、店铺的信息整理完成并装订成册，我们几个实习生共同努力，加班加点，最终在极短的时间内完成装订，获得了实习单位领导的一致好评，他们称赞我们"肯吃苦、敢担当"。大三实习的经历，让我感受到文秘专业的实用性和专业性，也为我后来进入工作岗位奠定了坚实基础。

 工作时期：职业实践

刚入职南湖景区的时候，我还不能算是一名优秀的讲解员，我不够熟悉讲解词，接待量也不大，对讲解的认识也不够到位。直到两位老人的出现，彻底改变了我的想法。那一次，一位老人推着她的老伴走进南湖游客服务中心，希望预约一位讲解员，由于其他的前辈同事当时都有接待任务在身，领导就派我为他们讲解。在南湖畔，我推着老人边参观边讲解。在聊天中，我了解到这位老人是一位90多岁高龄的老党员，他一直希望能够到党诞生的地方看看。为此，他和老伴做了充足准备，从北京一路南下，先去了上海中共一大会址，再来到南湖红船。我饱含热情地为他们讲解，两位老人频频为我点赞，我也下定决心，一定要守好红色根脉，在南湖畔讲好红船故事。

2020年，我遇到了前所未有的挑战，在讲解的同时，还要投身到调查研究中去，经常一做就是一整天，在游客多的节假日甚至连吃饭的时间都没有。我们要在讲解工作不忙的时候，挖掘嘉兴范围内的红色人物，撰写红色故事，分组分批到红色故事的发源地实地考察。考察结束后，我们会制作微团课送进高校，并与思政微课结合起来，用短视频动画、宣讲、知识竞赛等形式向学生们传播红船精神。为加强和改进大学生社会实践工作，帮助大学生了解社情民情，每年嘉兴市都会组织开展"嘉燕归巢"暑期大学生"返家乡"社会实践活动，通过这样的活动，我们带着大学生在南湖做志愿者、引导员，也让他们对红船精神有了更深的理解。

2021年初，怀揣着讲好红色故事的初心，我们几位讲解员成立了南湖红色故事宣讲团。我们通过寻找嘉兴的红色故事，撰写宣讲稿件，不断完善宣讲稿和宣讲技巧，多次走进高校、企业、乡村开展宣讲，逐渐成长为一支全面的宣讲队伍。2022年，以电影《1921》为基础，我们的宣讲作品《前方到站：嘉兴》在五四主题团日活动和嘉兴市级的比赛中都有亮眼的表现。作为南湖红色故事宣讲团的一员，通过我的宣讲让红色的火焰在一代又一代人身上燃起，我时时感到无比的光荣。作为南湖儿女，我更要勇于担起弘扬红色文化，传承红色基因的重任，用党的奋斗历程和宝贵经验启迪人，用党的历史所承载的革命精神鼓舞人，用革命先辈的崇高风范感染人，用优秀共产党员的先进事迹激励人，为红色星火的传承行动助力。现在的我，已经获得了不少荣誉，2023年，我成为中国共产主义青年团第十九次全国代表大会的代表，被评为嘉兴市"青年岗位能手"，并入选浙江省青马工程企业班学员。我将更加努力，不忘初心，成为一名更优秀的讲解员，讲好红船旁的红色故事。

 职场心路：职业寄语

我们要扎实技能、精进技艺、苦练本领、增长才干，学出更高的专业知识和素养，把大学期间的所学知识转化运用到实习实践工作中去。相信自己，只要肯用心，在任何一个行业领域都能找到自己的一方天地。

（供稿单位：师范学院）

14. 昔日金职"试验苗",今日终成"参天树"

姓　　名：胡青
职业岗位：金华市婺城区北苑幼儿园园长、高级教师
所学专业：幼师
毕业时间：2000年7月

从金职学子到幼儿园园长,
我将恩师对我的关爱和教诲内化于心,
外化于行,
把爱播撒到每一位孩子的心间。

　　我叫胡青,2000年毕业于金华职业技术学院幼师专业,也是学校幼师专业的首届毕业生。得益于众多师范老师的教诲,我学习了很多知识,也感受到了满满的师爱,母校老师们细致地关爱每一个学生,善于发现每一个学生的发展空间,给予适时的指导,让我从曾经的幼师行业"小幼苗"长成了"参天大树"。现在的我,是金华市婺城区北苑幼儿园园长、高级教师、浙江省名师网络工作室学科带头人,曾多次获区"教学能手"、区"教坛新秀"、区"十佳园长"等荣誉称号。

 ## 中专时期: 职业启航

　　回忆起在母校的三年,那些学习生活的画面历久弥新,仿佛就在昨天。在校的时光美好而单纯,我们孜孜不倦地求学,从老师那里汲取养分。

　　刚入学时,其实我对自己很没有信心,是老师们一次次的关心关爱,让我渐渐打开了自己的心房。有一次期末考试,我的总分位列班级第五,获得了一等奖学金,我的班主任徐源老师因此非常高兴。当时的我看着徐老师那兴奋的眼睛和神情,内心震惊了,发现原来考试考得好不仅仅是自己高兴而已,任课老师也会收获育人的幸福和喜悦。上教育学课程的樊丰富老师总是笑眯眯的,包容学生,从不生气,我从樊老师的课上了解到幼儿的主体性,认识了儿童,理解了儿童,也明白了尊重儿童。教美术课程的索奕双

老师精湛的绘画技艺让我们赞叹不已，下课时她还经常给同学们买棒冰吃，甚至有时候只是路过我们班级，也会买小零嘴给我们，让我们感受到温暖。从老师身上感受到的爱，为将来我自己成为老师去奉献爱奠定了基础。

在求学期间，还发生了一件让我终生难忘并持续影响我职业生涯的故事。有一年父亲突发疾病，我和徐源老师沟通了家庭困难的情况，徐老师急我所急，从学校层面给我每学期减免了部分学杂费，又组织同学们为我捐款。那时候国家对中师生有生活补贴，一个月6元，徐老师号召每位同学每个月为我捐助，从6元里直接打到我账号上，徐老师带头每月为我捐60元，每位同学1~3元不等，一直到毕业从未停歇。这份恩情，让我在工作中始终学着恩师徐老师的样子，去温暖我身边的人，成为一个充满爱的老师。我觉得我在母校三年的学习中，何其幸运，接触到了最优秀的一批教师，每一位老师都触动着我，激励着我，让我明白只要我努力也可以做到优秀，我变优秀了，我的老师们也会为我的进步而感到欣喜。

我不去想是否能够成功，既然选择了远方，便只顾风雨兼程；我不去想，身后会不会袭来寒风冷雨，既然目标是地平线，留给世界的只能是背影。每当我自己感到彷徨迷茫的时候，我便会回到母校，看看母校的人和物，回想一下曾经的老师们给予我的力量，坚定从事幼教行业的初心。

工作时期：职业实践

初入幼儿园时，作为一名对未来充满希望、对幼儿充满爱心的老师，我以细腻的观察和耐心的引导，赢得了孩子们的心。每天，我不仅会教授孩子们基础的知识与技能，更注重培养他们的情感与社交能力，通过组织角色扮演、手工制作等活动，激发孩子们无限的好奇心与创造力。

幼儿园老师需要细心，我把幼儿当自己的孩子般心疼、呵护。记得我在北苑幼儿园接手大一班工作的某天，有个孩子午餐后说耳朵痛，我用手电筒照见耳朵内似乎有绿色的东西，而当天的午餐又恰好有绿豆芽，我第一时间联系家长，并及时带孩子赶往医院，最后经医生诊断是耳屎堵塞引发疼痛，从该幼儿耳朵内取出两大颗硬硬的耳屎。孩子恢复了开心和快乐，那一刻我悬着的心也终于落地了。当幼儿园老师还需要勤奋，争取把最好的带给孩子。我记得一次优质课比赛时，在初赛前我就把《3—6岁儿童学习与发展指南》背得滚瓜烂熟，并结合具体事例，分析一名幼教工作者该如何看待事件，怎么做才是做专业的事。在复赛前，我又把课一遍遍模拟说给不同的老师听，虚心听取不同老师的意见。在决赛前，我更是把课钻研再钻研，目标是让每个幼儿在原有基础上有所提升。

　　2014年以后，我凭借出色的教学能力和良好的师生关系，走上了幼儿园园长这个职位。在这个新角色中，我不仅继续优化园内教学计划，还承担起园内教师团队的协调工作，定期举办教学研讨会，分享先进的教育理念和方法，促进了幼儿园整体教学质量的提升。随着时间的推移，我的管理才能逐渐显现，我善于倾听每位教师的意见，鼓励团队合作，共同解决教学中的难题。我开始制定幼儿园的战略规划，推动课程改革，引入更多元化的教育资源，为孩子们打造了一个更加丰富多彩、有利于全面发展的成长环境。

　　走上管理层之后，有时候需要招聘老师，也曾发生了一些故事。有一次我遇见一个来自江西的大专毕业生，他是个孤儿。他是误打误撞联系上了我们，了解情况后，我也一直对他进行就业帮扶，鼓励其参加婺城区的合同制教师招聘，帮助其复习备考金东区合同制教师，最后推荐他到义乌包吃包住的公办乡镇幼儿园就业。我想尽办法帮助他寻找一个稳定的工作，鼓励和温暖他，不让他的人生在迷茫中虚度。

　　同事们形容我是一块砖，哪里需要往哪里搬。面对幼儿园教师流动的时候，我总能随叫随到，顶得上任何一个年龄段的任何岗位，担得起教学工作，担得起家长工作，担得起班级工作。因为我自始至终有一个信念：我要把幼教事业越做越好！

 ## 职场心路：职业寄语

　　我参加工作已有25个年头了，因为爱孩子，我一直默默坚持不放弃一线工作，牢记全心全意为幼教事业服务的宗旨，用实际行动践行爱幼儿、亲幼儿、为幼儿的理念。把幼儿园当家，把幼儿园的事当家事，时刻严格要求自己在幼教领域做得好一点，再好一点，始终恪守一位幼教工作者的职业道德规范。最后，我也想给未来从事学前教育、幼儿教育行业的学弟学妹提几点建议：给孩子一点爱，孩子将回报你许多爱；无论何时眼看前方，心怀希望，就会所向披靡；不逼自己，你都不知道自己可以多优秀。希望未来的我们，共同携手在幼教行业持续奔跑。

（供稿单位：师范学院）

15. 以专业践行做人之道，于工作中炼心成长

姓　　名：赵丽丽
职业岗位：浙江金大康动物保健品有限公司研发技术经理
所学专业：畜牧兽医
毕业时间：2003年7月

做药先做人，炼药先炼心，
在和药品打交道的过程中，
我潜精研思运用所学知识于研发与管理工作，
致力于从畜产品源头守护人民群众舌尖上的安全，
一生做好一件事。

　　我叫赵丽丽，是金华职业技术学院农学院畜牧兽医专业2003届毕业生。我很庆幸选择畜牧兽医这个专业，致力于动物保健品的研发，从畜产品源头守护人民群众舌尖上的安全。

　　我现在是浙江金大康动物保健品有限公司研发技术经理。在这里，我和我的团队奋战在科研一线，经过20年的不断进取，在药品及兽药的研发与管理工作上游刃有余，并取得了丰硕的科技成果。

 高中时期：职业萌芽

　　高中时期，我在班里的成绩总体还算不错。在高考那一年，我内心充满了紧张与期待，同时对未来也有迷茫，大学专业如何选择、职业道路如何铺就，对我来说都是未知的。我的班主任，我职业发展的启蒙老师，犹如一缕阳光照亮了我的心头，在填报志愿的时候，他认真分析我的成绩和细心肯钻研的性格特点，向我推荐了金华职业技术学院畜牧兽医专业。正是他的建议，让我与金华职业技术学院结下了不解之缘，并且深深地爱上了这里的一切。

高职时期：职业启航

（一）从小白到能手，技术进阶之路

2000年，我作为第二届大专生来到金华职业技术学院，怀着对动物的热爱和对未来的憧憬，正式开启我的兽医生涯。

畜牧兽医这个专业需要学习动物解剖生理、动物病理、动物药理等专业课程，以大量的化学、生物学和空间想象知识为基础，而我在这些方面的知识储备相对薄弱，学习起来也比较吃力。第一次上动物解剖学实验课，看着面前摆放的动物标本，我不知道从哪里开始入手。老师耐心地为我们讲解每个器官的位置和功能，我努力地记住那些陌生的名词。然而，当我自己尝试去辨认时，却总是出错。为了攻克解剖学的难关，我每天都拿着解剖学图谱，对照着标本反复观察。晚上睡觉前，在脑海中回忆当天所学的内容，试图构建出一个完整的动物身体结构模型。渐渐地，我对解剖学的理解越来越深刻，也能够准确地辨认出各种器官。

而在学习病理学的时候，我主动向老师和同学请教，积极参加病理学的讨论小组，一起分析病例，探讨疾病的发生机制和病理变化。通过不断的学习和交流，我逐渐掌握了病理学的分析方法。

有一次，学校兽医院的几只羊出现了异常症状，精神萎靡、食欲不振。我第一时间发现，并主动跟随老师参与到疾病的诊治过程中。通过观察羊的症状和分析病羊的粪便、血液等样本，很快我就准确判断出了病因。在治疗过程中，我按照老师的指导，认真地给羊喂药、打针，时刻关注它们的恢复情况。经过一段时间的努力，病羊逐渐康复，这让我体会到无比的成就感。

（二）从敬业爱岗到多元绽放

初入这个专业领域时，敬业是我心中唯一的信念。每天早早来到教室，认真聆听每一堂课，仔细记录老师讲解的每一个知识点。在实习期间，面对养殖场里的各种动物，我充满敬畏地履行着自己的职责。无论是给动物喂食、打扫圈舍，还是协助兽医进行疾病诊断和治疗，我都全力以赴。那时的我，心中只有一个念头，就是尽自己最大的努力，为动物的健康和畜牧业的发展贡献一份力量。

随着时间的推移和经验的积累，我渐渐意识到，仅仅满足工作的敬业是远远不够的。这个职业需要我们不断拓展自己的知识面和技能，实现多方面的发展。于是，我不仅深入研究动物解剖学、病理学等基础学科，还广泛涉猎动物营养学、养殖管理学等相关领域。我利用课余时间参加各种培训课程和学术讲座，认真学习行业内专家分享的经验，不断拓宽自己的视野。

在实践中，我不再满足于单一的工作内容。除了做好日常的动物护理和疾病防治工作外，我积极参与养殖场的管理和运营，并制订合理的养殖计划，优化饲料配方，提高动物的生产性能。同时，我开始关注动物福利问题，努力为动物创造更加舒适的生活环境。在这个过程中，我不仅提高了自己的专业技能，还培养了自己的管理能力和创新思维。

 工作时期：职业实践

（一）初出茅庐，立足专业展锋芒

毕业后，我顺利入职浙江金华康恩贝生物制药有限公司。在那里，面对众多来自高等学府、综合能力出众的同事，我没有丝毫胆怯，而是怀着一腔热忱，迎难赶上。每日工作结束时，我都会认真梳理工作内容，立足专业知识，深入剖析问题，并迅速解决。有一次，一位法国专家来到公司进行指导，这次的学习让我进一步提升了专业认知，更充分汲取到了国际前沿的医药管理理念和先进的质量管理体系知识。工作期间，公司给予了我大量学习与竞赛机会，我积极报名参加，反复练习、积累经验，最终在质量奖知识竞赛里，凭借最高分和最快的速度拔得头筹。我还多次代表金华市参与全省的质量奖知识竞赛，个人和所在团队都屡获佳绩。

（二）潜心科研，依托创新显身手

研发是技术发展的基础，是企业可持续发展的原动力，慢慢地我踏上了中兽药研发征程。因传统药材质控方法存在检测指标少、方法烦琐、耗时久、有毒有害溶剂用量大等弊端，无法对药材做出整体、全面的质量控制与评价，导致中兽药制剂质量参差不齐，严重影响中药的质量和疗效，甚至会延误病情，造成畜禽大量死亡，给养殖业带来巨大的经济损失。

为了从根源上杜绝该情况发生，我和团队同事致力于多种中药薄层指纹信息鉴别研究。研究期间，我们遭遇了重重困难与挑战，实验的反复失败、技术的瓶颈制约、资源的匮乏短缺，都曾让我们感到无比沮丧与迷茫。然而，我们始终秉持坚定的信念和不屈的精神，不断尝试新的思路和方法，经过无数个日夜的辛勤耕耘和不懈努力，终于成功建立了一套简便、快捷、高效的中药薄层指纹全信息鉴别方法和鉴别图谱集。这套成果确保了制剂产品成分齐全、质量上乘、疗效显著，有力地推动了中国畜牧业的高质量发展。

职场心路：职业寄语

　　在从事兽药研发的道路上，我始终秉持"做药先做人，炼药先炼心"的理念，我相信，别人花一年做成的事情，我花3年也一定可以做成；别人花3年，我就花5年、10年，甚至更久，只要方向是正确的，就死磕到底。在科研的道路上，无须过多的华而不实，一生专注做好一件事便足矣。

（供稿单位：农学院）

16. 以志愿之名，圆青春之梦

姓　　名：薛刚
职业岗位：浙江省衢州市江山市贺村镇人民政府平安法治办副主任
所学专业：畜牧兽医
毕业时间：2014年7月

深耕基层，助力发展；
搭建桥梁，促进交流；
凝心聚力，激发潜能；
自我成长，收获满满。
"西部筑梦，青春无悔，
志愿者之光，照亮希望之路！"

　　我叫薛刚，2014年7月从金华职业技术学院畜牧兽医专业毕业，成为"大学生志愿服务西部计划"西藏专项志愿者，到西藏自治区曲水县志愿服务3年，接着又留藏工作3年多，助力西部乡村振兴。

　　在那里，我主要从事基层党组织建设、精准扶贫以及牦牛良种推广工作，所负责的工作获全县团建工作一等奖、西藏自治区乡镇（街道）工会规范化建设"八有"达标单位、"全国脱贫攻坚先进集体"等多项荣誉称号。

 高中时期：职业萌芽

2008年9月，我开始了我的高中生活。因偏科严重，成绩一直在中游徘徊，高三时，在家人和老师的帮助下，我结合自己的综合情况，从兴趣爱好出发，完成了自己的第一个职业规划——报考畜牧兽医专业。因此我将升学的主要目标确定为：金华职业技术学院畜牧兽医专业自主招生考试。高中期间的学生干部经历帮助我大幅度地提升了个人心理素质、人际交往能力和社会责任感，这让我比较轻松地通过了专业面试环节，成功地考入了畜牧兽医专业。

 高职时期：职业启航

在金华职业技术学院的3年，我依然保持着积极进取的心态，一边努力学习专业知识，一边担任班级团支书做好学生工作，提升自己的综合素养。有了高中偏科的教训，我知道只有专业过硬，才是真正的"金名片"。虽然已经毕业10年，但在求学过程很多课堂内容仍然记忆犹新，并在我后来从事动物诊治过程中，提供了很多安全操作的经验。

大二暑假，我开始进入大型养殖场实习。总是善于观察、总结学习心得的我，仅记录畜牧业养殖规律的笔记一学期就记满一本。比如，我在笔记里记录到，养殖密度十分关键，养殖场的老板对养殖密度控制得很到位，不会为了产量一味增加养殖数量，否则就难以保障养殖质量。这样的学习习惯，也让我保持了优异的学习成绩，每学年都获得学校优秀学生奖学金和国家励志奖学金。

2014年5月，我在准备毕业论文答辩时，看到张贴在宣传栏里的招募"大学生志愿服务西部计划"志愿者（后简称：志愿者）的海报，受到国家三年资助的我，一下子就受到"到西部去、到基层去、到祖国最需要的地方去！"这句宣传口号的感召，当天晚上，我就填写了《大学生志愿服务西部计划报名登记表》，第一志向是农业科技，意向服务地是西藏，服务期限选的是最长时间——三年，这张报名表至今还在我手中保存着。后来才知道，我是近些年金华职业技术学院第一个报名到西藏志愿服务的毕业生。

我真的很感激高职这段时光，因为正是从那时起，我明确了我的目标——一定要学好专业，去最需要我的地方。

工作时期：职业实践

志愿者服务工作——助力脱贫攻坚

2014年7月，我被分配到拉萨市曲水县达嘎乡做基层服务。初入达嘎乡，我克服高原的不适应和高强度的工作压力，每天都向同事及村兽医员探讨当地畜牧业现状与问题。从写藏猪养殖扶贫项目方案、配制藏鸡和牦牛的养殖饲料、解决野性较强的藏鸡互相打架等问题开始，最终实现畜牧养殖产能、效益双双提高。

（一）服务易地扶贫搬迁项目建设

2016年，西藏首个易地扶贫搬迁安置点——拉萨市曲水县易地扶贫搬迁安置点建成并准备入住，我自告奋勇申请成为第一批下沉干部。易地搬迁不容易，"留得住、能致富"是关键。从吃水难、用电难、一下雨山路就泥泞不堪，还经常发生泥石流的地方搬下来，看似容易，但新家能不能留得住人是关键问题。我和乡干部们一起，根据贫困群众的文化程度、职业技能，划定了几个就业创业方向，成立了藏鸡、奶牛养殖、种植业等合作社，开起了商铺用于经营，带动所有贫困户参与各种项目建设，把几个合作社做成一个联社，发展循环种植养殖产业，到2017年底，每个村民从合作社得到了超过3500元的分红。

在这三年里，我所负责的工作获全县团建工作一等奖、西藏自治区乡镇（街道）工会规范化建设"八有"达标单位、"全国脱贫攻坚先进集体"等多项荣誉称号，多次被中央电视台新闻联播、焦点访谈及新华社、人民日报、西藏日报、拉萨晚报等媒体报道。本人获"优秀西部计划志愿者""优秀党务工作者""民族团结进步模范个人"、浙江省志愿服务"两项计划"优秀志愿者、"曲水县大学生志愿服务西部计划西藏专项志愿者贡献奖"等荣誉10多项。

（二）助力脱贫攻坚

3年服务期满，我又选择去了海拔更高、条件更艰苦的当雄县牦牛冻精站工作，与当地科研人员共同科技攻关，突破了一项项技术难题，大大提高了牦牛的配种效率，为当地牦牛养殖高质量发展插上了科技翅膀。期间我被拉萨市委市政府授予"拉萨市争先创优强基础惠民生活动第七批驻村（居）工作先进工作队员""当雄县农业农村局系统优秀工作者""当雄县农业农村局优秀共产党员"等荣誉称号。

平凡的小事坚持下来就是不平凡，从志愿者到专业技术工作者，在西藏，我成长为一名脱贫攻坚、乡村振兴的人才。

乡镇干部工作——筑梦乡村振兴

2020年12月，在西藏完成了阶段性的脱贫攻坚工作后，我带着服务西部的工作经验，回到浙江省江山市贺村镇继续从事乡村振兴工作，凭借高职时期学生干部和西部志愿者的经验，以共同富裕示范区建设为目标，我快速融入了乡村振兴新征程。在基层党组织建设工作中作为党支部组织委员，连续两年被评为优秀共产党员。在乡村振兴工作中，成功创建浙江省3A级景区村庄1个、浙江省垃圾分类示范村1个、市级新时代美丽乡村15个以及市级幸福乡村5个；在平安建设工作中，作为平安法治办副主任，圆满完成各项平安护航任务。

 职场心路：职业寄语

回望过往，我深刻感悟到，青春是一场不懈的追求与奉献的旅程。在乡村振兴的伟大征程中，我找到了个人价值与时代脉搏的共鸣点。6年的西部志愿者生涯不仅是我职业生涯的起点，更是心灵成长的催化剂，它教会了我坚韧不拔与勇于担当，让我学会了在挑战中寻找机遇，在困境中绽放希望。现在，我深感荣幸，能作为新时代的一名大学毕业生，参与到共同富裕示范区的建设中来，用我所学、尽我所能，为乡村的振兴贡献自己的一份力量。

（供稿单位：农学院）

17. 跨越万里山海救死扶伤的"白衣天使"

姓　　名：斯萍安

职业岗位：金华职业技术大学医学院教学基地门诊部护理部副主任

所学专业：护理

毕业时间：2006年7月

白衣为甲，跨越国界，以爱心与技能点亮生命之光。

从青涩学子到国际医疗使者，
再到教育领域的佼佼者，
我以不懈追求和卓越成就，
诠释了护理的真谛与荣耀，
绘就了一幅医者仁心、大爱无疆的动人画卷。

我叫斯萍安，2006年毕业于金华职业技术学院护理专业，现任金华职业技术大学医学院教学基地门诊部护理部任副主任，我积极参与国际医疗援助项目，曾远赴非洲马里共和国执行医疗任务，在艰苦的环境中挽救了众多患者的生命，改善当地医疗条件，并获得了马里卫生部颁发的"马里骑士勋章"。回国后，我回到母校继续从事医学事业，填补院感科（感染管理科）相关业务的空缺，通过组织培训、拓展新业务、改善病房环境等措施，显著提升了门诊部的整体护理水平和患者满意度，为医疗事业的发展做出了积极贡献。

 ## 中专时期：职业萌芽

我是一个普通家庭的孩子，中考未能考上理想的高中。父母最后决定让我读金华卫生学校护理专业。当时的我，对于护士并没有太多的了解，只是那一身白衣让我觉得神圣而向往。然而，进入学校后，我才发现护理专业的课程内容远超自己的想象。

护理专业不仅仅是打针发药这么简单，我们还要学习解剖学、病理生理学等专业课程。一开始，我对这些专业知识感到十分困惑和无助，特别是第一次进解剖楼、上解剖课，看着那些遗体和标本，有恐惧、有恶心、有不安。那时候也在怀疑自己是不是能当好一个护士、学习好护理专业，但随着时间的推移、学习的深入，我对这些标本更多是怀着一种敬畏之心。在学习解剖学时，我把标本上的每一块肌肉、每一根神经，都对应到自己的身上，才发现学习解剖学并没有那么难。学习解剖学也是学医的开始，我逐渐地开始了解到护理专业的价值和意义。护理工作不仅关乎病人的身体健康，还涉及病人的心理和社会需求。为了更好地照顾病人，我们需要具备丰富的专业知识和技能，同时也需要具备一颗关爱病人的心。在这个过程中，我逐渐认识到自己的价值和使命，开始对护理专业充满热情。每一节基础护理的课，我都听得非常认真，同时也争取当了护理课代表，对基础护理操作不厌其烦地重复再重复地练习，每一项操作都能熟练示范，并做到动作规范，协助老师纠正同学的操作，为此打下了护理的扎实基础。

我也非常幸运，自己当时的班主任是陆月林老师。3年时间，一到周末，她就会带着我们去医院临床见习，与患者接触，去感受患者的病痛，我一点点地明白，护理专业不仅仅是一项技能，更是一种关爱和责任。陆月林老师告诉我："护理要有慎独精神，无论你的身边是否有人，你要做得一样好，对待患者要一视同仁，临床上独自上班的时候，你的药有没有加，你的药加得对不对，只有你自己知道。"这句话我从业后一直谨记在心！

当时护理专业毕业后，就业还是很容易的，但陆月林老师一直鼓励我参加高职考试，她坚定地说："老师相信你，一定能考上！"在她的不断鞭策和鼓励下，我报名参加了高考，高考的最后三个月，每天晚上备考到12点，我也真的考上了金华职业技术学院医学院的护理专业。

高职时期：职业启航

金华职业技术学院医学院拓展和全面升级了各临床实训基地，为我提供了更先进、更完善的学习场所，使我的临床各项技能得到很好的锻炼。进入大专后的第一年，学校开设了国际护理班，我参加了国际护理班的选拔考试，并幸运地通过了考试。进入第一届国际护理班学习，使我能够了解和学习国际护理知识。从大一开始，各专业课都逐渐加入双语学习，但我的英语基础薄弱，这使我在课堂上听课很吃力，需要花更多的课外时间去消化课堂上的知识。大学的分科更细致，专业课程更加精准，医学英语的专业词汇很复杂，有时候一个单词要反复背好多天才能记住。从大二开始，相关课程邀请了外教加入，为了突破语言大关，我积极与外教交流，陪着外出购物，以此来锻炼自己的英语口语能力。2006年7月，我毕业后进入金华市中心医院工作。

工作时期：职业实践

在金华市中心医院，我开始了自己的职业生涯，逐步积累了实践经验，并在成长过程中收获了许多宝贵的感悟。工作的第一个科室是充满挑战与温馨的儿科，在这里，我深刻体会到了护理工作的艰辛与责任。面对那些年幼且脆弱的生命，我们需要投入更多的耐心和关爱。儿科工作最难的就是打针，为了能快速独立工作，我每个星期利用自己的休息时间去门诊儿科输液室练头皮针注射，从固定患者头部、观察老师的每一次穿刺操作开始。第二周，我鼓起勇气向老师申请实践机会。没想到，我居然"一针见血"，成功完成了穿刺，让我感到非常激动和自豪，一天下来，自己已经熟练掌握患儿的穿刺技术。之后几年，我轮转了大外科、大内科，正是医院的工作经历，让我更加深刻地理解了生命的珍贵。

2020年10月，我飞越3万多公里，历经30多个小时，赴非洲马里共和国执行医疗援外任务。马里贫穷落后、内战纷争不断……我们在炮火声中挽救重伤患者的生命，兢兢业业改善当地落后的医疗条件，在马里近两年的时间里，用我的爱心和护理技术帮助当地不少居民减轻了病痛，并受到马里医院的表彰。在马里医院，我负责临床护理的指导工作。当地医疗条件落后，我就组织健全护理体制并督促当地护理人员落实。2021年5月12日护士节，我组织马里医院的护理团队进行了一次病房的规范化评比，让条件有限的病房变得整洁有序。我还发现病人们在雨季的感染率比较高，而当地护理人员的无菌观念不强，又着手纠正。患者住院期间，病房管理非常重要，"把病房管理好，治疗就成功了一半"。经过我的不懈努力，马里医院的病房明显变得整洁、清爽，宽敞了。在非洲期间，我把祖国的期望铭记在心，坚守岗位，以担当的作为和实际的行动，做好健康的守护者、中非命运健康共同体的实践者。最后，我也不负所望，回国前，马里特意举办了一场授勋仪式，我获得了马里卫生部颁发的"马里骑士勋章"。

2023年初，时隔20年，我回到母校，担任医学院教学基地门诊部院感科主任兼护理部副主任，填补了原门诊部院感相关专业业务的空缺。我上岗后立马投身门诊部护理团队，定期组织护理人员进行业务学习和操作培训，推动实施责任制护理，全面提升护理技能；充分利用现有设备，拓展新业务，如24小时动态心电图、血压的检查和中央监护系统的使用等；新增了一个病区，改善住院环境，提高患者满意度，2023年度团队共收到患者感谢锦旗8面，全年业务量比之前提升一倍。"护理要有慎独精神"这是陆月林老师在我初学护理时就深深印在我心底的理念。之后多年的工作中，我践行慎独精神，对待每一个病人、每一项工作，我都不愧于心，斯安唯心安。

 职场心路：职业寄语

作为一位医护工作者，我认为未来职业选择应该基于自己的兴趣、天赋和价值观。成绩并不是衡量一个人成败的唯一标准。更为宝贵的是在经历了各种困难和挫折之后仍不放弃，继续前行，即使困难重重，也要勇敢面对，坚定前行的人生态度，要认真对待每一件事，不心浮气躁，不眼高手低，日积月累，终成大树。

（供稿单位：医学院）

18. 用生命守护生命的ICU护士长

姓　　名： 方仙女
职业岗位： 永康市第一人民医院护士长
所学专业： 护理
毕业时间： 2009年7月

匠心筑梦，仁心护命。
从中职到高职，以勤勉铸就专业基石；
从病房到抗疫前线，用无畏书写大爱篇章。
ICU里，我是生命的守护者，也是新时代最美的逆行者。

　　我叫方仙女，对待工作始终兢兢业业，勤勤恳恳，以细致的服务、娴熟的技术为患者排忧解难，以积极的态度学习护理专业知识，认真负责做好本职工作，虚心向同行前辈请教，热心指导新入职的同事，以患者为中心，牢记为人民服务的宗旨，严格以一名优秀护士的标准要求自己，坚持以医疗服务质量为核心，以病人的满意度为标准，在ICU这个守护危重患者生命的岗位上，一步一个脚印，逐渐成长为一名经验丰富的护士长。

　　工作之余，我通过自学考试完成护理本科的学历教育，曾荣获"浙江省劳动模范""金华市劳动模范""金华市优秀护士""金华市优秀共产党员""金华市战'疫'先锋""金华市三八红旗手""金华青年五四奖章""金华好人"等荣誉称号。

 ## 中职时期：职业萌芽

　　自强不息、奋发进取。中职时期，我就读于浙江省永康卫生学校，在校期间，我勤奋努力，品学兼优，曾荣获金华市三好学生。2006年，我通过中职类高考考上了金华职业技术学院医学院，成为当年学校护理专业考入高职院校的6位学生之一。

高职时期：职业启航

　　金华职业技术学院医学院是当时省内唯一的全国重点卫校，办学历史悠久、教育底蕴深厚、师资力量强大、教学效果显著。虽然跨进了顶级的教育学府，但是我从不曾懈怠，学习一点都不落下，每个学期都拿奖学金，还获国家励志奖学金。同时，我担任过学生会秘书长，积极参加各类大学生社团，曾到金东区赤松镇挂职团委副书记，获金华市优秀挂职大学生、校优秀学生干部和校优秀毕业生等荣誉。

 工作时期：职业实践

　　2009年7月毕业后，我考入永康市第一人民医院，先后在ICU、骨一科、MICU工作，曾在浙江省中医院七病区进修3个月，多次负责科室及医院的持续质量改进项目。工作期间，我熟练掌握呼吸机、除颤仪、血气分析仪、降温毯的使用，动脉置管患者、床边CRRT患者、piccolo导管、PICC置管的护理等各项护理技能，一步一个脚印成长为临床经验丰富、综合能力极强的护理人员。我善于与患者及家属沟通，用实际能力和行动保证每个患者能得到及时的救治，减轻病患痛苦，挽回患者生命，得到了患者和家属的肯定和信赖，提高了病人满意度。

　　寒来暑往间，奋战在抢救患者的第一线；不眠之夜时，守护在垂危病患的床旁。护理重症患者，每一个护理动作都难以避免与病人肢体直接接触，但我从不退缩，时不时以一些简单的手语鼓励病患、坚定他们与病魔抗争到底的信念。我始终严格要求自己，把患者满意度作为标准，急患者之所急、忧患者之所忧、想患者之所想，用责任担当守护一方百姓的身体安康。

　　言传身教，大爱无疆。我还利用休息时间，与队友们积极做好医务工作宣传报道。多篇报道在《永康日报》《方岩》杂志以及"永康市第一人民医院""永康文艺界""永康党建"等微信公众号上发表；一篇被"初心电台"播放，节目在"学习强国"浙江平台、喜马拉雅平台、金华综合广播电FM104.4、金华发布、无限金华、金华组工等媒体同步上线。我用朴实的笔触把在一线医务工作者的工作情况细致地描述出来，让更多的人了解医务人员的不易，表现了医务工作者勇担使命、不畏艰险的高尚情操。

　　不断进取，砥砺前行。在科研、教学方面，我也不断开拓创新，2023年开展金华市继续医学教育项目"基层医院护理人员危重症护理能力提升班"，成功申报金华市公益性技术应用研究项目"联合策略降低经口气管插管患者器械压力性损伤的干预性研究"。

职场心路：职业寄语

　　有人说，ICU是一个很有成就感的科室，可以亲身见证生命的奇迹；有人说，ICU是一个又脏又臭、死气沉沉的科室，肩上的责任比其他任何一个科室更重；又有人说，ICU是支精英队伍，医务人员的素质非比寻常。在我看来，ICU护士是一份成就感和无力感交织的工作。"以真心、爱心、责任心对待每一位病人"听似简单，其实不简单。用温暖的笑容抚慰伤痛，用真诚的关怀扫清阴霾。选择了护理就是选择了奉献。把苦、累、脏、怨留给自己，将快乐、安康送给病人，用自己的爱心、诚心、细心换回病人的舒心、放心、安心。给患者温暖，就是给自己力量，从死神手中抢人，我就是"用生命守护生命"的ICU护士。

（供稿单位：医学院）

19."男"丁格尔，须眉不让巾帼

姓　　名：陆正豪
职业岗位：金华市中心医院团委副书记、内镜中心护士
所学专业：护理
毕业时间：2016年7月

作为一名普普通通的男护士，
与死神斗争，与时间赛跑，
努力做好维系人民群众生命健康的斗士。

　　我是陆正豪，金华市中心医院团委副书记，同时我还是一名普普通通的男护士。我在急诊抢救室工作了5年，与死神斗争，与时间赛跑，努力维系着那一点微弱的生命之光；现在我在内镜中心待了3年，我们用先进的内窥镜技术为病人做诊断治疗，将胃肠道早期癌症及时扼杀在摇篮里，我们是与死神斗争的人，是维系人民群众生命健康的斗

士，这就是我的工作。我获得的荣誉很多，多次在国家级、省级、市级的护理操作技能比赛、微党课竞赛等比赛中获得一、二等奖，2023年还获得了金华市"金蓝领"称号，这是对我过去8年工作的肯定。

成为一名护士并不是我最初的意愿，从迷茫、质疑到慢慢体会到一名护理人的责任感和使命感，我想这就是讲述自己职业故事的意义。

 高中时期：职业萌芽

我就读于省二级重点高中——金华六中，综合成绩较好，但极其喜欢语文和历史，特别是受历史老师的影响，她阅历学识丰富、上课感染力强，我曾梦想着能成为像她一样的历史老师。于是，我毅然选择了文科。可以毫不夸张地说，在毕业之前，我一直都梦想着能去师范大学读历史，从来都没想过将来会学习护理专业。我的高考成绩因为英语成绩不理想，只能处于最后一批本科线的中游水平。当历史老师的梦想，就显得遥不可及了。我的邻居是一名在金华市第二医院工作的护士，她跟我母亲说，现在男护士很紧缺，工作、待遇都还可以，积极推荐我母亲给我报护理专业，在如此机缘巧合之下，我母亲帮我填了志愿，最终成功被拥有百年医学教育历史的金华职业技术学院医学院护理专业所录取了。

 高职时期：职业启航

2013年，男护士似乎并不那么多见，也没有被社会大众所接受，那时我们一个专业400多人，男生只有14个，我仍然记得第一节课是护士礼仪，老师跟我们说："护士是一个十分辛苦也是十分伟大的职业，特别是在医患关系如此紧张的情况下，大家还能毅然选择成为一名护士，特别是队伍中还有几名男生，我感到十分高兴，我也十分自豪能与各位同处一个课堂。"从这一刻开始，我的心中似乎泛起了一丝涟漪。

护士学习的内容也相当的全面，内外妇儿基护都要学习，从深奥的课本知识，到每一个人体标本，小到细胞神经，大到组织器官，都深深吸引着我。后来，许多人都问过我，在大学里印象最深的事情是什么，我都会说是学校组织前往医院或养老护理院进行见习，在某一次我给离世老人做最后的护理工作的时候，老人的家属特地对我进行致谢，那时护士长对我们说："这个老人在睡梦中离世，没有痛苦，正是我们的优质护理使他舒适地渡过最后阶段。"这次的事情给了我一次心灵的蜕变，在这学到了身为一名护士的责任和担当，体会到了作为一名医务人员的成就感和归属感，也正是一次次学校的医教结合的锻炼，使我对今后的职业生涯有了更清晰的认知。

我立誓成为一名有担当的优秀护士。于是，我主动报名了浙江省大学生职业生涯规划大赛，有信心将"男护士"的风采展示在众人面前，对自己未来规划充满了期待。现在的媒体在提到男护士的时候，都很喜欢用"男丁格尔"这个标语。其实，当初我选择这个专业的时候，男护士依旧不被人们所认可，更不可能有这种类似的宣传标语，直到遇到了程晨老师——一个亲和、极具感染力的大学老师。在浙江省大学生职业规划大赛中，她为我取的标题就是"男丁格尔，须眉不让巾帼"，我获得了比赛一等奖。后来适逢"5·12"护士节，我应卢惠萍老师邀请，参与拍摄了一组"男护士的护士节"照片，"男丁格尔"经过媒体的宣传而被推广。此外，作为一名医护士要直接面对生命，更需要扎实的理论基本功和丰富的实践操作能力。我全身心投入了学习和备赛中，总是会比其他人忙很多，图书馆、实训室、社团占据了所有的课余时间。付出终有回报，我多次获评校优秀学生一、二等奖学金，每学年的"三好学生"，浙江省护理技能大赛一等奖，全国护理技能大赛团体三等奖，校"十佳大学生"……自己似乎成了同学和老师眼中的"全能精英"。2016年7月，我以"浙江省优秀毕业生"的身份顺利毕业，此刻的我已经为从事护理事业做好了充分的准备。

 工作时期：职业实践

毕业后，我以第九名的总成绩考入金华市中心医院，并主动请缨到了最辛苦、最有挑战性的急诊抢救室。急诊抢救室护士，是一个需要与死神赛跑的职业。我印象最深的就是有一天晚上，接到了内分泌科的电话，一名病人生命垂危请求抢救。我第一时间赶到了病人身边，此时的病人已经失去了生命体征，我与内科医师配合实施抢救，在心肺复苏的过程中，大量的食物从病人的嘴巴里涌出来，我立刻给病人做了吸引。几个循环以后，病人恢复了生命体征，送入了重症监护室。这是我第一次独立去其他科室抢救，经过这次经历我发现，这世上再没有什么成就感，能和此刻亲手挽回一条生命相比了。

有时治愈，常常帮助，总是安慰。护士总是有着一颗柔软的心，男护士也不例外。一次偶然的机会，我发现一名患者每晚都只能在安眠药的帮助下才能入睡。多次沟通交流后，我决定为这名患者开设一个专属电台，每晚为她朗读心灵鸡汤伴她入眠。后来，这位病人最终摆脱了安眠药的束缚，回到了正常的工作和生活中。但小电台的声音却并未因此停止。我将自己身边发生的急诊科故事，通过这个神奇的网络平台传播到了大江南北，收获2751个粉丝、64.7万的收听量。听众中也有很多初入职场的年轻小护士，通过我的分享，使她们找到了职业归属感和价值感。电台生生不息，声声不息。

　　此外，我还参加过厂房倒塌事故的现场救护工作，参加过禽流感暴发、流感肆虐、手足口病横行时的医护工作，包括新冠疫情时前往金西方舱参与护理工作。每一个特殊时期，都有自己参与的身影，每一次的任务都使我受益很多。正是这一次次的高强度工作和丰富的经验夯实了我的护理技术，也让我明白了作为一名医护人员的意义。

职场心路：职业寄语

　　因为情有独钟，所以执着追求。当一名南丁格尔式的好护士是我一生的梦想。我以全身心的投入坚守着这最初的珍贵，能够不忘学医初心，用火一样的热情托起患者的生命之舟，用一份执着的心认真地发扬南丁格尔的精神。

（供稿单位：医学院）

20. 一颗"果"，一个"梦"，共富路上不停步

姓　　名： 钱继昌
职业岗位： 金华市盛果农业科技有限公司董事长
所学专业： 园艺技术（社会生源）
毕业时间： 2022年7月

翠叶扶疏掩小园，无花果熟挂枝繁；
昔日荒山披绿装，今朝沃野遍金田；
艰辛种植经风雨，汗水浇开致富门；
共富路上谱新篇，乡村振兴梦正圆。

　　我叫钱继昌，退伍军人，现担任金华市盛果农业科技有限公司董事长、浙江省无花果产业协会副理事长。自2015年起，我踏上创业之路，先后创立了金华橄榄绿家庭农场有限公司、金华市婺酒生物科技有限公司、金华市源果农业发展有限公司、金华市盛果农业科技有限公司。2021年，我荣幸地被聘为浙江省农艺师学院创业导师，2022年我开

始担任浙江省无花果产业协会的副理事长。这一系列的经历都让我深感责任重大。

我获得了诸多荣誉，中国无花果产业特殊贡献奖、"建行杯"第七届中国国际"互联网+"大学生创新创业大赛银奖、首届浙江省农创客助力乡村振兴"金雁奖·助农榜样"和第五届"中国创翼"创业创新大赛全国总决赛乡村振兴专项赛优秀奖。这些荣誉不仅是对我过去努力的肯定，更是激励我继续前行的动力。

 退伍归乡创新业：职业萌芽

2010年，当我退伍归乡，重新踏上金东区下新屋村这片熟悉的土地时，我决定利用家乡的独特地理环境、温和的气候条件以及肥沃的土壤性质，与乡亲们一同探索和实践无花果的种植之路。这既是源自我对农业的一份热爱，也是我为家乡发展的一种责任感的体现。

在田间地头，我化身为学生，向老一辈农民学习耕作经验，不断试验和优化品种。终于，在无花果树挂满枝头时，大伙的脸上也挂满了喜悦。然而，丰收的喜悦却伴随着惆怅。因无花果皮薄多汁，极易在采摘、运输过程中受损，且不耐贮藏，这导致大量新鲜的无花果无法快速地进入市场，优质产品成了滞销货。

正当我一筹莫展时，我迎来了一个非常好的机会，2019年国家高职百万扩招，农民也可以上大学了，我有幸踏入了金华职业技术学院的校门，重新学习专业的园艺种植技术。

 乘东风重返校园：职业启航

在金华职业技术学院求学期间，恰逢学校深化涉农专业人才培养模式改革，推进"耕读结合"实践教学创新，学院"专业课堂到村口""项目化导师结对"等教学改革，让我实现从经验生产到科技生产的飞跃性提升。

在胡繁荣教授等专业教师团队的指导下，我们把理论学习与实践相结合，发明了鲜果生物可食保鲜试纸、无花果保鲜运输装置，对果实采收、分级、预冷、保鲜、包装、贮藏等方面进行系统研究，成功开发高效商业化保鲜技术，降低果实腐烂率和失重率，减少果实失水皱缩和果皮褐变，使得新鲜无花果保鲜期延长至15天，解决了长时间运输中出现的问题。这一技术突破，让我看到了科技改变农业的巨大潜力。

我还与学校携手合作，共同创建了"绿天使工作室"，集产学研创训于一体，通过开展创业沙龙等载体，引导学弟学妹们树立为"农业强、农村美、农民富"而奋斗的信念，培养同学们"懂农业、爱农村、爱农民"的情怀。同时，我也为园艺等专业学生提供实践岗位，同学们可以在我的基地开展无花果生产管理、果干加工及电商直播等营销实战。我们共同建立无花果种质资源圃，选育优质品种，繁育优质种苗，开展数智栽培，提升产品品质，种好果；研发生物保鲜技术和运输保鲜装置，通过冷链运输，运好果；建立鲜果采后初加工严选机制，采用"互联网＋实体公司＋分销市场"的销售方式，销好果。

如今，在金华采摘的无花果，几天后就能出现在祖国的最北方，我终于可以将无花果产业推向全国！我们的无花果已经成功销往全国31个省（自治区、直辖市），并带动了金华无花果在全国的引种热潮，特别是红皮无花果鲜果，销量稳居全国第一。

我的创业之路，从书本到果园，再从果园回归书本；从农村到学校，又从学校回到农村，不仅是一段从理论知识汲取到田野深耕实践的旅程，更是一场对共同富裕理念的生动实践。

共同致富有作为：职业实践

自金华职业技术学院学成以后，我的无花果事业也越做越红火。怀揣着对共富未来的无限憧憬，我将金华的无花果种植基地精心打造成为一个集育苗种植、生产加工、销售服务、科研创新、休闲采摘等多功能于一体的无花果科技创新产业园。这里不仅是无花果生长的乐园，更是一条产业链完整、科技与农业深度融合的共富之园。我很高兴地看到，通过产业园的辐射带动作用，乡亲们在家门口就能享受到产业发展的红利。

同时，为了实现"365天，天天有鲜果上市"和带动更多的人致富，我构建了"候鸟式多纬度布局"战略，在全国范围内精心选址，建立了多个无花果生产基地。在安徽宿州，我们主要提供优质的种苗及全程技术服务，助力宿州成为北方无花果的重要产区；在云南元谋，我们主要采用种苗及技术入股的方式，不仅推动了当地无花果产业的发展，还带动了水电移民村千余人就业；在四川攀枝花，我们与当地政府紧密合作，采用"三分四统"的创新模式，实现了公司与农户的双赢；在九江，我们新建了500亩的合作基地，负责技术指导和鲜果销售，为当地农业注入了新的活力。通过这些多纬度的布局，无花果的种植面积逐年扩大，产量稳步增长，产品销售价格呈现稳定上涨的趋势，广大农民也得到了实实在在的经济收益。

从金东区到婺城区，再到河南、新疆、云南、安徽、海南，通过全纬度布局基地，如今，我在全国17个省（市、区）共建基地77个，面积9090亩，把金华的无花果种苗引种到全国，带动就业1万余人。无花果种植面积不断增加，产量不断提高，产品销售价格稳中有涨，给农民带来了实打实的收益。

 职场心路：职业寄语

　　军旅生涯的锤炼，磨砺了我直面挑战、无畏艰难的毅力之魂；在金职的学习，赋予了我坚实的知识基础，激发了我创新思维的火花，让我在复杂多变的商业环境中能够更加敏锐与从容。一颗"果"，一个"梦"，我将继续深耕于无花果产业的迭代升级与创新突破，争当行业领头雁和助农先锋，为实现共富梦想而不懈奋斗！

（供稿单位：农学院）

---

21. 扎根基层：一名临床人的无悔守望

姓　　名： 庄轶超
职业岗位： 金华市金东区卫生健康局医政医管科副科长
所学专业： 临床医学
毕业时间： 2012年7月

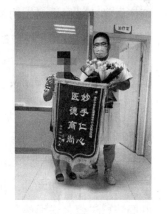

"医"海无涯，学无止境，不断提升，不停突破，

来自基层，扎根基层，以医者仁心，精业济世，

"医"路虽远，过程虽艰，

保持初心，坚定信念，

敢想，敢为，终能成就自我。

　　我叫庄轶超，2009年以优异成绩考入金华职业技术学院临床医学专业（定向委培），2012年参加工作，先后担任澧浦镇中心卫生院团支部书记、党支部委员、金东区卫生健康局医政医管科副科长（主持工作）。其间，2021年参加东西部对口帮扶工作，援派四川省甘孜藏族自治州丹巴县人民医院，挂职丹巴县首任急诊科主任。

高中时期：职业萌芽

高中时期，一次偶然的机会，让我决定走向学医这条神圣的道路。

我出生于浙江省金华市金东区的一个小农村，生长在一个普通的农村家庭，父母都是朴实的农民。高中时期，我就读于金华市艾青中学，我的性格相对内向，属于班级里默默无闻的"小透明"。

当时，我对于大学的选择是非常迷茫的，我的学习成绩并不是很好，也不清楚自己心仪什么样的专业。一次偶然的机会，我在《金华日报》的一个小角落里看见了金华职业技术学院临床医学专业的一则定向委培招生的信息。联想到白衣天使救死扶伤的神圣场景，那一刻，我的内心充满了向往和期待。高中毕业时，我毅然选择填报了金华职业技术学院医学院临床医学（定向委培）专业。

 高职时期：职业启航

我如愿进入金华职业技术学院医学院，这里成为我改变命运的起点。纸上得来终觉浅，绝知此事要躬行。三年里我稳扎稳打，在认真学好专业知识的同时，不断在项目实践中精进自己。

金华职业技术学院因录取分数线长年位居浙江省内前三，多数专业超本科录取线，加上师资、软硬件条件都很好，学校被称为高职中的"小清北"。同时，2009年招生的临床医学（社区医学）为浙江省首批定向委培专业，"入学即就业，就业即入编"促使临床医学专业成为王牌中的王牌专业。

在学校里的那3年，我过得非常充实，每天都像一块海绵一样，如饥似渴地吸收知识，锻炼技能。学校为我们提供了很好的学习条件，开设的课程非常先进和实用。我记得当时我们内科学、外科学以及社区医学等课程都是邀请金华职业技术学院附属医院、金华市人民医院各大科室主任亲自给我们上课，他们理实结合的教学让我受益匪浅。受金华市人民医院蒋国贞老师的影响，毕业后我毅然决然地选择了普外科方向，并在庄建昌老师（院外兼职老师）推荐下，我多次赴金华市人民医院、金华市中心医院普外科、肛肠外科进修，进而确立了我在基层肛肠特色专科的发展方向。经过多年的努力，我也不负众望，2023年我所在的澧浦镇中心卫生院肛肠科获评金华市基层特色专科，属市本级唯一。

工作时期：职业实践

踏上职场的我，终于穿上了自己期待已久的"白色战袍"，这是对我以前所付出的努力的一种肯定，更是对我未来工作上的一种要求。

"医"海无涯，学无止境

根据定向委培精神，我有幸被分配到了金华市金东区澧浦镇中心卫生院工作。参加工作后，我注重学习和提升自己的专业知识和技能，保持与时俱进，十年的基层医生生涯中连续五年赴上级医院规培、进修，不断提高自己在本职工作中的能力和水平。在日常工作中，我积极开展各项基本医疗诊疗工作、家庭医生签约和公共卫生服务工作。同时，我积极开展特色亚专科业务，在社区开展高位大隐静脉曲张剥脱术、腹股沟疝修补术等普外科常见手术以及特色痔疮切除、肛瘘挂线等肛周常见疾病手术，有效地填补了基层外科手术资源的不足，满足辖区居民的就诊需求。我以第二作者的身份与金华市中心医院普外科张兆辉主治医师（第一作者）在《世界华人消化杂志》发表了一篇题为《瞬时弹性成像技术对原发性胆汁性肝硬化、自身免疫性肝炎的鉴别及与肝脏纤维化程度、肝功能的相关性研究》的论文。同时，我积极利用业余时间，考取了浙江省一级应急救护培训师资格证，只要有空闲时间就会积极投入到应急救护知识和技能的普及推广工作中，累计开展培训活动500余场，惠及居民12000余人次。

医者仁心，精业济世

我始终把为人民服务、为党分忧作为己任，积极履行岗位职责，努力解决问题，为党和人民的事业贡献自己的力量。2021年，当得知金东区要派援川干部队伍对口支援四川省甘孜藏族自治州丹巴县的时候，我的第一念头就是我要去，我要去祖国和人民需要我的地方。于是我积极响应组织的号召，踊跃报名，通过层层选拔，成为一名光荣的援川专技人才。直到2023年3月，我结束了援川之行，带着对丹巴的不舍，带着自己为期十八个月来为丹巴人民辛勤付出换来的成绩单，回到了家乡。

在丹巴工作期间，在我的积极推动和带领下，丹巴县人民医院实现了急诊科从无到有，从有到优的突破。急诊科成立一年多来，累计接诊患者19000余人次，抢救危重患者年均490余人次，出动救护车267次，开通绿色通道158次，急诊收住入院730余人次，有效地弥补了当地医疗紧急救护方面的不足。我总结提炼的丹巴医疗紧急救护模式，实现了在相同路程内、同类型急重症患者接诊、就诊流程时间由原先的2~3小时、辗转多科室，缩短至1小时内在急诊科完成所需所有医疗常规流程，大幅缩短了急重症患者就诊时间。该医疗紧急救护模式被当地百姓和媒体称为"金丹速度"，相关事迹多次被四川省级媒体和"学习强国"等国家级媒体平台转载报道。因对口帮扶工作成绩突出，连续两年被浙江省驻四川省甘孜州工作队评为"先进专技人才"。

2022年8月，我积极参与甘孜州防控工作专班，在为期25天的专班工作中，作为唯一一名浙江籍医务工作人员，我顽强地克服高原缺氧、身体透支、长途跋涉等重重困难，成功保障1300余人次游客的健康安全，行驶总里程超10000公里，圆满出色地完成四川省委和甘孜州委指派的各项任务。

我始终坚守岗位职责，尽心尽力，不断努力完成工作，竭力为组织做出贡献。在过去12年的从医生涯中，我积极参与各项工作和比赛任务，努力完成工作目标，并取得了一定的成绩和业绩，如"2018年度金华市优秀志愿者""2020年度金华市优秀共青团干部""2021年度金华市红十字应急救护大赛个人三等奖""2021年度、2022年度浙江省驻甘孜州工作队先进专技人才""2023年度浙江省红十字应急救护工作成绩突出个人""2023年度金华市最美红十字救护人""2023年度浙江省文明家庭"、2023年浙江省省部属企业医护岗位职业技能竞赛暨物产中大集团第五届医护岗位技能比武个人优胜奖。

 职场心路：职业寄语

敢想，敢为，一切皆有可能。机会总是留给有准备的人，请打起十二分精神，不畏惧、不踌躇、不心存侥幸，"医"路虽远，过程虽艰，保持初心，坚定信念，成就自我。

（供稿单位：医学院）

---

22. 基层卫生实践人：最美乡村健康守护者

姓　　名：陈卫旋
职业岗位：金华市金东区源东乡卫生院院长

所学专业：临床医学

毕业时间：2013年7月

从无知到有知，从疑惑到明理，

从医十余载，扎根乡村，用心用情，

我始终铭记"健康所系、性命相托"这句誓言，

扎实做好基层医疗卫生服务的实践者，

当好人民群众健康的守门人。

　　我叫陈卫旋，一名服务基层的全科医学主治医师，毕业于金华职业技术学院医学院临床1004班，现任金东区源东乡卫生院院长。大学毕业至今，一直扎根在金东区源东乡卫生院从事临床及公共卫生服务工作，同时也是管辖3800余居民健康的家庭医生。平时我作风扎实，能吃苦肯干事，基层工作经验丰富，对待患者有耐心。在从医的道路上每一天我都充满激情和感恩，因工作表现突出，获评"金东区抗击疫情最美志愿者""金华市卫健系统市级青年岗位能手"等荣誉称号。

　　学医之路从无知到有知，从疑惑到明理，从医十余载，"健康所系、性命相托"这句誓词我一直铭记在心。

 高中时期：职业萌芽

　　我高中就读于金华市第六中学，学习成绩在班上平平无奇，因对文理科没有特别的偏科，出于从众心理，我与大多数男生一样选择了理科专业。高一、高二时期没有太大的学习压力，我对自己的学习和以后的职业规划没有明确的方向，家长也没有过多的干预。直至高三第一个学期几次模考成绩出来，我的分数一直在本科线上下徘徊。此时家长开始对我施加压力，通过严管电子设备、控制球类运动时长等方法，希望我能在高考时实现他们望子成龙的期盼。但一学期的结果出来，成效不尽如人意，我的分数依然没有很大的突破。那年的元宵节家庭会议上，当时在基层卫生院中药房上班的叔叔率先提出来：你爷爷作为卫生院的创办人、源东乡卫生院第一任院长，这一辈是叔叔接班医疗行业，作为晚辈中最小的一个，当其他哥哥姐姐都已从事各行各业，家族里"医务工作者"需要由你进行传承。听到这个提议，长辈们纷纷表示赞同，但坐在角落的我第一次认真地反思：我？医生？不了吧。想到医生干的都是脏活累活，心里不免打起了退堂鼓。

　　高考结束后，我与几个小伙伴商量着如何填志愿，一起读哪个大学、选什么专业。

然而高考成绩将我拉回了现实：未上本科线。摆在我面前只有两条路：一是再复读一年，二是上职业学院。也许是与医疗行业冥冥之中的缘分，一筹莫展的我恰好看到了报纸上刊登了金华职业技术学院医学院联合金东区卫生局社区医生定向培养的招生信息，这让因道路选择而迷茫的我，瞬间抓住了一根救命稻草，内心产生了一个坚定的念头：我要去金华职业技术学院！

 高职时期：职业启航

如愿被金华职业技术学院医学院录取后，3年的大学时光，让我对学医这事，从一开始的排斥到慢慢接受，从逐渐喜欢到十分热爱，金职让我认识了"自己"，找到了自己要走的"路"。

还记得第一次上解剖课，课桌上放着一具真实的人体骨骼，与平时看课本、看图片不同，看到这个"真实"的家伙，说心里话，我真的是害怕了。我们的带教老师仿佛一眼看穿了我们，说起了这些"大体老师"的来历，这不由得让我产生了崇高的敬意，少了几分害怕。对，我一个医学生，怎么能对自己要学的知识感到害怕呢，"大体老师"为了医学事业奉献了自己的身体，不就是为我们医学生能更直观地了解人体构造从而更好地治病救人吗？因此，我放下了对医学固有的"偏见"与"误解"，全身心投入到学习之中。

慢慢地，我接受了临床医学这个专业，课业学习并不像学长们所说的"高中苦完大学就轻松了"那样。虽然学院篮球队训练可以不参加早晚自习，但对于已经慢慢喜欢上这个专业的我来说，我坚定地选择了退出篮球队训练，专心投入学习。因为喜欢，我付出了比其他人多几倍的努力，功夫不负有心人，在医学院的每学期我均能拿到学院奖学金。这是对我日常努力付出的肯定，也进一步加深了我对临床医学的热爱，增强了对从事医生这个职业的信心。大三时，我被学校分配到金华市人民医院实习，虽然实习只有短短一个月的时间，但我深知要抓住这个关键的学习机会，在实习过程中，我争取每一次动手操作的机会，通过反复求教和自我总结，我的操作逐渐变得游刃有余，同时我还争取到各个临床科室及附属卫生院进行轮转学习，增加自己的业务能力与实践经验。在实习期间我获评"优秀实习生""优秀住院医师"等荣誉。

 工作时期：职业实践

毕业后，我被分配到了户籍所在地的源东乡卫生院工作，同年前往金华市人民医院开展为期两年的规范化住院医师培训，于2015年结业回到源东乡卫生院。

刚回到卫生院时我很迷茫，自己接受了专业的理论和实践教育，知识储备量及业务能力在这个山区卫生院根本没有发挥的空间，这里人口稀少，病种单一，门诊病人以基础的慢性病配药为主，所学的技能没有用武之地，我开始陷入自我怀疑：既然最终还是回到家乡做一名"配药医生"，那当初自己这么努力学习的意义在哪里？带着满肚疑问，我回到母校，回到了当初学习奋斗过的地方，找到了外科老师汪浩老师，他正带着学弟学妹们上"清创缝合术"，邀请我一同上课。课后我与汪老师谈起心中疑惑，老师和我说："现在老百姓普遍存在'看病难、看病贵'的问题，根源在于基层医疗机构服务能力弱。普通的病老百姓在基层看不好，才需要大老远跑到城里看病，而解决这个问题的关键在于你们，区别于原有的'赤脚医生'，新一代的社区医生才是能推动实现'大病不出县、小病不出村'的主力军。"自那之后，我茅塞顿开，"做好基层医疗卫生服务的实践者，当好人民群众健康的守门人"成了我的工作信念与动力。在参加工作的第三年，秉承干一行爱一行这个理念，争当"全能全科医师"成为我努力的目标，既能干临床又会做保健，因工作表现突出，我先后担任了妇儿保科副科长、门诊部主任、副院长等职，于2022年担任源东乡卫生院院长。

 职场心路：职业寄语

我国古代名医孙思邈在他的《大医精诚》中提及："凡大医治病，必当安神定志，无欲无求，先发大慈恻隐之心，誓愿普救含灵之苦。若有疾厄来求救者，不得问其贵贱贫富，长幼妍媸，怨亲善友，华夷愚智，普同一等，皆如至亲之想，亦不得瞻前顾后，自虑吉凶，护惜身命……"作为新时代一名基层医疗机构的全科医师，在这个平凡的岗位上我时刻以优秀党员的标准要求自己，以先辈为榜样，时刻牢记职业赋予我们的神圣使命，始终牢记全心全意为人民服务的宗旨，恪尽职守、无私奉献、爱岗敬业、救死扶伤。

（供稿单位：医学院）

23. 我的三次"选择"——"警医卫"成长记

姓　　名： 钱马亮
职业岗位： 浙江省第一监狱医院门诊部主任、三级警长
所学专业： 临床医学
毕业时间： 2016年7月

作为一名"警医卫"，
不仅要负责监狱罪犯的身体疾病诊治，
还要对罪犯进行日常的教育改造，
做到"治病"的同时"救心"。

　　我叫钱马亮，是一名监狱人民警察，同时也是一名医生。我不仅要负责监狱罪犯的身体疾病诊治，还要对罪犯进行日常的教育改造，是一位名副其实的"警医卫"。在年复一年与罪犯一次次诊疗、一次次谈心教育中，我丰富了自身的临床经验和教育改造能力。9年时间，我在一次次的选择中完成了从社会医院到监狱医院，从临床医生到人民警察的转变，同时做到了在自身的岗位发光发热。

 ## 高中时期：职业萌芽

　　我出生于浙江省衢州市龙游县的一个农村家庭，父母都是朴实的农民。我的高中在本地的一所综合中学——龙游第二高级中学学习。中考失利对我的打击是巨大的，进入高中后，我变得顽皮贪玩，成了父母眼中不省心的小孩。那时我的心中只有游戏、篮球、小说，成绩更是一落千丈。

　　高三之后我幡然醒悟，努力追赶同学们的脚步，高考成绩还不错。我的成绩虽然能报考本科院校，可是专业不尽如人意，就业难度较大。机缘巧合下，母亲在报纸上看到金华职业技术学院医学院针对衢州地区招收定向培养的临床医生。抱着试一试的心态，我填报了提前批的志愿。或许命运的齿轮在我选择报名的时刻就已经开始转动。当年录取四人的专业，由于第二名体检不合格，我以第五名的成绩替补录取。我的人生道路在这一刻也有了新的可能。

高职时期：职业启航

进入金华职业技术学院后，我便如同一块干瘪的海绵丢入了浩瀚的海洋，在课堂上、在图书馆、在自习室疯狂地汲取理论知识。从专业基础课程的人体解剖学、组织胚胎学、病理学、生理学、药理学、诊断学到专业课的内科学、外科学、妇科学、儿科学、急救医学，在每一门学科中感受人体的神奇。

除了理论学习，医学道路上的实践学习是必不可少的，医学院本身设有临床教学基地，除此之外在每个假期都会联系当地相关机构安排见习实习。在实践过程中，我接触了多种疾病，透彻学习了各项基础技能操作和诊疗技能。在带教老师"放手不放眼，放眼不放心"的带教原则下，我努力争取每一次锻炼机会，同时不断丰富临床理论知识，积极思考各类问题，对于不懂的问题虚心向带教老师请教，做好知识笔记。在工作之余，我还查找书籍，加强理论知识与临床的结合。

在医院，在带教老师的指导下，我还学到了如何与病人家属打交道。首先我们所做的一切都应以病人的身体健康、疾病转归为目的；态度一定要好，要让他们感觉到身为医护人员的我是真的在为他们考虑，说话的技巧更是应该注意的，这培养和增强了我独立思考和工作的能力。

工作时期：职业实践

进入岗位后，我认真做好各项业务性工作及事务性工作，全面履行一名基层卫生院医师的岗位职责。在工作中，我深切地认识到一个合格的基层卫生所医生应具备的素质和条件。努力提高自身的业务水平，不断加强业务理论学习，通过阅读大量业务杂志及书刊，学习有关医疗卫生知识，写下了大量的读书笔记，丰富了自己的理论知识。并利用业余时间完成了在职本科学习，考取了执业医师证。

转折点来到了2018年，我的第二次"选择"——入警。在入警之前，我对监狱工作可谓是一无所知。当时入警从医的动机其实也比较单纯，我作为医学生，认为每一条生命都应该被尊重，虽然他们在高墙内，但也有生命健康权，治病救心是我的职责。2018年，我选择参加省考，很幸运加入了浙江省第一监狱这个大家庭。"生活就像一盒巧克力，你永远不知道下一颗是什么味道。"如果我没有选择加入人民警察的队伍，相信也不会有后面这些精彩的经历。

我的第三次"选择"——抗疫。作为青年民警，我报名参加了首轮执勤。当执勤即将结束时，得知另一所监狱急需支援，身为医务民警的我毫不犹豫，再次挺身而出。

每日体温监测、防疫消杀、垃圾清运、罪犯谈话、政策宣讲，从白天到黑夜，从风雨到天晴，我奔走在各区域间，哪里有需要，哪里就能看到我的身影。虽然疲惫，但仍要打起精神鼓起劲，站好每一班岗。

支援任务结束后，一名罪犯在信中动情地写道："我知道您不是我们监狱的警官，我们也一直看不清您的脸，但是只要有钱警官在，我们就感到很安心！"在我的带动下，有60余名青年民警接续报名参加后续的支援任务。正是在支援的这段时间，我的管教业务得到了很大的提升，也因此获得了"抗疫最美逆行者""最美监狱人民警察""全国优秀共青团员"、浙江省共青团"成绩突出共青团员"等称号。

在之后的工作中，我始终坚持用新的理论技术指导业务工作，熟练掌握基层医院的常见病、多发病诊治技术，熟练诊断处理一些常见病、多发病。工作中严格执行各项工作制度、诊疗常规和操作规程，一丝不苟接待并认真负责地治疗每一位犯人，在最大程度上避免了误诊误治。在犯人心理出现问题的时候，及时介入化解，谈心教育，做到"治病"的同时"救心"。

 职场心路：职业寄语

正确的"选择"加上不懈的"努力"，定能让我们在人生的阶梯上不断向上攀登，直至顶峰。人生万事须自为，跬步江山即寥廓。

（供稿单位：医学院）

---

24. 做经得起考验的"检验人"

姓　　名：骆少俊

职业岗位：杭州市余杭区良渚街道社区卫生服务中心检验科检验师

所学专业：医学检验技术

毕业时间：2008年7月

始终秉持着"救死扶伤，服务人民"的信念，

始终保持严谨的工作态度，
确保每一个检验结果的准确性和可靠性，
为临床医疗提供准确的数据支持，
做经得起考验的"检验人"。

我叫骆少俊，作为一名医务工作者，始终秉持着"救死扶伤，服务人民"的信念，努力在工作岗位上发光发热。在工作期间，我曾获得"全国无偿捐献造血干细胞奉献奖""最美余杭人""最美良渚人""见义勇为奖""良渚街道年度优秀员工""良渚街道社区卫生服务中心年度优秀员工"等称号。

 高中时期：职业萌芽

回顾我的成长历程，高中时期是一个重要的起点。

我高中就读于杭州市余杭区瓶窑中学，在校期间我始终将学习放在首位，认真对待每一门课程，从基础知识到深入拓展，都力求理解和掌握。在学习和生活中，我始终注重培养自己的意志力和品质。面对困难和挑战，我从不退缩，而是选择勇敢面对并寻求解决方法。我深知只有坚定的意志和优秀的品质，才能让自己在未来的道路上走得更远。因此，我始终秉持着诚信、勤奋、自律和进取的态度，努力成为一个有担当、有责任感的人。

高中时期的我，对未来充满了憧憬和好奇。那时的我对生物学科特别感兴趣，每次一上生物课，就特别的活跃，尤其喜欢实验课，观察细胞的结构和功能，探究生命的奥秘，感觉有趣极了！正是这段经历，让我坚定了将来要从事医学检验的决心。所以在高考填报志愿的时候，我就报考了金华职业技术学院医学院的医学检验技术专业，并成功被录取了。

 高职时期：职业启航

大学时光是奋斗而充实的。每天穿梭在教室、实验室，进行各种有趣的实验操作，也积累了丰富的经验。

作为一名医学生需要具备扎实的专业知识和熟练的专业技能。在校期间，我系统学习了微生物学检验技术、免疫学检验技术、临床检验基础、血液学检验技术、生物化学检验技术、病理检验技术等核心课程，这些课程为我日后的实验操作和临床实践奠定了坚实的理论基础。学校还非常重视实验技能的培养，让同学们不仅在课堂上进行实验操作的学习，还经常在实验室进行实践操作，熟悉各种仪器的使用和操作流程。通过不断的实验训练，我逐渐掌握了各种检验技术的具体操作方法，并能在老师的指导下独立完成实验任务。

实习是医学检验技术专业学生成长过程中的重要环节。在实习期间，我选择进入金华市中医院进行学习，实习期间在带教老师的指导下，我不仅了解了医院检验科的工作流程和环境，还学习了如何与患者、医生进行沟通，如何准确、快速地完成各种检验任务。实习过程中，我始终注重职业素养的塑造，学习了医学伦理、医疗法规等方面的知识，树立了正确的职业道德观念。同时，我还注重培养自己的沟通能力和团队协作能力，以便更好地适应未来的工作环境。

医学检验领域是一个不断发展和变化的领域。因此，我需要具备终身学习的态度和能力。3年大学时间，我养成了主动学习、持续学习的好习惯，不断关注医学检验领域的最新研究成果和技术进展，积极参加各种培训课程，不断提升自己的专业素养和综合能力。这种终身学习的态度将伴随我走向职业生涯的每一个阶段。

工作时期：职业实践

大学毕业后，我通过事业单位招聘考试进入了杭州市余杭区良渚街道社区卫生服务中心检验科工作。我深知，检验科是医院的重要部门，负责为临床医疗提供准确的数据支持，因此我对待工作极其认真。进入检验科后，我首先参与了严格的岗前培训，通过不断的练习和实践，逐渐掌握了各种检验技能。在日常工作中，我负责各种常规和特殊的检验项目，如血常规、生化分析、细菌培养等，始终保持严谨的工作态度，确保每一个检验结果的准确性和可靠性。在工作的第一年里，我虚心向前辈们请教，积极参加各种培训活动，不断提升自己的专业水平。渐渐地，我开始能够在工作中独当一面，赢得了同事和病人的认可和信任。

随着时间的推移，我更加坚定自己的初心。2014年3月，我在一次献血活动中加入了中华骨髓库。2016年4月，我与一名素不相识的血液病患者初配成功，并且完成了高配和体检。2016年8月，我成为余杭区卫计系统的第5位、区第17例非血缘关系造血干细胞捐献者，为远方的患者送去了重生的希望。

2019年5月，我像平常一样走在下班的路上，突然听到桥下有微弱的呼救声，我环望一圈却没有人，之后发现桥上留着一双拖鞋，从桥边探出头去，才发现河道中有人落水，并在拼命挣扎。于是，我向附近人员呼叫了一声后，立马跑到岸边，毫不犹豫地跳入水中，救起了落水者。我相信，每个人碰到这样的事情都会这样做，自己只是做了一件平常人都会做的事情。

职场心路：职业寄语

在检验科工作中，我始终遵守职业道德和法律法规，以患者为中心，为患者提供优质的服务，注重自己的言行举止，树立良好的职业形象。检验科是一个需要团队合作的部门。在工作中，我与同事之间建立了良好的合作关系，互相学习、互相帮助。我们一起面对工作中的挑战和困难，共同为医院的发展贡献力量。

我将继续保持学习的热情，不断提升自己的专业水平，为医学检验事业的发展贡献自己的力量。同时，希望学弟学妹珍惜在校的学习时光，打牢基础，勇于探索，迎接未来的挑战。无论你选择哪条道路，都要坚定信念，勇敢追求自己的梦想。只有经过风雨的洗礼，才能见到彩虹的美丽！

（供稿单位：医学院）

---

25. 向阳而生，做基层永不凋零的格桑花

姓　　名： 王蔚
职业岗位： 杭州市建德市乾潭镇人民政府综合办工作人员
所学专业： 医学检验技术
毕业时间： 2017年7月

医者仁心启程，西行援藏筑梦，
以汗水浇灌希望，以热血温暖雪域。
学海再深造，基层续华章，公务员岗位再绽光芒。
岁月磨砺，初心如磐，
以青春书写奉献，于基层绽放不朽之花。

我叫王蔚，2017年7月毕业后，参加志愿服务西部计划赴西藏自治区林芝市，在当地开展为期两年的基层医疗卫生服务和建设工作，荣获2018—2019年度"大学生志愿服务

西部计划"西藏专项优秀志愿者，同时获评全国第二届"闪亮的日子——青春该有的模样"大学生基层就业典型人物。志愿服务期满后，我完成温州医科大学医学检验技术本科学习，并通过省考考入杭州市建德市乾潭镇人民政府综合办，工作以来获评"乾潭镇爱岗敬业奖""2022年度建德市优秀公务员"等荣誉。

 ## 高中时期：职业萌芽

高中时期，我就读于德清县求是高级中学，由于上学时经常感冒，跟医院打了不少交道。一次偶然的机会，我在门诊化验室看到了里面正在运行的设备，透明的窗户泛着白光，阻止了自己想要进去摸一摸看一看的想法，但却阻止不了自己对这个学科产生浓厚的兴趣。我的高中班主任是一名化学老师，平时对我们非常耐心，一道题不会愿意一遍又一遍地跟我们厘清思路，也正是在他的影响下，对于医学检验技术这门非常重要的专业课，我在高中阶段就打下了良好的基础。总结自己的专业选择萌芽，主要来源于自己的求知欲以及对新事物的好奇，在高中就开始注重相关课程的提升，开好头，起好步。

高中的生物学科对我们医学专业来说如同地基一般重要，很多基础的常识如血液分型、遗传病机制等就是在这个时候得到构建。化学看似与医学无关，可日常用药、仪器质控等都需要站在它的肩膀上。数学的严谨让我们可以对密集的数据展开分析，从中找出关键的因素，影响整个进展。语文也从不只是陶冶情操，它是我们最常运用到的工具，与病患、百姓交流，用简练的言语向上呈报都需要扎实的语文功底。

 ## 高职时期：职业启航

高考结束，我如愿进入金华职业技术学院医学院医学检验专业学习。金华职业技术学院一直是全省乃至全国的重点高职院校，师资、软硬件条件都让学生们非常满意，在这里我遇到很多人生引路人。从开学第一课，专业老师就告诉我们，医学是一个严谨的专业，是一个需要时刻学习的专业，因为没有哪个病人是按照教科书所写的那样来生病、问诊、做检查，我们医检人就是要用最严格的要求对待每一个标本、每一个报告，为临床做好支持。

还记得第一次在实验课上跟同学们互相抽血的时候，我连持针都不稳定，心里又激动又好奇，一针下去除了让搭档同学呼痛，完全没有回血，自己整张脸瞬间涨红。于是，在暑假的时候，我自发去社区卫生院见习，过程中也有被患者指责技术不好，也遇到耐心理解的病人，就在这个过程中我的技术得到了飞速的提升。后来，每次寒暑假我都会主动见习，甚至在浙江大学医学院附属第一医院实习的时候，连续几个晚上遇到各种病人也没有因为抽血抽不出来而去找带教老师帮忙。抽血技术只是我们这个专业最基础的，实验、质控以及找各种病原体、细胞都是我们需要不断学习的方向，对于这些本领的学习，我时刻保持着"饥饿感"，每个学期都以优异的成绩获得了奖学金。

三年里，我从没有落下任何一门课程，还在课余时间积极参加社团、团委、学生会的活动，去过茶花园清扫，前往医院当志愿者……在大家的认可下，我成为医学院的学生团委副书记、学生会副主席，用自己的方式服务学院、服务同学，我想这也是自己开展志愿服务的起点。

 工作时期：职业实践

2017年毕业后，我没有选择立刻加入工作，而是报名参加了"大学生志愿服务西部计划"，踏入了祖国西部高原的土地，在西藏林芝开展为期两年的基层服务和建设工作。

（一）小医生送去大温暖

初到西藏时，自己曾出现了严重的高原反应，但也立即投身到医疗卫生的工作岗位上。因为当地环境恶劣导致各种疾病频发，林芝人民防治意识薄弱等都使此地的医疗卫生工作难上加难。面对这种情况，我跟随林芝市疾控中心工作人员，前往当地七个区县进行健康宣教和疾病筛查，强烈的高原反应和浮肿，也未能让我停下脚步。

"市里发生一起食物中毒，马上收拾好所有便携式检测工具，准备出发！"还记得在某天凌晨两点半接到了疾控中心主任电话后，原本睡意蒙眬的我立马清醒，收拾好相应工具赶到了人民医院。由于患者已经陷入昏迷状态，而医院和疾控中心人员无法确认食物中毒原因。为了能让医生尽快对症下药，我们又连夜启程经三小时的车程赶到患者家所在的工布江达县，将患者所进食物取样带回检测，最终成功检测出致病菌种，成功挽救了一条生命。

（二）小爱心筑起大围墙

2018年11月18日早上6点，是我不会忘记的时间，林芝市发生了6.9级大地震。这是我第一次亲身经历地震，随着余震一次次的来临，心中越来越忐忑，越来越害怕。但身为一名医务人员，我立刻调整情绪，主动赶往灾后安置点投入服务工作中。

在服务的第二年，由于团市委岗位调整，我又前往林芝市中级人民法院，只要单位有对外宣传法制教育的活动，我都会无条件参加，虽然不是法律专业毕业生，但我花费大量业余休息时间学习法律专业知识，活跃在服务基层百姓的一线窗口，热情招待每一位求助者。立案庭、监察室、院办公室……法院的每个庭室都有我的身影。在西藏的两年，让我明白自己喜欢奋斗在基层第一线，享受着为大伙儿带去健康和平安的幸福感。

（三）小志向提供大保障

在西藏的两年，让我明白自己的愿望就是扎根基层、服务基层。从林芝回来后，我边工作边学习，不仅完成了温州医科大学医学检验的本科学习，还顺利考上了杭州市建德市乾潭镇人民政府公务员，开启了驻守基层一线的第二个"梦想"。

在综合办，我切实感受到"上面千条线，下面一根针"。草拟文件、信息写作、急件上报、信息公开……我渐渐成为一名工作"多面手"，不断解决群众的"忧心事""难心事"。

艰难困苦，玉汝于成。有不少人问我，在天真烂漫的年纪为什么要选择历练打磨？我想志愿服务是我的事业，而非只是一份工作，基层需要我，那我便义无反顾地来了。

 职场心路：职业寄语

7年多来，我用基层的奋斗换来了跨越式的成长，基层工作也成就了我充满意义的人生。基层是国家发展的基石，是服务群众的最前沿。只有真正热爱这片土地和这里的人，才能脚踏实地，不畏艰难，持之以恒地耕耘。保持对未知世界的好奇心和探索欲，持续学习、持续成长，为基层事业贡献更大的力量。在未来的日子里，我也将厚植理想信念之根，砥砺奋进之志，在基层这片广阔天地"深耕细作"。

（供稿单位：医学院）

26. 眼明手"会"，"计"日可待

姓　　名：赵强
职业岗位：浙江正方沥青混凝土科技有限公司财务总监
所学专业：大数据与会计
毕业时间：2009年7月

财务会计是枯燥乏味的，

要学会培养学习的热情，

挖掘工作的乐趣，

这样才能发自内心地喜欢这份工作。

　　我叫赵强，金华职业技术学院大数据与会计专业毕业生，目前担任浙江正方沥青混凝土科技有限公司财务总监、经营班子成员。我平时的主要工作是"多管闲事"，作为一名企业的管家，我一直致力于积极参与企业生产运营的各个环节，从中寻找问题并提出建议，以确保资金的安全和资产的保值增值。

 高中时期：职业萌芽

　　我从小偏科严重，数学成绩常常全校第一，但语文和英语又非常拉胯。正因如此，中考的时候我只考上了当时市里排名最后的一所重点高中。入学文理科分班的时候我运气不错，考了全班第二，并有幸成为班上唯一一个被调剂到理科实验班的学生。但由于基础薄弱，刚进实验班的时候我的成绩一度处于下游。还好我没有气馁，我用攒下的零花钱买了个手电筒，每天晚自习结束回寝室后自我加压再偷偷熬夜奋战两小时。就在这样日复一日的努力中，我的月考成绩排名一次次上升，到高三模拟考的时候我的成绩已经能达到二本线。

　　这个阶段，我依然对数学热爱无比，我的期望是能够进入省内二本院校的数学与应用数学专业，将来成为一名数学研究者或是奥数教练。但成也萧何，败也萧何，因为把大量时间精力都放在了数学学习和竞赛上，导致我的弱项语文和英语又一次严重拖了后腿，高考分数与二本分数线相差甚远。最后，综合考虑了心理压力和家庭条件等各种因素，我选择了上专科学校。填志愿阶段，我每天白天去网吧了解学校，把专业一个一个抄下来，晚上再回家和父母商量。权衡再三，最终选择了知名度和各方面评价都较高的金华职业技术学院，专业是大数据与会计，因为感觉它与我热爱的数学有着那么一丝的联系。

 高职时期：职业启航

　　上大学前，我对大数据与会计专业课程的学习充满期待。然而，当真正接触后，我发现这个专业与我之前所想迥然不同。它非常枯燥难懂，每天跟"借""贷"打交道，让我一度怀疑自己是否真的适合会计这个职业。这样茫然的状态持续了半个学期，直到听说许多高中同学考上本科后都有了不错的成绩，我开始意识到自己不能再浑浑噩噩下去，于是重整旗鼓好好学习，开始频繁地和老师同学进行交流学习，终于摸清了会计的"借贷门道"。凭借努力和爱钻研的精神，我的成绩有了很大的起色，在大一的第二个学期，已经名列前茅。因优秀的专业素养和独到的见解能力，暑假里我还受班主任夏秀娟老师的邀请，参与了《高职高专会计系列规划教材：会计电算化》一书的编写工作。进入大二后，我又参加了浙江省财会信息化大赛。比赛虽未拿奖，但备赛过程中，我沉浸于各种数据的计算，重拾了对数学的热爱，也建立了对专业的兴趣。

课堂学习之余，班主任夏老师还鼓励我参加专升本自学考试，充实自己、提高学历。我最终报考了浙江财经大学的会计专业。为了给自己创造一个安静的学习环境，不论刮风下雨，我都坚持每晚去教室自习。当时自考网站的课件一门要两三百元，为了节约费用我就选择自学，一本教材、一本习题册、一套试卷陪伴我走完了自考之旅。功夫不负有心人，第二年4月，会计专业零基础的我居然在自考的"资产评估"科目中取得了76分，这对我来说无疑是莫大的鼓励。此后几年，我一路顺利通过了10门专业课。自考由此成为我一生中巨大的财富，它不仅赋予我知识，更重要的是培养了我的自学能力。

工作时期：职业实践

2008年年底，我在学校的招聘会上找到了第一份工作。那时候尽管雄心勃勃，但年轻气盛，一遇上什么不满意就爱跳槽。三个多月的时间里，我已经换了四份工作，涉及的领域包括农机、保险、房建和汽车车厢制造。2009年3月的一天，我的室友将原会计系原主任张尧洪教授在QQ群中发布的招聘信息转发给我，我立刻决定再次跳槽，并很快入职到新公司开始上班。

在公司总部实习的四个月里，我表现出色，实习结束后被领导安排到浙江湖州做项目会计。然而，入岗后我发现自己并不能胜任会计岗位，经过一个半月的挣扎后，我向总部申请降级，还是做回出纳。2009年8月底，我坐了一天一夜的火车来到贵州做项目出纳，一路上我都很兴奋，直到看到山沟沟里的办公场所后，我感觉到迎面泼来了一盆冷水。我们公司的业务是承接高速公路、国省道的新建与改扩建，简言之就是需要在没有路的地方工作。面对除了山还是山的工作环境，我好几次泪水直下，不断质疑自己，我的人生就要这样度过吗？基层的工作就是这样的吗？在又一次想退缩跳槽的时候，我看到了一句话，并深受触动：我不去想是否能够成功，既然选择了远方，便只顾风雨兼程。我意识到工作不是儿戏，我也没有胡闹的资本。面对挑战，得沉下心来，咬牙坚持。

我全身心地投入到工作钻研中，学习Excel函数与图表、财务软件，帮助项目会计做各种分析，帮助集团财务部其他同事优化报表等，乐于助人的性格使我建立了广泛的人脉关系，这也为我今后走上领导岗位打下了坚实的基础。一年后，我的能力已超越项目会计的水平，年终发的奖金甚至远远高过了当时一起工作的师父。2011年元旦，总部将我调到全公司最困难的项目做项目会计，一年后，我凭借优异的表现被提拔到总部做主办会计助理。

到了总部后，我发现这里汇聚了众多杰出人才，同事基本毕业于一流大学，并且他们中的绝大多数都已经具备会计师资格，除了那些特别年长的，几乎没有专科生。于是，毕业后就搁浅的考证计划再次启动。在总部的这几年，我完成了自考会计本科，学习了土木工程本科，又成功考取了会计师、税务师、二级建造师，还深入研究了法律、税法、人力资源、大数据等领域知识。最疯狂的时候，甚至有过参加司法考试的念头，学习的劲头比起当年丝毫不减。2020年，集团将沥青拌合站从建筑产业中分离出来，成立了制造业产业，我很荣幸地成了该产业的财务负责人（财务总监），目前我依然在坚持学习，准备高级会计师的评审。

 职场心路：职业寄语

最后，我想引用西安交通大学原校长王树国的一段话与大家共勉：没有毅力，不能持久地坚持下去，未来不可能达到事业之成功。古往今来，成功人士的伟业大多都是在持之以恒中得到成就的，这条准则同样适合我们芸芸众生。学习是一生的事情，工作是一生的事业，若想更成功，就得会坚持。未来，希望学弟学妹们能认真学习各种办公软件的使用，创新方法，提高工作效率，在今后的报表制作和数据统计工作中事半功倍！

（供稿单位：商学院）

27."雪地黑水"开出的司法之花

姓　　名：寇清清

职业岗位：乌苏市司法局乡镇司法干事

所学专业：服装与服饰设计
毕业时间：2019年7月

乌苏，

在这片大有可为的土地上，

扎根基层，

我为家乡的繁荣与进步贡献自己的力量。

　　我叫寇清清，是乌苏市司法局一名乡镇司法干事，主要负责司法所"八五"普法、人民调解及民族团结等工作，经常性开展矛盾纠纷排查和分析会，提升调解员的调解处理能力。今年上半年，通过定期或不定期在各村排查并处理九起纠纷，成功解决8起，有效维护了车排子地区的社会稳定。现在，让我带你了解我和家乡的故事。

中专时期：职业萌芽

　　我高中就读于平湖市职业中等专业学校，本着对服装设计的好奇和热爱，选择了服装设计专业，每天都沉浸在色彩与线条的世界里。为了提升自己，我经常在网上看各种风格的作品，积累灵感，有时看到特别喜欢的设计，会忍不住模仿着画下来，再加入自己的想法进行创新。平时，我还会和同样喜欢服装设计的同学交流想法，大家一起探讨最新的时尚趋势，互相提出改进的建议，这也为我在大学中学习服装设计专业奠定了基础。

高职时期：职业启航

　　在金华职业技术学院求学的三年时光是我迅速成长并至今难忘的记忆。服装与服饰设计专业定向招收少数民族学生，于是，2016年秋，我自西向东坐了60多个小时的绿皮火车，跨越4000多公里来到浙江求学。入校后，我们这些家庭条件和专业基础相对薄弱的学生被给予了更多关怀与照顾。记得新生刚报到不久，班主任高静老师就找到我了解家里的具体情况，告诉我学校相关资助政策的同时，还帮忙联系了学校勤工俭学岗位，让我能够在课余时间兼职赚取生活费，减轻了很多生活压力。在专业课程学习上也是经常"开小灶"，让我能够跟上同学们的学习进度。在这样的环境下，我顺利地完成了专业课程的学习，并多次获得各项奖学金。课余生活，我积极参加学生组织，担任学院寝管中心副部长，很好地锻炼了自己的责任意识以及与同学、老师沟通的能力，为我未来做好基层工作打下基础。临近毕业时我很迷茫，不知道未来的路该怎么走。当时高静老师的话让我印象非常深刻：每个人刚开始工作都是一样的，有些人初入职就可以从事本专业工作，也有人会追随兴趣而做了与专业不一样的工作，每个人喜欢的和擅长的都不一样。所以刚毕业换工作时也没有非常焦虑，而是静下心来慢慢去做。

 工作时期：职业实践

在责任中明确人生方向与价值

大学毕业后，我在浙江找到了一份服装设计师的工作。2020年初，在政府的帮助和一家人的努力下，家里实现了脱贫。当地扶贫办主任找到我，说有一个"一村一名大学生"政策，问我是否有意向参加基层培养锻炼。此刻，内心深处那份对家乡的深深牵挂被触动了，想起了家乡的亲人和那片熟悉的土地，想起了自己肩负的责任，我欣然应允了。三年求学经历为我配妥了行囊，行囊里背着的是责任与奉献。我努力学习不是为了摆脱贫困的家乡，而是带着责任与奉献的精神回到家乡，建设家乡！就这样，我毅然放弃了在浙江的服装设计师工作，回到新疆，来到了乌苏市西大沟镇，开始了自己的基层工作。

2020年初到岗位，我便接到了一个特殊的任务——打造一个退役军人服务站的示范点，为退役军人们的生活提供保障。东戈壁村的葛秀山爷爷是一位退役老兵，一直与女儿关系紧张。经过我与葛爷爷及其女儿的多次交流，两人关系逐渐缓和。像这样的"小事"正是我的主要工作内容，但也正是这些"小事"让我看到有很多人都在寻求帮助，为刚刚大学毕业的我明确了人生的价值与方向，找到了心中的答案。

在奉献中强化使命与担当

2021年，我顺利考取了乌苏市司法局乡镇司法干事职位。刚参加司法工作的我遇到了相关法律知识欠缺和语言沟通上的困难。于是我认真研学土地法相关内容，积极参加少数民族语言培训，在自身努力和同事的帮助下，一件件土地纠纷案件得以妥善解决。另外，我察觉到有很多父老乡亲的法律知识极度欠缺，利用法律武器维护自身利益的意识也不足，身为基层司法工作者的我感觉身上多了一份责任，暗自下决心要在加强自身业务学习、练就过硬业务本领、做好法律案件处理工作的同时，更要加强普法宣传，向家乡人民传递司法的公正和温暖。

职场心路：职业寄语

　　生活的穷困并没有带给我自卑和软弱，反而练就了我的乐观与勤奋。当我选择将在浙江求学三年所学到的知识和积累的经验带回家乡时，已经做好了将最美好的青春奉献于基层的准备。每一次为村民们解决问题，看到他们脸上重新绽放的笑容，我的内心都充满了成就感。每一次成功调解纠纷，让邻里关系重归和睦，我都深感自己的付出是多么值得。无论未来的道路多么崎岖，我都将坚守初心，扎根基层，用我的知识和热情，为家乡的繁荣与进步贡献自己的全部力量。青春有时就像一阵风，在阳光下绚烂多彩，我将这阵风吹向了自己的家乡，播下了希望的种子，宣誓为家乡人民带去更美好的生活！

　　乌苏，在这片大有可为的土地上，扎根基层，我为家乡的繁荣与进步贡献自己力量。

（供稿单位：设计学院）

28. 与科技结缘的匠人之路——攀教育与科研双重巅峰

姓　　名： 王胜
职业岗位： 衢州职业技术学院继续教育学院副院长
所学专业： 汽车检测与维修技术
毕业时间： 2007年7月

以炽热的理想和不懈的追求，
在职业教育领域绘就了属于自己的壮丽画卷。
不仅传承了家族的匠心情怀，
更敏锐地洞察到科技发展的方向，
决然投身于职业教育的蓬勃浪潮中。

　　我叫王胜，2007年7月毕业于金华职业技术学院，目前是衢州职业技术学院继续教育

学院的副院长、高级实验师（高级工程师/高级技师），指导学生参加全国大学生"挑战杯"大赛、浙江省机械设计竞赛、浙江省"互联网+"大学生创新创业大赛、浙江省数控技能大赛等A类学科竞赛，获国家二等奖和省一等奖在内的各类奖项共40余项，先后获得浙江省"万人计划"高技能领军人才、浙江省"百千万"高技能领军人才培养工程"拔尖技能人才"、衢州市"南孔精英"领军人才、"第七届衢州市拔尖人才""衢州市技能大师""衢州市首席技师"等荣誉。在这条匠人之路上，我慢慢体会到了科技改变生活的责任感和使命感。

 ## 高中时期：职业萌芽

中学时的探索与启蒙

从中学时起，我就展现出了对问题深入思考和动手解决的独特兴趣。记得那时，同学们之间流行玩弹弓，但我并不满足于弹弓现有的手感和性能。于是，我动手在弹弓手柄外加装了一个铁圈，这一个小小的改动显著提升了弹弓射击的稳定性和命中率，让同伴们刮目相看。同样，在玩陀螺时，我也发现了通过在其底部加装自行车链条中的小钢珠，可以有效减少摩擦力，延长陀螺的旋转时间。这些小小的创新尝试，不仅让我体验到了动手解决问题的乐趣，也悄然在我心中埋下了工匠精神的种子。

家族传承与匠心情怀

回望自己的成长之路，我深刻感受到自己身上的工匠精神仿佛是与生俱来的。我的爷爷是一位铁匠，父亲则是木匠，我自幼在衢州市杜泽老街的铁匠铺里长大。从记事起，我就亲眼见证了爷爷锻造锄头、镰刀等农具的全过程，每一把菜刀的打造工艺、每个零件的精确尺寸，都深深烙印在我的心中。那些叮叮咣咣的打铁声，不仅是我童年的背景音乐，更是我对匠艺最初的理解和向往。

 ## 高职时期：职业启航

在高中毕业后，我毫不犹豫地选择了机电相关专业，将个人的兴趣爱好与专业紧密结合，正式踏上了我的"匠人之路"。

高职时期，我就读于金华职业技术学院。进入这里，我仿佛找到了归属。这里不仅有我热爱的机械设备，更有无数像我一样怀揣匠人梦想的同学和老师。我深知，要想将自己对匠艺的热爱转化为实际的能力，必须付出不懈的努力。因此，我全身心投入到实训和竞赛中，不仅掌握了扎实的专业知识，如机械设计、电子技术、自动化控制等，更在无数次的竞赛和实践中锻炼了自己的技能和创新思维。

在高职的学习过程中，我深刻体会到了老师们的无私奉献，他们不仅传授知识，更用自己的行动诠释教育的真谛。高职时期的学习经历对我未来的工作产生了深远的影响，我希望能够像他们一样，用自己的知识和经验去影响和帮助更多的学生。因此，参加工作后我始终将实训和竞赛作为教学的重要组成部分，鼓励学生积极参与，通过实践来提升自己的能力。同时，我也注重将最新的技术和行业动态引入课堂，确保学生能够学到最实用、最前沿的知识。高职时期的学习经历让我更加明白教育的意义和价值，也让我更加坚定地走在教育的道路上，为培养更多优秀的匠人而不懈努力。

 工作时期：职业实践

很多年后，自己不仅成为一名"工匠"，而且还在传道授业解惑的同时，带领学生用掌握的机械制造知识改进、发明了许多工具，造福了许多企业。

2008年，23岁的我回到家乡，进入衢州职业技术学院机电工程学院，成为一名高职院校老师，从此开始了我的职教生涯。

在我正式成为一名职教老师之后，我依然喜欢思考，汲取生活中的灵感，并把这种态度延续到了课程教学和科研中。

在一次加工塑料滑轮零件的时候，我突发奇想，想改造一下车刀。一般车床的刀片都是单向的，在加工塑料滑轮时，用一把车刀切削完零件的外立面后，要换一把车刀，重新切削零件的内部。可是这样会耗费大量时间，如果我能做一把内外圆两用的车刀，在加工完零件外立面之后，不需要拆换车刀，而只需要把刀头移动一小段距离，就可以接着加工里面了，不就快多了吗？后来，这项"基于内外圆两用车刀的科研课题"成功获得市科技局指导性项目立项。整个课题从开始到立项，思考和努力都是必不可少的关键力量。

在我上课的实训大楼，存放着一整套高端数字化测试设备。这些设备除了供老师们科研之外，大多数时间是闲置的。每次路过这些设备，我就有点心痛，多贵的仪器啊，每天待在房间里"吃灰"，帮助同学们高效学习才是这些机器的使命。于是我开展了"基于产品质量检测评价的数控加工实训教学模式的研究"，将高端数字化测试设备贯穿于整体加工实训环节，这不仅提高了测试设备的使用率，也让学生提早接触检测技能、提高实训效果，可谓一举多得。

当你学得一身技艺时，你想做些什么？我想学以致用，把新理念、新技术融入生产一线。我常常带领学生研发、制造、改进了许多小工具，从"内外圆两用车刀"，到柑橘采摘机、老年自动洗澡机……在学生和同事们眼里，我总能把灵感迅速"变现"，我成了有意思的"宝藏"老师。

实训大楼顶层有一个用防尘布盖着的神秘大箱子。这是特别为老年人设计的一个新型家用自动洗澡机，现在老龄化加剧，很多老人独居，普通的淋浴房对他们来说，处处是危险。为了解决这个问题，我带着学生一起研究制作了这个特殊的自动洗澡机。老年人走进淋浴房后，只需要坐下来，通过操作手边的按钮，就可以完成淋浴、搓背、搓腿等程序。这个装置获得了浙江省大学生"挑战杯"大赛的一等奖。

曾获2018年浙江省机械设计大赛一等奖的"柑橘采摘机"也是我设计的。当时，我通过新闻了解到，衢州很多椪柑因来不及采摘而烂在地里。那时，市面上能买到的水果采摘机都是大型设备，价格昂贵，普通的农户根本负担不起。我利用专业知识，设计了一种十分轻便、可以单手操作的简易柑橘采摘机，除了柑橘，还可以采摘、包装梨子等直径小于100毫米的圆形水果。由于结构简单，造价也十分便宜，获得了许多农户的好评。

如今，作为衢州职业技术学院继续教育学院副院长，我不仅要传授专业知识，更要将这份对匠艺的热爱和追求传递给更多的学生。我坚信，每一个细节的追求，每一次创新的尝试，都是对工匠精神最好的诠释。我的职业生涯，就是一场不断探索、不断精进、不断传承的匠人之旅。

✅ 职场心路：职业寄语

知识就是力量，科技改变生活。职业教育的魅力可能就在于此，除了用它养家糊口，你还可以用它帮助别人乃至改变世界。

（供稿单位：智能制造学院）

29. 用知行奋进擦亮担当底色

姓　　名：王胜
职业岗位：浙江东邦药业有限公司总经理
所学专业：环境保护与治理
毕业时间：2005年7月

抓住机遇，拔高自己的"天花板"，

有选择，就要专注；有目标，就要坚持，

认真和担当会使你成为"幸运儿"。

　　我叫王胜，现任浙江东亚药业股份有限公司全资子公司浙江东邦药业有限公司总经理。

　　读书时，我是一个"笨小孩"，没有过多突出的表现，总是需要比别人多花些时间去理解和记忆知识点，是茫茫大学生中普通的一个。工作中，我是一个"幸运儿"，找到了自己努力的方向，锤炼技能，为自己创造了更多的发展机会。我成长为一个自信、有知识、有技能的人。

 ## 高中时期：职业萌芽

　　高中，我就读于台州市临海市白水洋中学，这所学校的生源质量相对一般，我的学业成绩也未达到预期的水平，那时候的我是迷茫的。和大多数男孩一样，我对理科比较敏感，化学课上老师偶尔的小实验是高中时期枯燥课程的调味剂，而不同化学物质碰撞出的颜色变化、气体产生、沉淀形成等现象都吸引着我，因此化学是我最感兴趣的学科，促使我选择了理科班。

 ## 高职时期：职业启航

　　高中的学习与生活是极其紧张的，遗憾的是，我常常将这种紧张感视为一种束缚而非推动我前进的动力。那时候的我完全没有生涯规划的概念，因此缺乏对未来的明确目标。高中毕业后，我有幸进入了金华职业技术学院。我抓住了职业规划与技能发展的时机，使自己的成长轨迹变得清晰。

在课堂上，我学习专业知识，掌握专业技能，夯实理论基础。从老师身上，我学到了理解，懂得了感恩，多年来一直延续着师生情谊。

大学生活丰富多彩，但由于我的性格，我不会像其他同学一样善于表达与表现自己。当时的我对环境保护与治理专业也没有深入地了解，想象不出毕业后要去哪里工作、会有怎样的发展，对未来的职业道路完全没有规划。随着对课程的深入学习、技能的逐步提升、实习的身体力行和老师的谆谆教导，我逐渐意识到环境保护与治理专业的重要性和广阔的应用前景，并最终打开了医药环保领域的大门。

大三时期，我完成了对职业发展从一无所知到初步理解的转变。我进入东亚药业股份有限公司的生产车间进行毕业实习。那时，我刚接触社会，我把自己当成一块砖，哪里需要往哪里搬，随时准备投入到需要我的岗位上。从这个师傅这里学习经验，从那个工友处交流心得，常常利用业余时间去车间观摩学习，暗地里偷偷"补课"。这让我不仅积累了实践经验，也逐步对行业有了更深入的认识，为我日后的职业发展奠定了坚实的基础。

我很感激学校老师的良苦用心，至今与陈志刚老师保持着联系。在我求学时期，陈老师给予了我无微不至的关怀与帮助，对此我始终铭记在心。刚入大学时，我常常对专业学习倍感压力，特别是实验操作总让我头疼，陈志刚老师注意到了我的困难，他没有指责，而是和我一起讨论实验中遇到的问题，指出实验设计中的一些不足，提供了改进方案。在陈老师的指导下，我解决难题，开始享受不断学习探索的过程。同时，陈老师为我破除了职业发展的迷障，让我了解环保专业的就业有着更多元的发展途径，为我的职业目标开辟了新的导向。

陈老师不仅在学术上指导着我，更成为我们环保专业毕业生之间联系的桥梁和纽带。他创建了环保专业毕业生微信群，像一个大家长，经常分享母校的最新动态和发展情况。同学们也乐于在群里聊聊工作，拉拉家常，并在需要时互相提供帮助和支持。陈老师十几年如一日地维系着毕业生之间、毕业生与母校之间的紧密关系，从他身上，我学到了奉献与感恩。

 工作时期：职业实践

学会抓住机遇，明确职业发展路径。在其位，谋其事，认真和担当会使你成为"幸运儿"。

大学期间的实习使我对工作有了崭新而深刻的理解。毕业后，我作为储备干部正式加入了公司，随后被分配到厂区的一线生产部门。之后，我又被调至质量部门工作两年多。

我的学历不高，英语水平不好，但我所在的公司——东亚药业，是一家出口型上市企业，拥有众多高学历的员工。因此我感受到在科研工作上与同事相比自己没有优势。在工作过程中，我逐渐认识到生产环节对于公司发展的重要性，同时也意识到质量检测岗位对个人发展助力有限。经过多方考量，我决定重返生产部门。2007年，我回到生产部担任车间主任，这是基于对行业深刻理解的一个决策，也是自己在职业生涯方面的一次重新定位。我认为毕业生在进入企业后，应当利用一定时间深入基层积累工作经验，结合对公司发展战略的理解，抓住机遇，明确自己的职业发展路径。我相信，通过积极适应公司的发展需求，不断提升个人能力，我能够在生产领域发挥更大的作用，为公司的长远发展做出贡献。

2008年，我获得了晋升，担任分厂最大的一个车间的车间主任，就这样干了10年。2018年，我被调至位于台州市三门县的分公司担任总经理。2020年4月，我来到台州市杜桥镇，担任东邦药业有限公司总经理，开始负责厂区的建设和管理工作。刚来到杜桥的时候，厂区连大门都没有，周围是大片大片的荒地，我想：大门是一个公司的脸面，反映着一个公司的形象和气质。于是我的第一个企划就是修建公司大门以及办公场所，一个简单想法的落地意味着一系列的行动和决策，竣工后的新大门和办公场所逐渐展现出它们的风采。员工们对新环境赞不绝口，客户和合作伙伴也对我们的新形象给予了高度评价。这不仅提升了公司的外在形象，也增强了员工的归属感和团队的凝聚力。

作为公司管理人员，还需要守好公司制度与秩序的大门。安全生产是企业的生命线，环境保护是企业的生存之本。我严格执行EHS管理体系，重视员工的健康，建立员工健康档案，定期进行职业健康体检；配备完善的EHS设施，建立应急管理体系。推进清洁生产，节能降耗，减污增效，控制重大风险，保护健康，努力实现EHS管理体系有效运行和持续改进。公司各部门的执行力有了显著提升，打造了一支有凝聚力、向心力、战斗力的团队。

 职场心路：职业寄语

努力是通往成功的关键因素。前提是要找准正确的方向，但很多人却常常忽视了这一重要条件。不同的人在智力总和上可能相差不大，但在具体的天赋和技能上却存在显著差异。一个人可能在科研领域有着卓越的才能，而另一个人可能在管理方面做得很出色。正如这个世界上没有两片完全相同的树叶一样，虽然个体之间的差异是客观存在的，但它们能同时在自然界共同呈现各自的色彩。

我们在未来的职业发展中，不可能做同一件事永远用同样一种工具，因为时代是不断进步、不断发展的。我们要敏锐地感知这个时代，选择正确赛道，不断去积累，去进行。认真和担当能够成为你的利器，让你在职业的道路上一往无前。

（供稿单位：制药工程学院）

30. 安全用药的"守门人"

姓　　名：姜建伟
职业岗位：浙江省肿瘤医院副主任
所学专业：中药学专业
毕业时间：2004年7月

20年磨一剑的坚韧，从田间到殿堂，
书写中药传承与创新的华章。
以药为媒，安全为誓，守护生命之舟；
以科研为翼，翱翔学术之巅，成就中药辉煌。
医者仁心，匠人精神，铸就不凡的职业生涯。

我叫姜建伟，是一名中药师，工作是给中药临床用药"守门"，把好用药安全的最后一扇门，保障病人的安全用药。将近20年来，从一名大专生到博士，从中药调剂岗位到科研岗位，从一名中药人员到硕士生导师，我能做到这些靠的就是不断的坚持。

 高中时期：职业萌芽

当年我中考发挥一般，就读市里的一所普通高中。高二分班在理科，每天要做很多的试卷和记很多的专业课知识点。那个时候我逐渐觉得父母面朝黄土背朝天地供我读书不容易，加上父母常说："我们那一辈人因为没文化受苦，你要好好读书，为家里争口气。"所以自己一门心思想通过高考成功"上岸"。

高考一结束，我心里隐隐不安，感觉考得不太理想。后来分数出来，果真如此。我的第一志愿是报了师范学院的，第二专业才报了金华职业技术学院医学院中药学专业。第一志愿是父母的意愿，第二志愿是我内心想学的专业。为什么报中药学这个专业？可能与我从小生活在农村，对农村的花草植物充满美好的记忆，同时这些花草树木又能治病救人有关。最终，我被中药学录取了。

 高职时期：职业启航

能到金华职业技术学院医学院的中药学专业学习，我是非常幸运的！一是选择了自己喜欢的专业，让我可以朝着梦想前进。二是遇到了人生好导师，像罗国海、张孟炎、张媛等这样一批专业水平非常高的老师，都给予了我无私帮助、支持与鼓励。

刚到学校，我抱着一腔热血，每天六点不到就起床，风雨无阻。无论是解剖学、生理学等医学基础课，还是中药学、中药鉴定学、中药炮制学等专业课，我每节课上课都坐在第一排，认真做笔记，不懂的问题就问老师。我总是对学习充满着热情，经常去图书馆学习，每次期末考试复习阶段自己都是最后一个离开自习室。在校期间，我担任学习委员、杏林协会副会长，连续多年获得一等奖学金、校优秀毕业生等荣誉。大一的暑假，我在罗国海和吴远文两位老师组建的课题小组里参加了研究项目，对科研也开始有了懵懂的概念，这也是自己科研的起点。从开始坐在图书馆里查文献，到制定实验方案，再到徒手制片切片，以及与老师讨论，这些都让我学会了很多，也为我今后的读研、读博打下了扎实的基础。

因为学校合理的课程设计和自身的不断努力，我拥有了扎实的专业基础和很强的实践能力，在毕业后更能胜任实际工作。除了收获专业知识和实践技能，我积极向党组织靠拢，是班内第一批提交了入党申请书的学生，凭借良好的个人表现和学习成绩，成了入党积极分子。在班里民主投票时候，我拿到了全票，大二成为考察对象，大三成为一名光荣的中共预备党员。

 工作时期：职业实践

不忘初心，争做中药尖兵。金华职业技术学院医学院堪称浙江省中药人才的"黄埔军校"，培养了浙江省第一批中药人才，只要有中药从业人员的地方，就有我们金华职业技术学院中药人的身影。2004年7月，我成为中药学第一届大专毕业生，就业相对比较容易，适逢现工作单位有招聘需求，经老师的推荐，我顺利进入浙江省肿瘤医院药剂科中药房工作。

刚进入中药房，我从最基本的调剂工作开始干起，从拿到处方时候的审方、调剂、核对，再到最后的包药等。自己一开始都不会，尤其是包药环节，要认真地学习老药工的手法，虚心地向各位前辈请教。我一直记得学校老师说过的话，去单位实习或者进入工作岗位后，一定要勤快、虚心。所以，我每天都是第一个到科室，首先打开电脑、烧上热水，然后查看药斗，及时加药，做好调剂前的各项准备工作，同时下班我也是最后一个离开。随着工作年限的增长，我对日常一些工作也提出了自己的思考和改善的建议，比如传统调剂工作量大，怎么能降低劳动强度或者提高工作效率等。我从未放弃过自己，始终努力学习，并且一直坚持着，在2006—2019年陆续完成山东大学本科、河南大学研究生和浙江中医药大学博士的学习。

以赛促学，勇当科研能手。我的努力得到了领导的肯定，在十多年的时间里迅速成长起来。科室领导发现我动手能力强，又擅长发现和解决问题，让我参加一些技能培训和比赛。2018年，经过充分的准备，我参加了全国中药材真伪优劣鉴别大赛，并获得了实物鉴定的第一名。这是一个由中国中药协会主办的全国比赛，难度非常大，对手都是来自全国各地的中药高手。为了在比赛中拿到好成绩，我每天一早起来开始复习中药鉴别要点，对中药标本进行手捏、口尝、鼻闻、看断面等，不断地重复，不断地练习。除了参加比赛，对平时工作中遇到的各类疑难问题，我总会针对性地提出自己的方案，并且获得"浙江省青年岗位能手"荣誉称号。医药行业需要不断更新，在工作中也需要付出很多时间不断学习，让自己成为专家。我平时空了会查查资料、看看文献，对新来的同事力所能及地给予一些指导，对自己指导的硕士生倾囊相授。我始终把金华职业技术学院医学院上善若水的仁医文化记在心间、践在行中。作为国家专业储备志愿者，从2003年至今，我一直坚持参加无偿献血，获得国家无偿献血奉献奖银奖、中国科学院大学附属肿瘤医院热血公益家庭等荣誉称号，并定期捐助联合国儿童基金会，为驻村低收入农户送米、油等，"一对一"资助家庭经济存在困难的山区孩子……

2023年，我成功入选全国中药特色技术传承人才培养项目，主要从事中药调剂、鉴定、炮制、制剂的实践、教学与科研工作，研究方向为中药鉴定、中药合理应用、中药靶向递药系统。我还有幸成为中华中医药学会中药制剂分会委员、中华中医药学会中药炮制分会委员、浙江中医药学会中药资源与鉴定分会委员，主持浙江省自然科学基金项目1项，浙江省医药卫生科技计划项目2项，浙江省中医药科技计划项目1项，以第一或通讯作者发表SCI论文5篇，中华系列等核心论文多篇，申请发明专利2项，其中已授权1项，授权实用新型专利4项，软件著作权3项，出版著作3部。

"医"路向前，助力乡村振兴。2022年1月，我受浙江省委组织部委派，作为省第一批乡村振兴常驻人员"接力"开启老区振兴新篇，担任庆元县卫生健康局党委委员、副局长，协助书记、局长工作，牵头公立医院改革与高质量发展项目。作为百山祖镇党委书记、斋郎村第一书记，开展乡村振兴与结对帮扶工作，发展特色农业产业，如高山蔬菜、中药材种植，红色旅游等，盘活500多亩农田、17000多亩林地，助力群众每年平均增收10.2%，开展"1856特色农产品"产销合作，2022年以来牵线省肿瘤医院收购农产品300余万元，为斋郎村集体经济创收12万元，农户直接增收24.5万元，带领村民增收致富。

职场心路：职业寄语

如今，我已经是两个孩子的父亲，偶尔会和他们讲自己的成长故事，是如何一步一步走到今天的模样。或许，他们现在还不能理解，但是我想告诉他们一个道理："就业并不难，要找到自己喜欢并能为之一生奋斗的事业却并不简单；做人并不难，要做个对社会、对祖国有贡献的人却需要不断的坚持和打拼才行！"

（供稿单位：医学院）

31. 砥砺坚守——做中医药文化的传承者

姓　　名： 祝浩东
职业岗位： 金华市中医医院副主任中药师、制剂室主任
所学专业： 中药学
毕业时间： 2006年7月

中医药是祖国的瑰宝，
投身中医药是我从小认为理所应当地要去做的事情，
有梦想就要去努力，脚踏实地，锲而不舍，
这样才能将许多中医药传统技能更好地继承发扬！

我叫祝浩东，是浙江省金华市中医院里的一名副主任中药师。凭着对中医药学的浓厚兴趣，我在中药真伪鉴定、药用植物鉴定、中药传统炮制、制药技艺等方面都取得了

丰富的实践经验和突出的创新成就。现为金华市中医医院制剂室主任、浙江省名老中医药专家张昌禧学术继承人、金华市中药质量控制中心秘书长、金华市中医药学会常务理事、第五批全国中药特色技术传承人才培养对象。回首过往，我从一名在校的贫困生渐渐地成长为能够走向全国的中药人才骨干，其间发生了许多令人印象深刻的小故事……

 ## 高中时期：职业萌芽

我出生在浙江省衢州的一个小山村，我的祖父是位治疗小儿"疳积"的民间医生，在当地颇有名气。尤记得，我的童年比其他孩子多一样"玩事儿"就是磨药，那生铁铸成的药船（碾槽），车轮状的碾盘在槽内来回滚动，瘦小的我双手趴在桌子上，双脚踩在碾盘两边的柄上来回碾磨，那槽内的药材被磨得沙沙作响，药香瞬间充满整个屋子……祖父时常在一旁给我讲述那些古代名医的故事，这无疑是最生动的职业规划课，从小我便萌生了从事中医药工作的想法。

进入高中之后，因家中遭逢变故，经济等状况异常艰难。我不仅没有因此放弃学习，反而变得更加努力奋进了。我深知，只有通过自身的努力才能不负家里人的期望，才能实现自己的梦想。就这样，经过三年的努力，我以优异的成绩考上了被誉为浙江省内中药专业"黄埔军校"的金华职业技术学院医学院，从此开启了我新的人生征程！

 ## 高职时期：职业启航

如果说儿时的中医药梦想是懵懂的，那么进入大学之后，我用3年时间，将这个梦变得清晰而现实起来。由于是自己喜欢的专业，对于在大学中所学习的各门中医药专业课，我可谓得心应手。在吴远文、张媛、张孟炎、张秋霞、陈坚波、方虹等老师的悉心教导下，我不仅主修了中药学、中药鉴定学、中药制剂学、中药炮制学等课程，业余时间还选修了许多的边缘课程。纸上得来终觉浅，要学好中药学，我深知，除了在课堂上、从课本里学习理论知识，还要像神农尝百草一样，要到实践中去。因此我参加了杏林中药学会，时常与同学老师们一起外出实地考察新鲜的药用植物。也因为野外实践经验丰富，在我们中药专业野外资源考察实习活动中，罗国海老师任命我为带队组长，带领着我们组员穿梭在深山之中，学习到了很多书本上学不到的知识。临近毕业时老师找到我，希望我工作以后，业余时间仍然能来学校协助老师参加每年的中药专业野外资源考察活动，我听了之后异常开心，因为这就意味着我可以名正言顺地每年参加师弟师妹们的野外中药资源考察活动了。作为一名优秀的中药师，药用植物学是所有课程的基础，中药专业的毕业生只有学好药用植物学才能更加有效地掌握中药鉴定学、中药炮制学等课程，而我最喜欢的一门课程恰恰就是药用植物学，我心里暗暗下定决心，参加工作后一定要坚持参加学校这项有意义的活动。

 工作时期：职业实践

因为对这个专业的热爱，我对自己的职业发展道路有了清晰的认识与规划。虽然平时工作繁忙，但对于自己的专业学习我一刻没有放松，每天我都会抽出1~2小时学习，特别是每年要带领母校的学弟学妹们进行野外中药考察，我都要提前一个月"备课"，做好充分的准备，这对我加强巩固专业知识十分有益，这一坚持，就是15年。机会总是留给有准备的人的，在我毕业后第七年，浙江省举办卫生系统青年岗位技能大赛，涉及的专业有11个，其中也包括中药专业。经过层层选拔，我一路过关斩将顺利地进入了省决赛，面对省级医院的一些竞争对手，我心里不免有些发怵，但是转念一想，我有七年的野外中药资源考察的带教经验打底，就算不能拿大奖，也不至于空手而回。等比赛结果出来之后，我居然荣获了浙江省一等奖，并同时获评"浙江省青年岗位能手"称号。彼时，在地市级的医疗单位中，尚未有人取得过浙江省的中药技能大赛一等奖，因此，我可谓是一举成名！后来的几年，我不忘初心，再接再厉，在中药领域取得了一些小成就，在单位里也逐渐崭露了头角。2010年，经单位遴选，我成为浙江省名老中医药专家师张昌禧第二批学术继承人，经过3年的努力学习，于2013年顺利通过出师考核。2015年，我参加由国家中医药管理局支持，中国中医药出版社、中华中医药学会、中国中医药报社共同主办的第二届全国悦读中医之星评选活动，提交的文章《医不识药，难成大医》获得浙江省一等奖，后由浙江省中医药学会推荐参加全国复赛，最终位列全国20强，被评为"全国悦读中医之星"称号。2019年，我再次参加全省的中药技能大赛，荣获了浙江省中药炮制调剂鉴定技能竞赛二等奖，被浙江省卫生健康委员会、浙江省总工会授予"浙江省医院药师技术能手"称号。2023年6月，经过层层选拔，我有幸成为全国第五批中药特色技术传承人才项目培养对象。就这样，我通过自己的努力走向全省，乃至现在渐渐地走向全国。

在个人技能方面，我也感觉收获颇丰。除能够对浙江省内1000多种药用植物（新鲜草药）进行鉴定，还参加了地方性本草著作《江山中草药》《金华药用植物志》的编写。此外，我也对许多中药传统制剂有丰富的实践经验，如丸散膏丹等。尤其是能熟练掌握中药传统制剂黑膏药（狗皮膏药）的制作，对黑膏药生产中的浸泡、煎药、熬油、炒丹、下丹、去火毒、摊涂等10多个具体操作步骤都了然于胸，累计加工狗皮膏药张数接近15万张。

职场心路：职业寄语

　　不积跬步无以至千里，不积小流无以成江海！一个人的成就不是一蹴而就的，一个人的努力也不能是三天打鱼两天晒网的。若非一番寒彻骨，哪得梅花扑鼻香。中医药是祖国的瑰宝，投身中医药是我从小认为理所应当地要去做的事情，有梦想就要去努力，脚踏实地，锲而不舍，这样才能将许多中医药传统技能更好地继承发扬！同时，阶段性的收获和荣誉并不是我们骄傲和躺平的资本，我们还应该展望未来，规划好自己的人生，迎接新的挑战，创造新的成就，才能不负韶华，这也是我时常嘱咐小师弟小师妹们的话语！

（供稿单位：医学院）

32. 耕耘中药——做合格中药的搬运工

姓　　名：张加帅
职业岗位：平邑县春润中药材有限公司总经理
所学专业：中药
毕业时间：2016年7月

中药人要有自己的情怀，
为国家、为社会提供优质的医药原材料。
我一直以来都在为做好一个"高质量中药材搬运工"而努力。

　　我叫张加帅，是平邑县春润中药材有限公司创始人。我出生在一个中药材世家，7岁就跟着父母一起上山采金银花，小时候只觉得金银花好看，长大后才知道我们平邑是中国金银花之乡。"一株小草改变世界"，我的长辈们经常这样形容中药材，而这株"神奇"的小草，也仿佛有着神奇的魔力，早早便在我的心中埋下了种子，慢慢地生根发芽，茁壮成长，一路指引着我前行。

 高中时期：职业萌芽

在高中时期，我便选择了中药学专业为首选志愿。原因之一自然是我的家族中有长辈从事中药行业，学习中药是对家族事业的一种传承。其二就是长辈们的言传身教让我从小就对中医药产生了浓厚的兴趣，它不仅是一门医学科学，更是一种文化传承，蕴含着中华民族数千年的智慧结晶，学习中药，就像是打开了一扇通往古代文明的大门，让我能够亲身感受先辈们的智慧和创造力。同时，中药学与哲学、天文、地理等诸多领域相互交融，充满了哲学的思辨和对生命的独特理解，这种独特的思维方式吸引着我不断探索，去揭示其中的奥秘。高考结束，因为英语成绩不够理想，我只能选择专科学校，在反复比较、权衡之下，我决定远赴浙江，报考金华职业技术学院医学院。

 高职时期：职业启航

金华职业技术学院当年在山东没有投放中药学专业招生名额，因此我先填报了药学专业，开学一个月后，我通过专业调剂转到了心心念念的中药专业。

在中药专业学习期间，我逐渐掌握了专业相关的基本理论和技能，为今后的工作打下了坚实的基础。中药专业的学习内容繁多，记住每一味中药材的品种、气味和功效等是中药学专业学习的基础，我读书以来最怕识记的内容，但学习起自己喜爱的东西来，枯燥的反复背诵、书写、阅览，在我看来都变得生动有趣了起来。那时我最喜欢的就是跟随导师到医院的中药房、制剂室、中药饮片企业去实习，在那里我了解了中药的调配，熟悉了制剂生产的流程，积累了不少实践经验。

"知行合一、务实创新"是学校的校训，特别是我们学中药学的更是要学在课外。当时学校开展了各种实习、研习活动，让我印象深刻。中药资源普查实践课是我们专业的一大特色课，我们由老师带队深入浙中山区实地考察中药的生长环境和资源分布情况，采集制作中药植物标本。在采药过程中，让我印象深刻的是老师在讲解植物生境时，提到中药材野生与家种的区别，他说"如果要保护药用资源就该大力开展药材种植研究，以黄精为例，其种植最好采用仿野生的形式……"直到现在，我还是牢牢记住老师的这番话，故致力于"药材的种植研究，最大限度发挥药用价值"，成了我们企业一直以来所追求的初心与使命。

工作时期：职业实践

毕业后我选择回到家乡从事自己热爱的中药材行业，2016年9月我创立了平邑县春润中药材有限公司，如今春润已经伴我走过了8年的旅程。

公司创立之初，毫无名气。我花了半年的时间去走访了国内的一些大型的中药饮片生产类企业，不断地了解他们的诉求和行业的痛点。这期间我的感悟是，中药材行业是个未来极具发展前景的行业，但行业中存在的乱象也不少。比如中药材种植、采收、加工不规范，人为掺假，以次充好等现象屡见不鲜。中药质量是行业痛点，也是我重要的创业商机。为中药企业提供高质量的中药材，就是我的创业的突破口。大学三年学到的东西派上了用场，回乡创业的第二年，我就着手做自己的中药材种植基地，统一品种、统一管理、统一采收加工，我用我的专业知识严把每一道关口，以保证质量的均一性、稳定性。

以质为胜是公司的发展战略和创办宗旨。对于保持中药材质量这一块我认为是没有讨价还价的余地的，所以我给公司制定了一系列确保质量合格的措施，从种植、采收、初加工、色选到最终成品的含量检测等，形成了一套完整的流水线。

这些年来我每年都会抽出一定的时间，在每个中药品种产新的时候去主产地探查一番，了解中药材的大体产量、长势。进而分析后期行情起伏。这期间我结识了很多年轻的朋友，跟他们沟通交流让我受益匪浅。

2019年我公司的营业额已经在本地区名列前茅了，属于本地的纳税"功勋企业"。到2023年，我公司的营业额突破一亿元大关，与浙江省内的很多大型饮片生产企业都有战略合作。本人也因经营成绩突出被选为县政协委员。2020年，我的创业项目代表金华职业技术学院参加"互联网+全国大学生创新创业大赛"并获职教赛道金奖，在与学校指导老师、评委专家反复交流的过程中，我对我创业之路也更加的明晰与坚定。

近些年，趁着乡村振兴和建设健康中国的大背景的东风，中药材行业发展前景广阔。回首创业八年的每一个日夜，有过春风得意，也有过举步维艰，创业即为人生，我在创业的道路上也领悟到了许多质朴而简单的人生哲理，而这些从实践中悟出的为人之道也为我开办企业提供指引。面对企业的未来发展之路，我也了然于心，一是在保持现有中药材种植基地的基础上未来三年内扩大基地规模，二是做好"药食同源"大文章，对传统中药材进行深加工，发掘企业新的利润增长极，三是要守好一名中药材人的初心与责任，在办好企业的同时，多做些公益事业，回馈社会。

职场心路：职业寄语

　　我一直认为质量才是一个企业的生存发展之本。各行各业的人都要有"工匠精神"，这就要求我们在以后的工作中要增强自己的格局意识。我经常自嘲不过是一个"中药材的搬运工"，但同时我也清楚，我们干中药材行业的人做的事情是国家大力发展中医药布局中最重要的一环。中药人要有自己的情怀，那就是为国家为社会提供优质的医药原材料，所以我一直以来都在为做好一个"高质量的中药材搬运工"而努力。这是我这些年来的感悟，在以后的工作中我还是会一往无前，努力拼搏。

（供稿单位：医学院）

33. 富阳农村小妹，以创业书写乡村振兴新篇章

姓　　名：周钰倩
职业岗位：杭州富阳佳岐电子商务有限公司董事长
所学专业：电子商务
毕业时间：2016年7月

推广家乡农产品，

创立品牌，

带领父老乡亲共同致富，

农村这片广阔天地，

真的是大有可为！

　　我叫周钰倩，杭州富阳人，金华职业技术学院电子商务专业毕业生，人称"小公主"，是"杭州市十佳农村青年致富带头人""十大富阳好青年""浙江省农创客""富阳区乡村产业特技大师"，目前担任杭州富阳佳岐电子商务有限公司董事长。从业近9年，我主要致力于通过新媒体营销手段提高家乡农产品销量，助力农户了解电

商推广知识和科学化种植理念，带动父老乡亲走向共同富裕。在数字经济迅猛发展的时代大潮下，许多大学生选择回乡复制我的帮扶模式，为实现乡村产业振兴共同富裕赋能蓄力。

高中时期：职业萌芽

我出生在杭州富阳的一个农民家庭，家境状况并不富裕，从小我就比较能够体会父母的不易，经常帮家里干一些力所能及的事情。农民的收成既靠天赏饭，也靠政府吃饭，甚至很多时候因为供需不对等，越是田地高产，农产品越易价值走低。酒香也怕巷子深，每当我看到父母和邻居们辛苦忙一年，却因为农作物贬值、滞销而一筹莫展的时候，内心深处总不觉会生出一股沉重的无力感。我迫切想要做点什么，但又总觉得做不了什么。

高三那年，有一次班主任向大家介绍了高职提前招生的相关事宜，我当时的成绩起起伏伏总在本科线上下，自我评估之后，觉得走"提招"可能是一条路。于是就去查资料，了解各个学校的提前招生专业。当时正是互联网技术不断发展的阶段，了解到金华职业技术学院有一个电子商务专业，我认为很有前景，也感觉能帮上父母拓展销路，且当时学校正大力扶持学生创业，开设了创业园，免费为学生提供创业场地。瞌睡遇上枕头，我顺理成章开始准备"提招"，目标就是金华职业技术学院的电子商务专业。

高职时期：职业启航

很幸运，我如愿来到了金华职业技术学院。电子商务是学校的老牌专业，实战化教学特色突出，学生可以通过轮岗、顶岗、半工半读等形式真正参与公司运作和管理，在实践中得到专业技能训练。好的平台，催人奋进。我深知在这个日新月异的领域，只有不断学习和提升自己，才能跟上时代步伐，成为行业的佼佼者。大学期间，我不仅在课堂上认真听讲，积极参与讨论，在课堂外深入实践，学以致用，更是参加了学校的各类社团活动，特别是与电商相关的项目和竞赛。功夫不负有心人，在浙江省第九届电子商务大赛中，我带领团队凭借出色的表现荣获一等奖，为未来的创业之路奠定了坚实的基础。

2014年的夏天，我的朋友圈掀起了一阵创业热潮，微信卖面膜成就了许多人。朋友圈的火爆生意让我看到了商机，于是也开始尝试着在微信朋友圈卖面膜。这是我在微商圈的第一次尝试，彼时，很多人对微商圈的熟人买卖颇有几分信任。凭借着独特的营销方式和对创业的执着，我的面膜生意做得风生水起，很快赚到了人生的第一桶金。但是好景不长，微商的热度由于假货等原因慢慢地降了下来，我的生意大不如前。怎么办？我问自己。我以专业所学重新分析市场，发现微信作为一种新型的创业平台已经越来越成熟，不是卖什么都可以赚钱，必须对产品进行甄选。我想到了卖零食，开始尝试经营各地美食以及创意零食。此后很长的一段时间里，虽然微商的大环境越来越差，大众对微商的评价也褒贬不一，但我没有放弃，依旧坚持每天卖货，从每天一两单，到一天几十单，努力经营着自己的小商圈。

2014年下半年，我在老师的引导下成功在学校创业园申请到了一间自己的创业店铺。我把大量时间花在店铺的经营上，从销售生活用品到提供定制化服务，生意做得越来越有起色。一天，我偶然间看到了一则家乡的新闻报道，说是有足足六十万斤的小香薯滞销，价格也大幅度下跌，而导致这种情况的发生，很大程度上是因为当地农户种植、产运、定价的不合理。我想起年幼时看到家里农作物卖不出去的心酸，也想起了高中填报志愿时的初衷，于是决定转型销售农特产品。2015年，我推出属于自己的品牌——"小公主"零食屋，主营农副产品和深加工小零食，我渐渐成了大家心目中的"零食小公主"。为了做好品牌，我不计辛苦，曾为了商品包裹按时发货在创业园睡了一个多月，也曾为了两块钱的快递物流费用连续三个多月天天给快递公司打电话……这些经历不仅让我积累了丰富的电商运营经验，更让我深刻体会到了创业的不易与乐趣。

 工作时期：职业实践

我的创业梦想并未止步于校园。毕业之际，面对众多的就业选择，我毅然选择回乡创业，致力于将家乡的农产品推向更广阔的市场。我深知，家乡的农产品品质优良却苦于销路不畅，而电商平台正是解决这一问题的关键所在。

但是回乡之路并不是一帆风顺。我这个初出茅庐的小姑娘可信么？这是大部分人的疑问。于是我深入开展调研，一家家地跑，从农户到加工企业、从镇政府到区政府，用自己的行动告诉大家我值得信任。我利用自己在大学期间学到的电商知识，为农户提供市场信息和技术支持，帮助他们将农产品上架到电商平台进行销售。在我的努力下，越来越多的农户开始接触并信任电商模式，慢慢地开始给我供货。就这样，我注册了芝扎扎、伊米苏、桃滋趣等零食品牌，开发了近百款特色零食单品。2017年，佳岐电商承包了1000亩小香薯农田，小香薯单品销售额突破200万元，带动农户增收20万元。

随着业务的不断扩展和深入，我进一步深化与农户的合作模式，推行"订单农业"，确保农产品的稳定供应和品质保障。同时，我也意识到要想让乡村经济持续健康发展，就必须打造具有竞争力的农产品品牌，并开始着手创建农产品品牌核园记、农虾米，希望通过品牌化运营提升农产品的附加值和市场竞争力。

 职场心路：职业寄语

电商助农模式的成功实施，不仅解决了农户的销售难题，还为他们带来了稳定的收入来源。在我的引领下越来越多的年轻人被吸引到了乡村创业的行列中来，用自己的实际行动诠释了什么是责任与担当。在新时代的春风里，扎根农村，大有可为，这条路我不会止步于此。我立志成为乡村振兴道路上的璀璨明星，引领更多人共同走向富裕与幸福的未来。

（供稿单位：商学院）

34. 用音乐与爱，助力"星儿"破茧成蝶

姓　　名：王海燕
职业岗位：小方舟星儿康复有限公司总经理
所学专业：音乐表演
毕业时间：2012年7月

我要像那勇敢的海燕一样，
用自己的微薄之力，
践行"做有利社会之事"的初心，
推进特殊儿童融合教育。

　　我叫王海燕，2012年毕业于金华职业技术学院音乐表演专业。毕业后先从事了教师行业，后来转行从事特殊教育行业，在我的家乡泰顺县创办了小方舟星儿康复有限公司，致力于为语言迟缓、自闭症、多动症等特殊儿童提供抢救性康复服务。现在，我的

公司已获批成为温州市定点康复机构，实现了为孩子提供几乎免费的康复服务。经过多年的努力，我现在是泰顺县女企业家协会首届会长、县政协委员，创业五年，我始终践行"做有利社会之事"的初心，推进特殊儿童融合教育。

高中时期：职业萌芽

高中时期，我就读于泰顺县育才高级中学，是一个怀揣音乐梦想的艺术生。音乐，也是我整个高中生涯的主旋律。我的父亲是享受国家津贴的非物质文化遗产木偶戏传承人，家中常回荡着乐器的美妙声响。耳濡目染下，我自幼便对音乐着迷，尤其是对钢琴和声乐特别感兴趣。每当我的双手触碰琴键，歌声在房间响起，仿佛整个世界都只剩下我和音乐，我沉醉其中，也让我常常练着练着就忘了时间。正因为如此，在文化课上我付出的努力和时间就没有那么多，成绩不是很理想，于是我在音乐学习上加倍努力，争取一个更好的成绩。无数个日夜，我沉浸在音符的海洋里刻苦练习。我盼望着能考上心仪的大学，选择热爱的音乐专业，在音乐领域不断深造，让音乐照亮我的人生之路。那段为梦想拼搏的高中时光，亦是我最珍贵的记忆。

高职时期：职业启航

进入金华职业技术学院音乐表演专业后，我主修钢琴和声乐。在大学里，音乐课程的设置十分专业且丰富。除了必修的钢琴演奏技巧、声乐演唱方法、音乐理论基础、音乐史等课程外，还有和声、曲式分析、音乐教育法等课程。通过日常的学习，我逐渐深入地了解了音乐这门艺术，开始主动去探索不同风格音乐作品的特点和背后的创作故事，参加丰富多彩的音乐专业的实践活动。在钢琴演奏实践课上，我们会不断练习各种曲目，从古典到现代，从简单到复杂，根据演奏的流畅度、情感表达和技巧运用来打分。在声乐实践课上，老师首先会带着我们进行发声训练，然后演唱不同风格的歌曲，从民族到流行，从美声到通俗，每一个细节都是考核的要点。在合唱排练课上，我们不仅要学会与同学们配合，还要理解作品的内涵，将情感通过歌声传递出来。这些实践课程极大地提高了我的演奏和演唱能力，也让我对音乐的热爱更加深厚。而顶岗实习则对未来的职业发展至关重要。为了能将所学运用到实际中，大三下学期，在学校老师的推荐下，我选择了一家与音乐相关的教育机构进行顶岗实习。实习期间，为了更好地提升教学能力，我经常认真观摩资深教师的授课，自己也不断尝试不同的教学方法，观察学生们的学习情况和反馈。虽然过程中遇到了不少困难和挑战，但也正是这些经历让我积累了宝贵的教学经验，为今后的工作打下了坚实的基础。

 ## 工作时期：职业实践

高职毕业以后，我进入了泰顺县城的学校担任教师，工作轻松且收入稳定。但我内心一直渴望挑战，不甘于循规蹈矩的生活，于是我听从内心的声音，辞去了教师的稳定工作，踏上了充满未知的创业之路。经过调研，我创立了泰顺小方舟星儿康复有限公司，为孩子成长助力，为家庭幸福增力，为社会和谐添力，致力于为特殊儿童提供抢救性康复服务，主要开展了孤独症、发育迟缓、语言障碍、学习障碍、感统失调、注意力缺陷等特殊儿童的抢救性康复及咨询指导业务，设有感统训练、语言训练、精细认知、游戏互动、融合教育等多项课程。创业路上，尽管困难重重，但我从未放弃。如今，我的公司已经成为温州市定点机构，能够为特殊儿童提供几乎免费的康复服务。看到孩子们在我们的帮助下逐渐进步，我感到无比欣慰。2020 年，我有幸担任泰顺县女企业家协会会长，并选上了政协委员，让我有了更多机会与各界优秀人士交流合作，共同为泰顺县的发展贡献力量。在努力工作的同时，我也收获了许多荣誉，先后被评为"泰顺县最美职场女性""泰顺县最美创业女性""泰顺县三八红旗手""泰顺县最美政协人"等荣誉称号，2024 年两会期间我提交的《关于进一步加强特殊儿童专门教育》提案还荣获了泰顺县优秀提案。在未来，我希望能够通过整合资源在我县建立儿童康复医疗中心或专科，减轻残疾儿童家庭的负担；注重儿童康复人才队伍建设，不断提高康复治疗技术；积极开展关爱活动，用情温暖每个残疾儿童家庭，为他们架起一艘充满希望的小方舟。

 ## 职场心路：职业寄语

回顾过去，我深感自己的成长离不开金职的培养，学院老师们的教育和引导，让我从学生时代就树立要关注社会底层，关心基础教育、学前教育和特殊教育。而我也一直不忘自己服务社会的坚定信念，持续不断地努力。我也真诚地希望学弟学妹们，珍惜在金职的学习机会，不断提升自己的学习水平和专业能力，我相信每个人都能在自己的领域发光发热，做一个有用之人。

（供稿单位：师范学院）

35. 帮助"山凤凰"看世界的男幼师

姓　　名： 汤润圣
职业岗位： 杭州市朝晖幼儿园幼儿教师
所学专业： 学前教育
毕业时间： 2014年7月

用我们的智慧与力量，
感染身边每一个孩子，
当孩子们长大，我们渐渐老去时，
可以骄傲地告诉别人，
我们是幼儿园男教师。

　　我是汤润圣，2014年毕业于金华职业技术学院学前教育专业，现在就职于杭州市朝晖幼儿园。从教9年，我放弃了4年的暑假，带领拱墅区多名青年教师，通过"小候鸟驿站"平台守护了来自15个省份的300个孩子来杭与父母团聚，联合青年教师们开展学习课程，解决了外来务工子女暑假期间无人看管难题。在拱墅区、黎平县携手推进东西部扶贫协作过程中，我主动参与、创新实施了"山凤凰"关爱女孩计划，帮助大山里的少数民族女生获得更多受教育的机会。我先后被评为"全国最具真善美男教师""浙江省公益事业优秀志愿者""杭州市教育工会优秀个人""拱墅区教坛新秀""拱墅区教育标兵"等荣誉称号。

 高中时期：职业萌芽

　　桃李不言，下自成蹊。有一种传承叫"长大后我就成了你"。我出生在金华武义，源自一位幼儿园老师的关爱，让我萌生了未来也要成为幼儿园老师的想法。有一次父母出差回来路上耽搁了，放学暂时无法来接我，幼儿园的徐老师不仅把我带回了家，还烧了一大桌菜给我吃，时至今日，我还记得那红烧大排骨的美味。从那以后，我就暗暗告诉自己，我以后也要做一名关爱学生的老师。高中三年我一直默默无闻，直到高三的时候，在老师的介绍下，我知道了金华职业技术学院学前教育专业的自主招生政策。我提前了解到自主招生考试不仅要考查理论知识，还要进行才艺展示，故除了平时巩固自己的语数英等知识，我每天放学后还默默学习了唱歌，找了视频专门学习舞蹈。最终，我以优异的成绩考入了金华职业技术学院学前教育专业。

高职时期：职业启航

来到金华职业技术学院后，学校给我们提供了丰富的学习资源，不仅有学前教育学、幼儿心理学、幼儿教育心理学、幼儿保健学、幼儿教育研究方法等，还让我们学习了幼儿教师必备的五项技能以及声乐、钢琴、舞蹈、美术、书法。在这里，我为自己毕业工作储备了丰富的经验和知识。三年里，我认真学好专业知识，不断在实践中精进自己。在学校，有文化艺术节、小合唱、大合唱、童话剧、广播操比赛，有教师节迎新大会、元旦会演和万众瞩目的毕业晚会，师范这些大大小小的文化艺术活动，让我发现了自己不同的技能，完成了不同的挑战，我学会了如何与别人合作，在比较复杂多元的节目上，做到合理分配每一个人的位置，也学会了鼓掌和欣赏，在别人发光的时候，做一个好观众，真心地为别人欢呼，学会了接受"人外有人，天外有天"。

在班主任老师的推荐下，大三时我选择了一家幼儿园开始我的顶岗实习。实习期间，遇到问题我及时向幼儿园的老师请教，寻找解决办法，很快幼儿园保育教育各方面的知识我便了然于胸。这段实习经历指导了我用专业的方法解决各种人际冲突，更让我真正理解"教师是人类灵魂的工程师"的意义，为我以后的工作打下了坚实的基础。

工作时期：职业实践

毕业后，母校的老师推荐我去杭州市朝晖幼儿园求职，这是一家创办于1983年的幼儿园，是浙江省首批现代化幼儿园。朝晖幼儿园以体育健康为特色的理念和我作为一位男幼师的优势也十分契合。基于在母校充足的知识储备和实践积累，在面试时我得到了朝晖幼儿园园长的充分认可。入职后，我像一块海绵一样努力吸收先进的教育理念和知识，通过自身学习与实践，先后被评为杭州市教坛新秀、杭州市教育标兵，并多次承担国家、市、区级理论讲座及公开课任务，但是我心中还有一个愿望就是支教。

我的第一次支教让我与贵州黎平结缘。2020年，贵州黎平发出了申报州级示范幼儿园的帮扶申请，在园长的支持下我和几位青年教师一同前往黎平支教。历经10小时30分，跨越1400公里，我们到达了贵州黎平城关第一幼儿园。幼儿园的老师们听说我编排的篮球操在浙江省体育大赛屡屡获奖后，他们就迫不及待地跟着我一起在操场上学起篮球操。接着我按年级组进入小班、中班、大班分别进行活动观摩，寻找教育契机。在教育资源缺乏的现状下，我提出要融入黎平当地的特色，从文明安全、传统节日、文化习俗等方面以环境创设的方式进行课程实施。最终在第二年的评选中，城关第一幼儿园顺利评选上示范幼儿园。在那以后，我投身支教的心更加坚定。

也是从那一年开始，我每年暑假都参加浙江省妇女儿童基金会组织的"山凤凰"关爱女生计划，我希望通过自己的力量帮助"山凤凰"们搭建学习平台，开拓知识眼界，感知山外多彩世界。在支教中，我以"一颗中国心，一双世界眼"为主题，科学设计了四大研学课程模块，我特意把研学活动开营仪式设立在支付宝蚂蚁集团，在蚂蚁集团的哥哥姐姐们的带领下，"山凤凰"们参观了人工智能会议室等多功能办公室，开拓了自己的视野。因为"山凤凰"们都来自不同的村子，我还设计了破冰游戏"明信片里看杭州"，"山凤凰"们通过一张张极具杭州特色的明信片，对杭州这座城市产生了浓厚期待，不禁感慨"原来杭州不只有西湖"，同时也许下愿望，她们希望领略杭州风采，让自己的足迹踏遍杭州的角角落落。最后，我还特别邀请了浙大的学霸学姐与"山凤凰"对话，助力"凤凰"圆梦。

直至今日，我还记得"山凤凰"小玉的话，小玉说她看到了科技便利着人们未来的生活，真实地感受到了大山外的繁华与先进，她希望未来努力学习科学知识，充实自我，帮助更多"山凤凰"飞出大山。而小玉的梦想，也正是我的梦想。男幼师的我作为幼师队伍里的"1%"，始终坚守幼教一线，希望用我的幽默与阳光、责任与理想，陪伴更多的孩子们健康成长。我也希望用我的爱心和耐心给山里的孩子们带去更多温暖和关怀。

 职场心路：职业寄语

我十分珍惜这份职业，我希望学弟学妹们要认真学习学前教育这个专业，和社会多碰撞，产生不一样的火花，增长眼界、开拓思维，在大学美好的时光里多做做自己感兴趣的事情，平时多看与教育有关的视频，取其精髓消化为自己的学识，要热爱书籍和运动，在学习中遇见更好的自己。

（供稿单位：师范学院）

36. 跨越与挑战：创业是个拼闯的过程

姓　　名：叶夏英

职业岗位：浙江晟祺实业有限公司副董事长

所学专业：应用英语

毕业时间：2004年7月

在市场红海的环境下，

企业家只有不断开拓自己的思维，

积蓄竞争优势，

积极进行国际开拓，

才能在未来日益激烈的竞争中脱颖而出。

　　我叫叶夏英，金华职业技术学院2004届应用英语专业毕业生，现在是浙江晟祺实业有限公司副董事长。我是一个非常质朴感性的人，从小到大努力学习和工作的初衷无非就是让家庭摆脱贫困、让父母过上幸福的生活。可能就是我骨子里的这种急于改变现状的基因所致，我在成长过程中一直比较敢闯敢干，这个习惯为我后来工作创业注入了强大能量。

 高中时期：职业萌芽

　　从我的记忆深处挖起，似乎从小学开始的每一个寒暑假，我的生活都会被安排得满满当当，不过那可不是现在流行的各种兴趣班，而是实实在在的"苦力活"：在自家的工厂拧气水瓶，拧螺丝，一干就是十几小时……妈妈的原则似乎就是：绝不能让我闲着。回想那段时间真是觉得苦不堪言，但现在的我却很感谢曾经愿意吃苦的自己，因为正是这段经历让我收获了最初的工作体验和理财意识，也极大地培养了我吃苦耐劳的精神。

　　体力活的艰辛催生了我最初最朴素的职业规划，高中的时候，我的梦想就是成为一名文员或打字员，脱离父母那种面朝黄土背朝天的苦日子。然而，生活并不尽如人意。农村尖子生进到城市的高中，各种先天不足马上就显现出来了。城里同学们兴趣特长广泛，爱阅读、会唱歌、能弹琴……而我似乎什么也没有，巨大的落差感让我陷入了深深的自卑和敏感之中。好在山里的孩子身上可能总有一股野性，我虽然感觉自己处处不如人，但性格好强，身上天然带着一股倔强。我告诉自己，我唯一的出路就是读书，如果吃不了读书的苦，将来就得吃生活的苦。这句话成了我高中时期最大的动力。我开始更加努力地学习，不仅仅是为了逃离那种自卑和敏感，更是为了能够实现自己的梦想，走出农村的泥巴路。

 ## 高职时期：职业启航

在金华职业技术学院学习期间，有两门课程对我影响深远，一门是吴彩萍老师的精读课，另一门是商务英语。这两门课程让我深刻体会到了英语学习的魅力和重要性。尤其是吴老师的课，我从未缺席过一节，她的课讲得实在太好了，我非常喜欢。英语学习没有捷径可走，那时候我每天早上5点钟就起床，坐在寝室的楼梯台阶上开始背单词，无论是精读还是商务英语，我都学得非常认真。上课之余我还去找了很多与专业相关的实习工作来提高自己的听说读写能力。"五一""十一"、暑假等时间，我几乎都在进行社会实践，比如在金华市区做网页推广宣传，在义乌陪人进货卖法式饰品，接触一些"老外"给他们做翻译等。我印象很深的是当我在一家外贸公司实习时，发现实际工作中的很多内容都和我在课堂上学习的不完全一样。这让我更加清晰地触摸到了自己所学专业的实际应用方向，区分了哪些知识对我毕业后有帮助，极大地影响了我接下来的英语学习和职业发展道路。

大学阶段，还有一点非常可喜的就是我逐渐摆脱了从前自卑的阴影，开始变得开朗和自信了。在这里，似乎大家的目标都很纯粹，那就是认真学习，快速掌握一门专业技能，挣得立身之本。得益于优质的师资和优良的学风，我的学习成绩总体挺不错，这让我逐渐找回了自信。此外，我还通过参加外联部等社团活动和社会实践活动，有效锻炼了社会交往能力、组织协调能力等综合素质，进一步提高了自己的价值。

时间倏忽而过，很快来到2004年夏天，我该直面毕业就业的人生大问题了。对于择业就业，学校一直十分重视，不仅开设了就业指导课和职业生涯规划课，还会在毕业前夕根据学生需求给予一对一的专业指导。记得那时候，老师们不仅帮我深入剖析了个人的英语优势与专业技能长处，还精准对接市场需求，为我量身定制了外贸、翻译等职业发展方向。在老师专业的指导下，我清晰勾勒出了个人职业规划蓝图，并明确了一条择业标准，那就是选择工作不仅要看薪资待遇，还要看行业的发展趋势、企业的文化氛围以及实际经营者的水平和理念。行业趋势决定了职业前景，企业文化决定了工作环境和身心感受，经营者理念决定了平台高度，只有三点兼备，方可考虑选择。我不仅参照这几点找到了工作，后来在创办自己的企业时，我也还经常拿这几点来做比照。

 工作时期：职业实践

毕业之后，我先在一家户外家具民营企业实习，从事外贸业务工作。我认真了解与外贸相关的每一个细节，工作各方面都做得不错。2006年3月，我和丈夫决定创立自己的公司——余姚晟祺塑业有限公司，踏上自己创业的征途。创业初期，我们遇到了无数的困难和挑战。为了丰富企业管理知识和视野人脉，我积极参加各种社会活动和行业交流活动，2007年开始，我又先后求学于浙大EMBA、清华EMBA和长江商学院EMBA，不断提升自己的企业经营素养。凭借着对市场的敏锐洞察力和对产品的深刻理解，"晟祺"渐渐从一家小规模的塑业公司发展成为了一家集产品研发设计、精密模具制造、自动化注塑、自动化装配于一体的综合性企业。后来，我们又成立了德晟化妆品包装有限公司，进一步拓展业务范围。2023年，两家公司合并成浙江晟祺实业有限公司，我担任了副董事长的职务。这是对我们多年努力的最好回报。我个人也收获了许多荣誉，如2021年当选了市企业家第十八届人大代表，2023年当选了市企业家第十六届妇女代表等。

如今，"晟祺"已经发展成为一家国家高新技术企业、宁波市信用管理示范企业、浙江出口品牌。但我深知，未来的路还很长，挑战也还很多，必须继续保持这种不断学习和进取的精神，方能创造出更加辉煌的明天。衷心希望每一个正在努力奋斗的人都能够保持着对梦想的执着追求和对工作的无限热爱，在未来的职业生涯中创造出属于自己的成就。

 职场心路：职业寄语

回顾我的职业生涯，我觉得创业就是一个敢闯敢拼的过程。起初我丈夫决定要成立公司的时候，我并不热心，我觉得作为一个女孩子，稳稳当当就可以了。是在丈夫的不断鼓励和支持下，才最终踏出第一步。公司成立后，我敢拼敢闯，努力在赢得客户信任方面厚积薄发。记得刚参加广交会的时候，什么都不懂，但我没有缩手缩脚，而是见到"老外"就热情地跟他们唠嗑，介绍我的产品。凭借着这份真诚和热情，我成功赢得了第一个外国客户的信任，这给了我很大的自信。后来，我又带着这份热情和努力去了德国和美国，在美国还成功帮公司追回了一笔欠款。那个时候我也不知道自己哪来那么大勇气，就是一股子闯劲支撑着我走到了最后。

（供稿单位：商学院）

37. 法律征途：一位法律人的职业飞跃与公益坚守

姓　　名：徐继根
职业岗位：浙江泽大（金华）律师事务所律师
所学专业：法律事务
毕业时间：2006年7月

法律之路虽长且艰，
但热爱与坚持让我无畏前行。
法律不仅是职业，
更是守护正义的信仰，
我以此为荣。

　　我叫徐继根，金华职业技术学院法律事务专业毕业生，现为浙江泽大律师事务所二级合伙人，执业15年，主要擅长企业法律顾问、合规、用工管理、经济合同类、保理合同类业务，先后为金华市公安局、金华市司法局、金华市金东区司法局等单位提供法律服务。同时兼任浙江省法学会劳动法学研究会第四届理事、金华仲裁委员会仲裁员、金华市律师协会资产管理与财务委员会委员、劳动与社会保障专业委员会副主任、网络信息专业委员会委员、金华市婺城区劳动仲裁委员会兼职仲裁员等职。

 高中时期：职业萌芽

　　我的高中时光，是在温州泰顺县第三中学度过的。那时候我在学校里算得上是一位风云人物，不仅是团学组织的一员，还是篮球队和乒乓球队的主力，可以说是文体两开花。唯一令我感到头疼的就是我的数学成绩一直不太好，也因此经常被老师批评。甚至后来选择法律专业，也与这个弱点不无关系。因为当时我的堂兄比我高一届，学的就是法律。他告诉我法律系不用学数学，只要学英语就可以了。我觉得挺合适，颇有一种为我量身定做的感觉。不过法律专业虽不用学数学，但入学的门槛分数一直比较高。为了实现梦想，我努力学习追赶，总体上没有落下太多功课。而且我喜欢阅读，喜欢写作，常常参加学校的征文比赛，这些业余修炼也为我职业生涯中的语言表达能力奠定了良好的基础。

学习之余，我比较热衷于参加学校组织的各种社会实践活动，寒暑假的时候也会回城里去参加一些志愿服务活动，帮助那些需要帮助的人。那时候，我就深深体会到，为社会做出一点贡献，是一件很有意义的事情。这些学习和课余生活的经历，不仅让我学到了知识，锻炼了我的身体和意志，还让我学会了努力和付出，更加珍惜自己所拥有的一切。

 高职时期：职业启航

2006年，我踏入了金华职业技术学院。大学的校园生活，简单、充满活力而又不失规则。记得到校报到第一天，校长就在大会上明确了几条严格的规定，这些与我幻想中大学生活的放任自由颇有出入。

学习上我也遇到了不少难题。不同专业的课程要求各不相同，而法律系在对学历和竞赛参与的要求上特别突出。当时要自考的法律专业课程特别多，有些课程学校并没有直接开设，但还是得考。为了帮助我们适应这种学习生态，学校不仅给专业配备了素质过硬的专业老师，还会请外面的律师或法律专家来做讲座，向我们分享一些实际的法律案例和从业经验，全方位加强我们对法律职业的了解。过程虽然辛苦，但明显提升了大家的专业素养。记得当时有一门法理课，抽象又深奥，让我一度感到十分吃力。为了攻克它，我没少花心思，课间跑到老师那求教是当时我最常做的事情。特别是有几位老师年纪和我们差不多大，交流上比较随意自在，他们亦师亦友一直耐心解答我的问题，帮助我最终克服了学习难关。

令我受益终生的老师在金华职业技术学院还有很多，比如刚入学遇上的庞宁老师，不仅向我传授专业知识，更在我职业生涯起步阶段给予了重要指引，他经常会给我们讲述办理过的案件经历，很大程度上拨高了我对律师这个职业的向往和期待，后来，庞老师还介绍我去律师事务所实习，直接带我开启了职业生涯的大门。除却良师，还有益友。当时班上有几个同学对法律特别痴迷，我们经常一起讨论案例，就像真正的律师一样开展辩论。那种对法律的热爱和追求，至今影响激励着我不断前行。除了一起学习，我们还会一起吃饭、一起打球，在夏天的燥热里一起想办法纳凉，那种集体的温暖和友谊让我难以忘怀，成了我大学回忆中最美好的一部分。

现在想想，大学的学习生活总体还是比较辛苦的，要上晚自习，要背很多书，要考很多试，还要参加专业的竞赛，可以说是学得马不停蹄、不亦乐乎。此外，为了锻炼自我，我还竞选担任了学生干部，加入了文艺部，负责组织各种文艺表演活动，更是忙上加忙。但就是在那些日子里，我学会了如何与人沟通协调，如何组织策划活动，这些经历弥足珍贵，是我心中最难忘的记忆。

工作时期：职业实践

2007年，我顺利毕业。但毕业后，我并未直接投身律所，而是先在保险公司做了一段时间的售后服务。那时候，保险行业并不像现在这么发达，很多人对保险并不认可，甚至觉得我们是骗子。我每天都在思考如何与人沟通、如何解决问题，这些技能在我后来的律师生涯中发挥了重要作用。在保险公司工作了一段时间后，我和几个高中同学又决定一起创业。我们尝试过各种生意，可惜都以失败告终，这让我深刻体会到了创业的不易和团队合作的重要性。最终，我选择退出创业，重新回到学习的道路上。

2008年，我通过努力考取了律师助理证，正式踏入了律所的大门。起初的日子并不容易，前三个月甚至没有工资，但正是这段艰难的时光，磨炼了我的意志和毅力，让我更加珍惜后来的每一次机会。作为一名律师助理，我需要面对各种各样的当事人和案件，常常会遇到一些倍感棘手的问题和挑战，给我带来了前所未有的压力和疲惫。这一回我没再中途放弃，而是笃定地走在了成为律师的梦想大道上。为了准备司法考试，我专门请假两个月专心复习，不分白天黑夜鏖战，终于成功上岸。那一刻，所有的付出都化作了满满的成就感。

成为执业律师后，我更加深刻地感受到了法律职业的神圣与责任，也更加深刻地体会到了法律的力量和律师的价值。日常办案中，我始终恪守职业道德，坚持公平正义，在维护当事人的合法权益的同时，努力传播法律知识，促进社会公正。为了保持专业竞争力和市场敏感度，我不断参加各种培训学习，努力提升自己的专业素养和业务能力，力求更好地提供优质的法律服务。此外，我还积极参加法律援助和公益活动，帮助那些需要法律援助的弱势群体，扩大职业成效。每当看到他们因为我的帮助而重获希望时，我总会感到无比的满足和自豪，也更加坚定了要继续手握法律之剑，尽己所能守护善良和公义的信念。我想，这条路我一定会一直走下去！

 职场心路：职业寄语

回望过去，我的职业道路并不是一路坦途，中间也曾几度改弦易辙。可能大多数人的职业选择都不会一锤定音，更多的会发生一些好事多磨的状况。作为过来人，我想对学弟学妹们说的是当你向前看发觉一片迷茫时，不必慌张，你只管先低下头，走好脚下的路。工作无涯，学习不止。一步一个脚印总会走出属于你的职业地图。

（供稿单位：商学院）

38. 从"老师傅"到"大先生"的转变心路

姓　　名：唐必潇
职业岗位：浙江工商职业技术学院数控技术专业教师
所学专业：数控技术
毕业时间：2013年7月

从车床旁到讲台前，看似寸步之遥，
但每一步都镌刻着自我超越的印记，
求知求学求真的道路上，虽坎坷，但无畏。

我叫唐必潇，作为一名深耕于高校数控技术教育领域的专业教师，我的职业生涯是一场跨越10余年的蜕变，从一线职工到管理者，再由企业迈向学术殿堂，每一步都镌刻着自我超越的印记。目前，我在浙江工商职业技术学院担任数控技术专业教师，不仅传授技艺，更致力于启迪未来工匠的心灵。在这段旅程中，我荣获了"浙江省劳动模范""浙江省五一劳动奖章""浙江工匠及高技能青年人才"等多项殊荣，这些荣誉背后，是我对"劳模精神、劳动精神、工匠精神"的深刻践行，是在平凡岗位上不懈追求卓越的见证。

高中时期：职业萌芽

在苍南县求知中学的高中生活中，我满怀好奇，踏上了理科学习的旅程。作为次重点班的一员，我充满热情，但随着课程难度增加，我的成绩开始波动。尽管我加倍努力，成绩却因学习方法不当和对压力应对不足而下滑，最终转入普通班。这一转变不仅是环境的变化，更是对自信的一次考验。在这个转折点上，我认真思考了自己的兴趣和未来，勇敢选择进入中职班。虽然最初有些迷茫和不舍，但我逐渐明白，每个人的成长道路都是独特的，关键在于找到并坚持自己的方向。如今，回顾这段充满挑战的经历，它已成为我人生的一部分。这段历程不仅见证了我的成长，也提醒我，勇敢探索和坚定前行是实现自我价值的关键。

 高职时期：职业启航

懵懵懂懂，奠定基础

如果你问我为什么选择数控技术专业，答案可能并不明确。当时网络不如今天发达，我对这个行业几乎一无所知，只是凭直觉觉得有前途，于是坚定选择了这条路。在校期间，尽管遇到不少困难和疑惑，这些挑战却激发了我更强的求知欲和进取心。通过不断学习和实践，我逐渐掌握了数控技术，技能水平显著提升，最终踏上了技能成才的道路。大一结束时，学校举办数控特长生选拔赛，挑选优秀学生参加省级技能竞赛。我勇敢报名，备赛期间全力以赴，反复练习，但结果未如愿，没能入选。尽管失望和挫败感涌上心头，但我很快明白，失败不可怕，真正可怕的是失去再次站起来的勇气。

落选之后，反思与机遇

选拔赛落选对我来说是一次沉重打击，但也是宝贵的成长经历。我反思了自己的不足，从操作技能到心态调整，全面剖析自己。这次经历教会了我在挫折中正视问题，并从失败中汲取教训。我明白，机会总是留给有准备的人。一天，班主任问我："你还想进特长生班吗？如果愿意，我可以再给你一次机会，但需要你每天自学，达到要求后才能正式加入。"这句话如同一股清泉，滋润了我的内心，让我重新振作起来。从那时起，我开始了早出晚归的特长生训练，每一天都充满挑战与坚持。这段经历不仅提升了我的专业技能，也教会了我如何在逆境中不屈不挠、勇敢前行。

技能训练，汗水铸就辉煌

在技能提升的过程中，我遇到了许多困难和挑战，但从未退缩。每当难题出现，我会查阅资料、请教老师，甚至熬夜攻克。正是这份坚持，让我的技能水平在一年内实现飞跃。我不仅掌握了多项专业技能，还通过参加校内外竞赛，将所学付诸实践，积累了宝贵的经验。最终，我从众多特长生中脱颖而出，代表学校参加浙江省高职数控车床技能竞赛并荣获三等奖。高职三年的学习生活转瞬即逝，那些充满汗水与泪水的训练、难忘的竞赛挑战和挫折，都深深铭刻在我心中，见证了我的成长与蜕变，成为我人生中不可替代的财富。展望未来，无论身处何地，我都会怀揣这段经历，坚定信念，勇敢前行，继续攀登新高峰，追求更辉煌的目标。

 工作时期：职业实践

技能锤炼，匠心初现

毕业后，我带着梦想回到家乡投身工作，主要岗位是数控车床，我立志勇敢追求行业巅峰。然而，进入职场后，我才真正感受到现实的复杂与挑战。即使看似简单的问题，也需要反复思考和实践才能解决。在这个过程中，我磨炼了分析与解决问题的能力，同时提升了与同事合作和沟通的技巧。这些实践经验如磨刀石般，让我的技艺愈加精湛，心态更加成熟自信。随着时间推移，我的数控车床操作技术日益娴熟，但我没有停下脚步，而是积极参加各类技能竞赛，与同行切磋学习，共同进步。2015年，我获得了温州市技术能手称号；2020年，在浙江省职工技能竞赛中我又获得三等奖。每一次比赛都是对我技能的全面检验，也是我不断超越自我、追求卓越的动力。我深知，前方的道路依然漫长且充满未知，但我已做好准备，坚定前行，继续向更高目标迈进。

传道授业，职务晋升

因工作表现出色，我赢得了领导的信任，被任命为新品研发试制部门负责人。在这个岗位上，我主导技术革新、降本增效、技能培训和"高师带高徒"等工作。作为浙江省高技能人才创新工作室的领衔人，我带领团队完成了13项新品研发项目，试制了超过一千种新产品零件，并成功实施了15项技术攻关和革新项目，提出的17条合理化建议也被采纳。作为公司的青年骨干，我致力传授专业技术与经验，成功培养了20位表现突出的青年员工。师徒传承中，我指导的徒弟中有2人荣获"浙江青年工匠"称号，1人获得

"瓯越工匠"称号。我还组织了5次职业技能等级认证活动,指导85名员工通过车、铣、钳等工种的技能鉴定,通过率达80%以上。这些努力显著提升了车间整体技能水平和员工素质,为公司发展做出了重要贡献。

角色转换,重新启航

一次偶然的机会,我得知浙江工商职业技术学院在招募高技能人才。经过不懈努力和充分准备,我如愿走上了大学讲台。面对渴望知识的学生,我深感责任重大。我明白,作为教师,不仅要传授专业知识,更要激发学生的实践能力和创新精神。因此,我在教学中始终强调理论与实践相结合,鼓励学生动手操作、勇于思考、敢于创新。同时,我积极与企业合作,为学生搭建实习平台,让他们在真实的职业环境中锻炼成长,为未来职业生涯打下坚实基础。

 职场心路:职业寄语

在人生旅途中,我始终相信,每一次磨砺与挑战都是迈向更高峰的阶梯。回顾过去,从普通的数控车床操作工,到部门领航者,再到今天站在大学讲台上分享知识,这一路充满了汗水、挑战与自我超越。这段经历让我坚信:只要心怀梦想、脚踏实地,任何困难都能克服。面对未来,无论是继续深造还是投身社会实践,都要保持平和而坚韧的心,坚定自己的选择并为之奋斗。最后,愿学弟学妹们以梦为马,不负韶华。无论未来遇到何种挑战,都能坚守初心,勇敢前行,我相信你们定会超越今日的我们,绽放更加璀璨的光彩!

(供稿单位:智能制造学院)

39. 在机械零件上雕刻中国制造

姓　　名: 何帅伟
职业岗位: 浙江辉煌三联实业股份有限公司技术研发工程师
所学专业: 数控技术

毕业时间： 2016年7月

我们不断学习和突破，不断用竞赛磨砺技能，

秉承"在企业99分也是不合格"的理念，

为企业创造高端技术，

为客户提供精密产品，

不断追求，精益求精，勇于创新。

    我叫何帅伟，我的工作是根据客户需求，完成机械零件的三维模型绘制和机械产品加工。说到机械行业，很多人第一印象都是：这不过是个拧螺丝的行当。其实，机械行业真正去拧螺丝的人很少，大部分人主要从事机械产品设计、工艺流程、机加工等方向。我刚刚毕业时的工作就是利用铣床对零件进行机加工，通过编写程序，让数控铣床按照你的程序指令开始工作，高精度铣床会将一个个零件雕刻成精美的产品。很多产品需要不断调试铣床程序，选取合适的刀具才能完成工作，因此这个工作需要大量经验积累。当我研发的产品和技术方案为客户解决问题、提高产品生产效率时，我会觉得自己的工作很有意义。

 ## 高中时期：职业萌芽

    高中阶段，我就读于绍兴市新昌县一所职业高中——新昌技师学院。职业高中不分文理科，而且会学习专业技术，这一点与普通高中不太一样。我学的是数控专业，因为我对机器比较感兴趣，动手能力也比较强。小时候会经常拆一些家里的电子产品，如收音机、手表等。我很喜欢拆解电器并把它装回去。长大后我也很喜欢和机器打交道，我高中的理想就是考一所理工科大学，学一学机电类专业。

    高中的每一节实训课我都很开心，课上把老师讲的知识点一一记下来，反复操练，成绩一直保持在班级前三。第三年时，在老师的带领下，我参加了技能竞赛，技能竞赛带给我的成长很大，我也很喜欢沉浸在竞赛这种高强度训练、自我管理的氛围中。从我职业生涯发展来看，高中时期的技能竞赛经历给我带来了很大的帮助。

    高考我通过单考单招进入了金华职业技术学院。那时我通过亲戚朋友打听到，金华职业技术学院的机械类专业是学校的王牌专业，在全国很有影响力，和我高中时学的专业知识体系也很对口。于是，在父母支持下，我进入金华职业技术学院继续学习。

高职时期：职业启航

来到金华职业技术学院前，我就对自己的专业充满了期待，可以在大学继续学习自己喜欢的专业，参加各类技能竞赛，这让我很兴奋。

正式开学后，大学里上课用的教材和实训设备都让我眼前一亮，很多上课老师都是教材封面上的主编，设备也都是当下行业里最领先的。大学期间，我努力学习专业知识，积极参加各种技能竞赛，丰富的理论和竞赛经验，为我从事机械产品研发、复杂零件加工打下了坚实基础。

大一时期的大部分课程是基础课程，专业课以机械制图、机械设计基础为主。大一制图课占据了大家绝大部分时间，这门课需要背一个大画板和大尺子去上课，第一节课从怎么削好一根画图铅笔开始，到如何选择不同粗细、不同硬度的铅笔结束。老师会教我们怎么画好机械零件的三维图。刚开始画的时候，我常常会因为透视关系不对，铅笔粗细不对、圆规使用等问题，反反复复擦了画、画了擦，有几次把图纸都擦破了，但最终一幅高标准的机械图纸被我完美画出来时，我的自豪感会特别强烈。

大二的时候开始接触专业课和实训课，我特别喜欢数控实训课，会反反复复练习老师上课讲的知识点，下课经常会拉着老师一起讨论。大二期间我的学习成绩不错，动手能力也很强，加上在高中期间积累了很多竞赛经验，我在技能竞赛海选中脱颖而出，代表学校参加比赛。记得当时参加的比赛项目要求零件表面粗糙度达到0.8以上，我们使用铰刀进行加工，但每次加工完都会在零件表面留下划痕，这个问题困扰了我们很久。通过查阅资料、不断试验，后来诊断出问题是刀具进给参数不匹配、切削液浓度不合适导致的。通过改进参数，我们拿下了该比赛项目的满分，获得了浙江省职业院校数控技能大赛二等奖。这次竞赛让我学会了怎么在问题中寻找解决方案，为我后面工作打下良好基础。

 工作时期：职业实践

大学毕业后，我顺利进入金华本地一家制造类企业工作，主要从事编程和操作数控铣床，岗位是模具制作，随着技术的积累，我开始负责公司的产品研发、设计，成了公司的技术能手。后来，由于我有丰富的竞赛经历，对零件加工的流程都比较了解，加上自己平时也很喜欢钻研这个行业，所以日常工作不算枯燥，经常会帮助公司开发新技术，完成一些自动化技改零配件。

2016年我参加了金华市首届"金技杯"校企同台职业技能大赛，报名时我很忐忑，以前都是老师带领，遇到问题有老师兜底，很担心自己一个人去参赛是否可以。但在比赛中我不断克服困难，面对没有团队支持、没有经验分享、没有技术指导、没有队友陪伴的挑战，经过几个月的艰苦训练，我最终获得了大赛三等奖，这也是我工作以来获得的首个奖项。这个奖项给了我很大的鼓舞，是我持续钻研技术的动力。随后几年，我先后获评"浙江金蓝领""浙江工匠""金华市技能之星""金华市劳动模范""金华市技术标兵""八婺杰出金匠"等荣誉称号，还成立了金华市何帅伟铣工技能大师工作室，参与企业重大技术课题3项。

作为一名机械从业者，我很热爱这个行业，它不仅可以帮助客户生产出一件件具有社会价值的零部件产品，也让我找到了工作的意义。当我攻克的难题得到客户的认可时，我会感到特别自豪。

 职场心路：职业寄语

这就是我的职业故事，我对职业的理解是：去做一件自己感兴趣的事，兴趣是人生路上的最佳导师，是支持你深入研究的力量源泉，只要你有足够的毅力并一路保持下去，就一定能到达成功的彼岸。

（供稿单位：智能制造学院）

---

40. 做对生命有意义的事，探索生物医药行业奥秘

姓　　名： 谢小良
职业岗位： 浙江硕华生命科学研究股份有限公司董事
所学专业： 生物制药技术
毕业时间： 2009年7月

择一事终一生执着专注，

干一行钻一行精益求精，

做对生命有意义的事,

不断探索生物医药行业的奥秘。

我叫谢小良,副研究员、执业药师、执业中药师、中级注册安全工程师(化工安全、其他安全),现任浙江硕华生命科学研究股份有限公司董事、研发部负责人,从事生物医药安全方面的研究、开发及产业化工作。作为研发负责人,主导起草"浙江制造"团体标准2项,培养技师和高级工技能人才180余人,带领研发团队获得110件专利技术。疫情期间,我带领公司紧急复工复产,有效保障新冠病毒检测工作中的耗材供应。个人先后荣获"湖州工匠""浙江青年工匠""湖州市'南太湖特支计划'青年拔尖人才""湖州市优秀发明人"等荣誉。

高中时期:职业萌芽

我高中就读于德清县职业中等专业学校普高班,但那时的我对未来并没有清晰的规划,学习成绩处于中等偏下水平。当时我对理科的学习较为擅长,特别是对生物和化学课程有着浓厚的兴趣,这也为我后来的职业选择埋下了伏笔。高考结束后,在家人和学校的建议下,我选择了金华职业技术学院的生物制药技术专业。当时选择这个专业的原因很简单,主要是考虑到家乡的生物医药产业比较发达,毕业后能找到一份稳定的工作,从而摆脱像父母一样"三班倒"的生活。时至今日,回忆起当时的选择我感触颇深,原来守护生命健康的理想种子在当时就已经埋下。

高职时期:职业启航

进入大学后,我才发现生物制药技术专业的学习并非想象中的那么容易。除了学习化工原理、药剂学、生药学等专业课程外,还需要进行大量的实验操作。起初,我对课程的学习态度比较散漫,只要不挂科就行。

一次实验课上,老师分享了一张实验手册的照片,上面记录着学长学姐们在实验室里的点点滴滴。我被那些实验记录深深吸引,它们不仅仅是冰冷的数据,更是一个个鲜活的故事。随着时间的推移,我在实验中逐渐找到了感觉。我学会了如何精确控制反应条件,如何观察实验现象,如何分析实验结果。实验室成了我探索未知世界的窗口,每一次实验都让我对生物制药技术专业有了更深的理解。我开始主动参与到更多的实验项目中,与同学们一起探讨问题,分享心得。

我的学习态度也发生了翻天覆地的变化。我不再满足于仅仅不挂科，而是渴望掌握更多的专业知识。渐渐地，我变成了同学们眼中的前排"钉子户"、实验室"常驻兵"，在学习上实现了质的飞跃，获得国家奖学金、优秀学生一等奖学金等多项荣誉。

为了提升自己的专业技能，我积极参加各类比赛和实践项目。2008年的夏天，我有幸参与了一次意义深远的社会实践活动。那时，学院与当地的一家知名制药企业合作，开展了一项关于中草药有效成分提取的实践项目。我主动报名，希望能够将课堂上学到的理论知识与实际应用相结合。

为期两个月的实践让我深刻认识到，我们所学的生物医药知识，不仅仅是一系列抽象的概念和技能，更是守护人类生命健康的坚实盾牌。每一次实验，每一项研究，都可能为治疗疾病、提高生命质量提供新的希望。通过这次实践，我更加坚信，作为生物医药领域的学习者和未来从业者，我们肩负着重要的使命。我们的专业知识和技能，是构建健康社会的基石，是推动医学进步的动力。

 工作时期：职业实践

在我初出校门之际，我骑着自行车寻找并获得了我的第一份工作——办公文员。在这一职位上，我有幸参与到公司的一个生产技改项目中，这一经历对我整个职业发展路径产生了深远的指导性影响。在这个过程中，我开始真正意识到了生物医药行业的复杂性和对专业知识的要求，也让我对生物医药行业有了更深刻的理解，激发了我继续深造和探索的热情。

从一名基础的办公文员起步，逐步成长为实验室的管理者，再到研发领域的中坚力量，直至今日担任研发部的负责人。在生物医药这片充满挑战与机遇的土地上，我始终坚守着自己的职业选择，我的足迹遍布四家不同的生物医药企业，每一次的跳槽并非简单的职位更迭，而是对行业深度理解的层层递进以及对职业发展路径的精准定位。

目前，我在浙江硕华生命科学研究股份有限公司担任研发部负责人，这不仅是我职业生涯的第四个驿站，更是我专业成长的新起点。我深刻体会到，每一次工作单位的调整，都是对自我能力的一次全面审视和提升。无论是团队协作中的默契配合、项目管理中的策略布局，还是创新研发中的探索实践，我都积累了宝贵的经验，这些经验成为我职业发展的坚实基石。

学习之于我，犹如呼吸般不可或缺。我相继取得了执业药师、执业中药师、注册安全工程师等职业资格证书，这些证书不仅是我专业能力的证明，更是我不断追求卓越的印记。同时，我也在学历层次上不断提升自我，力求在知识的海洋中汲取更多的养分，以支撑我的职业发展和个人成长。我相信，只有不断学习和进步，才能在生物医药这个日新月异的行业中，持续领航、不断前行。

 职场心路：职业寄语

回顾我的职业生涯，我深切地感受到只要不懈地努力奋斗，一切皆有可能实现。人生规划的过程中，或许步伐会缓慢，一旦开始前行，就要坚持不懈，最终必能抵达成功的彼岸。对于在校大学生而言，我认为最为关键的就是在专业学习的过程中明确自己的目标和追求，明确自己在步入社会后欲成为什么样的人，明确是选择继续深造还是踏入行业奋斗，不然，三四年的时光转瞬即逝，若欲再奋发努力，虽说不算为时已晚，但可能会心有余而力不足。

其次，要扎实掌握专业基础理论及重视实验技能的培养。生物医药是一个知识密集型行业，理论知识是理解实践操作和创新的基础。不要忽视任何一门课程，即使是看似不那么重要的选修课也可能在未来的工作中发挥作用。

最后，生物医药行业是一个快速发展的领域，新技术、新方法层出不穷，作为一名新时代生物医药行业人，唯有不断学习，在实践中学习，在学习中实践，才能在职业道路上行稳致远。

奋斗的足迹不必匆忙，却必须坚实；人生的道路不必平坦，却必须前行！

（供稿单位：制药工程学院）

41. 荣耀背后的科学力量：运动员康复治疗师

姓　　名：方建
职业岗位：浙江体育职业技术学院附属体育医院千岛湖医务室负责人
所学专业：康复治疗技术
毕业时间：2005年7月

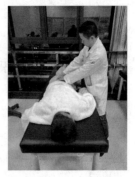

以医者仁心跨越篮球场与水上赛场的界限，

从化工车间到医学殿堂，我以坚韧与热爱书写不凡。

我不仅是运动员伤痛的疗愈者，

更是荣耀背后的守护者，

用专业与汗水铸就辉煌，

诠释了从逆境中绽放的医者传奇。

　　我叫方建，2005年毕业于金华职业技术学院医学院康复治疗技术专业，先后在浙江远东太平洋女子篮球俱乐部和浙江体育职业技术学院附属体育医院工作，曾2次入选中国国家赛艇队队医，做好运动员的健康医疗保障、伤病康复诊治以及重中之重的防反兴奋剂工作。

 ## 高中时期：职业萌芽

　　我就读于浙江杭州建德一个小镇的高中，整体成绩也并不冒尖。高二结束时准备分文理科，因为自己对数学、物理比较感兴趣，且成绩也比历史、政治好一些，故选择读了理科班。

　　然而在离高考只剩4个月时，家里突发噩耗，我母亲因一场意外事故不幸离世，父亲因悲痛而病倒在床，而自己强忍悲痛处理母亲的后事，以及后续的跑律师事务所、法院起诉等。因忙于母亲的案子，也考虑到家庭的经济状况，当年的我选择了放弃入学，步入社会工作。为养活自己，几经波折后，我入职一家中型化工企业，被安排到生产草甘膦的车间，上班实行两班倒，工资跟自己产出的草甘膦干粉的质量挂钩，上一班可得约90元收入，工作确实很累，不仅是体力劳动，而且还需要熬夜。2002年4月30日，是改变我人生轨迹的一天。这天傍晚，我正在看一本《知音》杂志，被里面一对夫妻励志求学故事感动，这篇故事主要讲述了一对夫妻，他们本是高中同学，没考取大学，直接步入社会，得知国家取消高考年龄限制后，再次拿起高中课本学习，最终双双考上大学，都被监狱管理专业录取。

　　看了这对夫妻的故事后，我真的很感动，内心也五味杂陈，我深知没有学历、没有技能，创业也根本不现实，自己以后的路只能是打工。于是，我重拾高中课本，决定再次参加高考，希望能上大学。经过紧张辛苦的学习，高考总分虽不是很理想，没到本科线，但想到父母的事情，自己就想从医，希望以后能救死扶伤。当时我就查了金华职业技术学院所有医学专业，第一志愿是医学检验技术，第二志愿是康复治疗技术，最后顺利录取到后者，开启了新的人生篇章。

 高职时期：职业启航

经过近两年的工作阅历和社会鞭策，能够再次踏入高校的大门，我深知其中不易，但自己是非常幸运的。只有掌握扎实的医学基础知识、突出的专业技能，毕业后才能有一份稳定的工作。那时，学校在全省首开康复治疗技术专业，课程设置很科学合理，学习内容也很丰富，第一届有49名学生，各大医院对该专业人才需求也比较大，就业也比较容易。

其实在进校前，我对解剖学是很畏惧的，但当我正式踏入医学院的大门后，好像一下子就没有了这种恐惧感。为了多锻炼自己的胆量，我第一时间报名每周到解剖实训室打扫卫生。记得那时课程都是两节课连着上，而解剖学要背的知识点又很多，我当时的学习安排是课后到阅览室，把骨性标志、韧带、肌肉名称、肌肉起止点等解剖的知识点先背诵完，然后再到解剖标本陈列室对着标本理论联系实际加以巩固，以及直接在人体老师身上翻找各个部位、标志，最后在晚上熄灯之前，再回想下当天学的各个知识点。后来，我还参加了人体解剖兴趣小组，制作的人体标本背部深层肌Ⅲ（何义吴、潘晓明两位老师指导制作）获医学院人体标本制作一等奖。

大二开设了中国传统治疗学，包括针灸推拿学。有一次到金华中心医院推拿科见习，遇见了我的第一位推拿带教老师陈医生。虽然他身高不高，但手法却很厉害，推拿得均匀、柔和、持久、有力、渗透。"我们科室很忙，如果你有兴趣的话，平时可以过来学习"正是陈老师这句话，我开始每周4~5次"混迹"在金华市中心医院推拿科，跟着他学习推拿手法，也得益于他的带教，我的推拿手法也大有长进，为后期的工作打下了良好的推拿功底。毕业前的实习，我选择了杭州邵逸夫医院康复科实习，第一次接触到了专业运动员，并最终从事队医工作。那年，浙江女篮正在为冲击甲级球队备战，需要一名跟队队医，负责运动员的伤病治疗，联系到了邵逸夫医院康复科，科主任安排了我去随队，也正是这次随队，让自己真正找到了就业的方向。我喜欢运动队的热情豪放，积极乐观、向上的精神，愿意为她们保驾护航，帮助她们能够在比赛上取得好成绩。

 工作时期：职业实践

2005年7月毕业后，应浙江女篮的邀请，我首先入职浙江远东女子篮球俱乐部担任队医，随队征战2006—2007赛季女子篮球甲级联赛。2007年4月，我入职浙江体育职业技术学院（浙江省体队）担任水上运动项目（赛艇、皮划艇）队医，并于2010年10月起担任水上项目医务组长。工作期间，我也得到了浙江体育职业技术学院附属医院的前辈们的指导和帮教，使自己迅速成长为能独当一面的一员。

队医工作一方面是负责运动员的伤病预防治疗、康复以及运动员招生体检审核，另一方面就是防反兴奋剂工作。从事队医工作十余年，我外训出差时间逾1000天，并2次入选中国国家赛艇队队医，随队征战了北京奥运会、德国慕尼黑赛艇世界杯、德国汉堡赛艇世界杯，赴我国台湾省参加女篮邀请赛及女篮甲级联赛，连续参加山东、辽宁、天津、陕西四届全运会。重点保障的徐东香、严诗敏、潘飞鸿、陈爱娜、邹佳琪等队员多次获得全运会赛艇女子轻量级双人双桨、赛艇女子轻量级四人双桨金牌，赛艇世界杯冠军，其中徐东香与广东选手搭档获得伦敦奥运会赛艇女子轻量级双人双桨银牌，潘飞鸿与广东选手搭档获得里约奥运会赛艇女子轻量级双人双桨铜牌，邹佳琪与广东选手搭档获得杭州亚运会首枚金牌。

从事队医岗位十几年，我多次获得各项表彰，如"浙江体育职业技术学院年度先进个人""伦敦奥运会先进个人""浙江省体育局伦敦奥运会科医工作贡献奖"，并分别于2017年、2021年两次被浙江省人民政府授予个人二等功。工作之余，我也时刻给自己"充充电"，提升学历和专业水平，2011年7月顺利通过专升本考试，获得浙江中医药大学本科学历，2015年通过浙江人事厅组织的省属事业单位招聘统考，以笔试、面试均第一名的成绩考取浙江体育职业技术学院事业编制。

 职场心路：职业寄语

我热爱自己的工作，喜欢运动队的生活。这就是我的曲折经历，而我对职业的理解是，一定要出于自己的热爱而选择，不能是单纯为了挣钱养家糊口，只有当自己真正喜欢才能走得更远、站得更高。

（供稿单位：医学院）

42. 逐梦二十载，勇攀康复"职业高峰"

姓　　名：蔡宝生
职业岗位：贵力运动康复中心创始人
所学专业：康复治疗技术
毕业时间：2005年7月

职业生涯上的十年又十年，
让我的脚步走得更加坚定，
秉持为康复事业贡献力量、让更多的人恢复健康的信念，
在人生的下一个十年，
我将投入到教学和培训中，
用光传递光，
培养更多优秀的康复治疗师。

　　我叫蔡宝生，2005年毕业于金华职业技术学院医学院康复治疗技术专业，目前从事康复治疗师的工作，是贵力运动康复中心创始人、浙江省康复医学会治疗专委会PT组委员、中国篮协教练员培训讲师、浙江省羽协培训讲师、社会指导员培训讲师。很早以前，我听过这样一句话，人生职涯分3个十年，不同的十年应该有不同的人生。在第二个十年还剩下一年的这个时间，心里难免感慨光阴快得让你猝不及防，很想记录些东西。记录下前20年我努力攀登"职业高峰"的精彩故事，规划未来十年我作为"教师角色"，培养更多优秀康复治疗师的美丽梦想。

 中专时期：职业萌芽

　　我出生在温州泰顺，父亲是一名石匠，母亲是一名家庭主妇，父亲以一技之长养活了一家5口人。父母坚信"知识改变命运"的道理。因此，他们再苦再累都要供我读书。但我的中考成绩并不如意，自己也没啥想法，在伯伯的指引下，我报考了泰顺卫校（现泰顺县职业教育中心）。

中考结束的暑假，父母带我一起去务农、做小工，几天之后，父母问我想不想这样过生活？那一刻我除了摇头还是摇头，父母说，那就好好读书吧！这件事对我内心触动很大，进入卫校后我开始真正努力学习，随着成绩的逐步提高，我对专业也逐渐开始喜欢起来。中专毕业后，虽然可以直接就业，但我还是选择继续深造。校长建议我学检验专业，生理老师建议我学制药专业，解剖老师建议我学影像专业，但我听从了自己内心的声音，选择了康复治疗技术专业，这是一门新兴学科，也是一个能学一技之长、需较强动手能力、富有挑战且神秘的专业。我第一次自己做了选择，这也成了影响我一生的重要决定。

 ## 高职时期：职业启航

升入高职后，期待满满，学校的硬件和软件都到达"顶配"，入学时还是在老校区金华卫校。老师也是康复领域的大咖：蓝巍老师、卢爱兰老师、徐燕忠老师……

蓝巍班主任的课堂总是充满了实践操作和互动讨论，他总是通过生动的例子和详细的解释，帮助学生们理解肌肉如何在不同动作中协同工作；卢爱兰老师会为我们生动演绎各种疾病的典型步态特征，让我们更好地了解病理步态，受她的影响，那时候我和同学最喜欢的就是观察周围路人的走姿，分析是否出现异常……大学时光让人记忆犹新，大热天晚上在解剖房复习功课、第一次上解剖课、参加校园歌手比赛获十佳歌手等，每一个经历都记录着我的成长与奋斗，构成了我大学生活的独特记忆。

 ## 工作时期：职业实践

工作初期

2005年，我加入了浙江体育职业技术学院附属体育医院，致力于为专业运动员提供医疗保障服务。我先后参与保障过体操奥运冠军江钰源、游泳奥运冠军孙杨、叶诗文等优秀运动员，观众们看到的是他们神采奕奕站在领奖台上的风光无限，我们看到的是他们为了备战比赛身上的伤与痛。因此，如何更好地为运动员们服务，怎样突破性地提升技能成为我重要的任务与使命。每天我都会在训练场地陪伴训练，了解项目特点，了解运动员的运动习惯，认真做好观察记录，以精准地做好伤病预防和治疗。面对运动员因高强度训练而产生的心理压力，我自学了心理学和助眠按摩，为运动员提供心理疏导、按摩助眠等服务。常年跟随运动员各处征战，我还兼任厨师的角色，每天，我忙碌于烹饪与康复治疗之间，运动员们则轮流承担洗碗的任务，我们共同营造了一个氛围温馨而有序的团队。

我先后荣获了浙江省体育局颁发的"备战2012年伦敦奥运会科医工作特殊贡献奖"、浙江体育职业技术学院的"伦敦奥运会先进个人"称号以及浙江省直机关"创先争优优秀共产党员"等荣誉。此外，我还被中国游泳协会授予了"游泳项目备战2012年伦敦奥运会突出贡献科研医务人员"的殊荣。这些荣誉不仅是对我个人工作的肯定，更是对我辛勤付出的认可。

2015年5月，我结束了长达10年的队医职业生涯，就职到浙江省立同德医院，开启了朝九晚五的医院工作生活。

创业时期

作为一名康复治疗师，我或许是唯一一位在康复科坐门诊的医生。众多运动爱好者慕名而来，他们被我独特的康复方法所吸引。因此，我也发现了原来除了专业运动员需要康复，普通大众对康复服务的需求也很大。2017年8月，我坚定地辞去了稳定的工作，踏上了创业的征程，独立创办了贵力运动康复中心。

在创业的征途中，贵力运动康复中心开创了"医+体"结合的新型专业运动康复模式，致力于为大众提供全面的运动健康管理、专业的运动康复诊疗服务、系统的运动康复培训以及体育赛事的医疗保障。凭借持续的努力和不断的创新，贵力运动康复中心已在市场上赢得了良好的声誉并打造了坚实的品牌形象。中心与杭州陈经纶体校、金华体育运动学校、绍兴市体育运动学校、杭州体育事业发展中心建立了合作关系，成为这些学校康复保障的合作伙伴，并且是杭州市羽毛球协会所有赛事的官方医务保障单位。目前，贵力运动康复中心已发展出5家直营连锁店，业务覆盖杭州、绍兴、金华、义乌等地区，成为国内运动康复行业的领军者。我们不仅提供定制化的康复方案，还致力于推广运动康复知识，例如通过"康复进校园"活动，为体育教师和学生提供专业的运动康复讲座和专项训练指导，以及对康复治疗师进行培训，为推动我国运动康复事业的发展奉献绵薄之力。

 职场心路：职业寄语

转眼间，我的职业生涯已经过去了近20年。回首过去，我深感自己在这条路上走得坚定而充实。展望未来，我希望能继续为康复事业贡献自己的力量，帮助更多的人恢复健康，重返正常的生活。在接下来的十年里，我计划将更多的精力投入到教学和培训中，培养更多优秀的康复治疗师。我相信，通过我们的共同努力，康复事业一定会迎来更加美好的未来。

（供稿单位：医学院）

43. 用心疗愈用情关怀：是医师亦是人师

姓　　名： 马凯敏

职业岗位： 丽水市第二人民医院康复科康复治疗师

所学专业： 康复治疗技术

毕业时间： 2008年7月

回首过去，在热爱里坚持，

脚踏实地，在事业上用心奋斗，

展望未来，在鲜花与荆棘里一路向前，

用心用情，是医师亦是人师，

时间终将证明一切！

　　我叫马凯敏，是一名康复治疗师。对于这个职业现在大家应该并不陌生，主要是为老人、儿童、残疾人、亚健康者及有功能障碍者进行专业的功能检查评估及康复治疗。这份工作不仅需要我们具备良好的专业技能、能熟练掌握各种康复技术，同时应具备高度的责任心、良好的职业道德、足够的耐心及体力、较强的综合分析能力、敏锐的洞察力，还需要我们学会人文关怀以及良好的沟通技巧。也许我是幸运的，有一份适合自己的工作，它不仅给我带来了安定的生活，更重要的是让我体会到了一位医务工作者的价值，同时还收获了自身的成长。

 高中时期：职业萌芽

　　这是一个结束，也是另一个开始。依稀记得毕业时的人生目标：家庭和事业双赢。

2005年，许多关于高考的细节我都还记忆犹新。那年的高考季是阴天，我们住在县城的党校，高考第一天的早上我们吃了粽子，寓意"高中"，当时的语文高考作文题是"一枝一叶一世界"……填志愿的前夕，机缘巧合下，我拿到了金华职业技术学院的招生资料，我很认真地读了这份招生简章的所有内容，对学校也进行了全方位的了解，详细研究了每个专业学习的课程，其中对护理、康复这类医学专业产生了不小的兴趣，因此，填志愿的时候也就有了倾向。

 ### 高职时期：职业启航

2005年9月，我顺利进入金华职业技术学院医学院。大学的时光总觉美好而短暂，金湖校区美丽的风光仿佛一帧帧近在眼前；老师们的谆谆教诲仍萦绕耳边，谨记于心。

记得大一的解剖课，给我们上课的潘晓明老师要求我们晚自习要安排时间到解剖室学习，积累一定的时长才能参加期末考试。于是很多个夜晚，我们抱着书本走进医学院负一楼的解剖室，刚开始去的时候还是有点害怕、更有点不理解。直至后来，潘老师会在晚自习的时候主动为我们"加课"，陪着我们一起观察人体真实而又复杂的结构，我才明白了老师的用意。时间长了，我们的恐惧感慢慢消失了，人体在我们眼中成为最重要的学习工具。通过一个个晚自习，我们将人体的结构了然于胸，把每一块骨头的造型、构造以及神经肌肉的走向熟记于心。现在回想起来，我真的十分感谢潘老师当年这"奇怪"的要求。

当时学校还为我们提供了非常好的实习机会，其中包括到广州中山大学附属医院、上海复旦大学附属华山医院等国内知名医院实习。我选择的是中山大学附属第三医院，最初选择广州可能是对于大城市的向往，一年的实习，用四个字来形容就是"不虚此行"。我们见到了各种前来寻求康复治疗的病人，有脊髓损伤的，有脑卒中的，有脑外伤的，也有截肢的患者……老师带领着我们这些实习生们一起制定康复方案，手把手传授康复技巧，我的技术得到了很大提升。同时，每个月一次的全科病例讨论，弥补了我们临床知识的不足，也让我见识到了不同专业的碰撞与融合。这些"实战教学"不仅丰富了我们的专业知识，锻炼了我们的操作技能，更拓宽了我们对康复治疗的认知与视野。另外，中山大学的老师们对于工作的热爱与敬业（每个午休时间几乎每位老师都会查阅文献、学习探讨）也深深感染了我，坚定了我从事康复事业的信念。

 ### 工作时期：职业实践

毕业季亦是求职季。我是一个喜欢把事情往前做的人，在我入学初，便时刻在关注我们当地医院的情况，了解到当时医院基本没有开设康复科，对自己毕业的去向也不免有些迷茫。但好像老天总是会把机会留给有准备的人，毕业那年县城医院刚好与当地残联合作开办了残联康复医院，这消息一出，我第一时间就报名参加考试。当然除了本地的医院，当时我还去了义乌和宁波这两个地方进行面试，想着能够多积累一些经验和争取多一点机会。现在回想工作第一年还是蛮艰难的，病人少，收入低，虽然迷茫但未曾动摇。在空闲的时刻，我一直都坚持看书学习，工作第一年顺利考取了资格证并成功入学温州医科大学的专升本。然后在上班的某一天，我看到了《处州晚报》上关于丽水市直事业单位公开招聘的信息。当时招聘康复治疗师的岗位全市一共只有3个，最终我以笔试第一、面试第一的成绩考入我现在的工作岗位——丽水市第二人民医院。我觉得这除了机遇，也是对我毕业以来一直坚持学习的肯定，同时也是对我坚定地选择了康复事业的回报。

随着医院的不断发展和科室的壮大，我们医院现在已成为丽水学院附属第二医院。从2018年开始，我便担任了丽水学院医学院康复治疗学专业的兼职教师，也是《语言治疗学》课程负责人。作为一名大学的兼职教师，我深知自己身上的责任，因此我一直督促自己反复磨课，不断精进教学方法。我在2023年医院举办的青年教师教学比赛获二等奖，并在2024年代表医院参加丽水学院举办的临床教师授课技能竞赛，获得二等奖。同时，我也担任了医院康复医学教研室的教学秘书一职，协助教研室主任做好丽水学院本科生教学管理工作，先后两次被丽水学院医学院评为"优秀临床教师"。也正是不断地学习与锻炼，让我受益良多。2018年和2019年，我连续两年获得丽水市康复治疗技能竞赛二等奖，并在2018年获得"丽水市康复治疗技能标兵"称号。在2019年浙江省康复技能大赛中，我成功入围了总决赛，记得当时我是唯一的一位专科生，也是我院及我市至今唯一一位进入总决赛的选手。在总决赛的舞台上我响亮地报出了母校的名字，最终我不负使命，获得三等奖。

在繁忙的工作学习之余，我主动承担各项工作，先后担任网格监督员及党支部的纪检委员等工作。同时我也时刻牢记自己是一名党员，一直以来积极投身志愿服务，近年来连续多次参与中小学脊柱侧弯筛查等公益活动，获评"丽水市直机关优秀共产党员"荣誉称号。

 职场心路：职业寄语

　　回首过去，展望未来；脚踏实地，仰望星空。我想我们仰望的星空里一定有我们的康复事业还有我们美好的人生！一路向前，鲜花与荆棘同在，时间会给我们机会证明一切！

（供稿单位：医学院）

44. 一个用镜头捕捉美好的文化传媒人

姓　　名：单一栋
职业岗位：浙江北影纪文化传媒主理人
所学专业：艺术设计
毕业时间：2022年7月

我们常常惊讶于照片里的美，
却不知摄影背后所付出的努力和艰辛，
只有他们自己才最清楚，
每一张精彩的照片背后，
都是其辛苦的付出和汗水的结晶。

　　我叫单一栋，毕业于金华职业技术学院艺术设计专业，是浙江北影纪文化传媒主理人，视觉中国、图虫网、莉景天气签约摄影师，绍兴摄影协会会员。我喜欢摄影，因为它能记录下动人的瞬间，能在以后的日子久久回味。大学期间，在学校、老师的培养及同学们的帮助下，获得大小奖项40余项，其中国家级奖项1项，省级奖项9项，主要作品《一家三口》如今已被清华大学艺术博物馆展出并永久收藏。2020年8月，创作的城市纪录片《绍兴老家》，获得第八届浙江省大学生摄影竞赛微视频组一等奖，并登上全国"学习强国"平台，这也是我现阶段最满意的作品。

📊 高中时期：职业萌芽

　　在我高一时，我们从老家搬到了市区，很多旧家具家电都丢弃了，但我的父亲始终保存着他那台老式胶卷DV机，虽然家人嘴上总是报以不屑，但他每每与他们分享他大作的时候，他和母亲总还是饶有兴致地挤在一起观看这些家长里短的生活片段，不时地被所拍摄的有趣桥段逗得哈哈大笑，这些影像片段也成了珍贵的家庭记忆。高二时，父亲送给了我人生中第一台相机，从此以后，我变成了"小跟屁虫"，开始同父亲一起记录生活中有趣的点点滴滴。

高职时期：职业启航

　　每一张照片都是时光的标本。进入金华职业技术学院，我选择了艺术设计专业的摄影艺术作为专业方向，加入了学院宣传部。机缘巧合之下，因为宣传部需要一个负责摄影的同学，正好当时我也有一台相机，于是顺其自然地承担了活动照片的拍摄与处理工作。学院每次开展活动的时候，我会早早地来到活动现场，仔细观察场地，调整拍摄角度，试图能拍出最好的效果。刚开始，我也只是因为兴趣爱好随意地拍拍，没有接受正式的训练。偶然的一次机会，让我与学院杨军武老师有了接触，他认为我对摄影有独特的视角和审美，建议我加入他的摄影工作室，进行更加系统的学习。进了工作室，我每天都会去看优秀摄影作品，不断学习揣摩其中的摄影技巧及内涵。

　　记得第一次尝试用镜头捕捉校园美景时，我对构图、光线等基本技巧一窍不通。那时，我将拍摄的照片上传至朋友圈，更多是出于一种自我娱乐的心态，希望能记录下这些美好瞬间。没想到的是，杨军武老师不仅点赞了这些照片，还主动联系我，告诉我一些构图和拍摄技巧。从那以后，无论是在课余时间还是假期，只要有空，杨老师就会带我一起漫步校园或到各地采风，一边欣赏风景，一边传授摄影技巧，教会我如何观察光影变化，如何寻找最佳角度来捕捉画面中的细节之美。在他的悉心指导下，我的摄影技术有了显著提高，更重要的是，我学会了用心去感受身边的美好，这对我而言是一笔无价之宝。

　　通过这段经历，我深刻体会到了一位好老师的力量，让我逐渐从"菜鸟"走向专业，打开摄影新天地。

 工作时期：职业实践

　　2022年1月，我进入金华薪鸿传媒有限公司实习，任摄像剪辑一职。同年6月，我回到绍兴，创立了浙江北影纪文化传媒有限公司，主营业务包括企业内外景静态图应用，项目工程拍摄，VR全景图拍摄制作，宣传片、航拍/延时视频素材售卖，各类平面图片拍摄，摄影、摄像，互联网短视频运营……自创立以来，我坚持以为客户提供最好的视觉服务为宗旨，参与绍兴上虞团区委、宣传部、绍兴体育局等单位的视频制作项目，专业水平与业务能力得到一致好评。在积极创业的同时，我也不忘进行自身能力的提升。

　　随着摄影的创作实践不断地深入，我更加感受到摄影不单单只是一门技术，也不仅仅是艺术，它更像是一个人的修养和素质。前期我创作了许多作品，最令自己满意的是《绍兴老家》。这部作品创作历时两个月，拍摄的时间周期比较长，取景地方的道路大部分比较崎岖，路途艰辛，再加上摄影器材繁重，都是比较艰辛的过程，但我很享受这样的过程，能够为自己热爱的事情而奋斗，为自己的梦想而奔波，这是一种很不错的感受。很高兴，最后呈现出的作品十分不错。作品背后充满了我的心血，而我也非常喜欢这种通过自己努力获得的成就感和幸福感。希望我可以一直坚持去追寻我的摄影梦。

在一起共事的朋友眼里，我被认作总是"追求完美，讲究极致"，但我觉得自己只是认真地对待自己的作品而已。做好每一件事是我对事业乃至人生的标准。我想用摄影技术结合美术创造美，给被拍的人提供仪式感。人生中所有真情流露的美好画面都可以在按下快门的一瞬间化为永恒，而这也是我一直追求的。

 ## 职场心路：职业寄语

大学期间，很多同学都会经历迷茫，不知道自己的目标与定位，而我觉得在大学期间最重要的就是明白自己想要什么。若想不负时光，要做的就是给自己做取舍，未来走上社会也一样。大一新生要想全面发展很难，做到的人少之又少，抛弃杂念，专攻自己擅长的东西，这样更有利于自身的发展。多积累知识和阅历，如课余时间做做兼职，增长社会经验，这些都会对以后进入社会有很大帮助。结交人脉也是一门"必修课"，多认识优秀的同学，可以帮助自己更快更好地成长，也是一个积累人脉的过程。

从兴趣，到梦想，始终坚持，确定目标，我也在不懈努力中有了些许小成就。短短几年，"半路出家"的我就已经在大家心中有了一定的知名度，获得了许多殊荣。但我依然会不忘初心、不懈奋斗，做一名摄影梦想家，相信越努力就越幸运，因为没有一个人是完美的，就像摄影一样，在记录美的瞬间背后却是艰苦的创作，人生也如此，每一步卓越的成果，背后也有数不清的付出。在追梦的道路上，我一定会越走越远。

（供稿单位：设计学院）

45. 筑巢而居：一位室内设计师的创业梦想与坚持

姓　　名： 沈路
职业岗位： 金华市筑巢装饰工程有限公司总经理
所学专业： 建筑装饰工程技术
毕业时间： 2008年7月

在追梦的征途上，以笔为舟，以梦为帆。
从浙江安吉启航，穿越艺术与技术的海洋。
从青涩学子到装饰公司总经理，
我以不懈的努力和坚定的信念，
书写着属于自己的辉煌篇章。

　　我是金华职业技术学院建筑装饰工程技术专业的一名普通学生，如今担任金华市筑巢装饰工程有限公司的总经理。一路走来，充满了挑战与机遇，汗水与泪水交织。

 高中时期：职业萌芽

　　高中时期，我就读于浙江省安吉师范学校（现为安吉艺术高级中学），这是一所省艺术特色学校、省首批工艺美术实训基地、中国美院生源培育实验学校。我当时读的专业是计算机，因为学校有很好的艺术氛围，让我有机会接触了素描等课程，用画笔就能描绘出美丽世界，这让我对美术产生了浓厚的兴趣。

　　于是，我从高二开始系统学习美术，因为我自知比其他同学学得晚，所以每一节美术课上，我总是最专注的那一个，用心捕捉每一个细节，努力将心中的想象转化为纸上的现实。一边要花大量时间画画，一边还要兼顾文化课的学习，这对当时的我来说，十分不容易，但做自己喜欢的事情，并为之努力，我感到浑身上下都充满了力量。

　　就这样，2005年，我通过美术高考考入金华职业技术学院建筑装饰工程技术专业，开启我的艺术生涯追梦之旅。

高职时期：职业启航

进入大学后，我发现建筑装饰工程技术专业偏理工科，主要学习建筑装饰装修工程深化设计、施工技术指导、计量与计价、施工过程管理等内容，而单纯喜欢画画的我，陷入了深深的迷茫之中。一次偶然的机会，我的室友接了帮别人设计网页的兼职，邀请我一起来设计。通过用心设计、巧妙构思以及富有创意的表达，我们设计的网页获得了客户的认可，我们也收获了报酬。这段经历，给了我很大的启发，通过专业所学能让想象落地开花，比单纯学美术更让人感到力量和充实。原本迷茫的我，慢慢有了一个模糊的目标，虽然不清晰，但是有了一个大致的方向，当时我默默在心里告诉自己：好好学专业，学好专业所学。

人须事上磨，才会有长进。理论知识是基础，要将这些知识转化为实际工作中的能力，还需要经过实践的磨砺。因此，大学期间，我积极参与各类实习实践活动。我先后去了安吉安家装饰公司、金华品艺装饰公司、金华市明家装饰工程有限公司等单位实习，训练装饰设计的基本功。当实习中发现自己能力不足时，我的学习热情刹那间被点燃。

在金华品艺装饰公司实习时，带教老师带我们深入施工现场，了解施工流程、材料选择、施工工艺等细节。尽管实践经验不足，但我并没有退缩，主动向经验丰富的工人师傅请教，仔细观察他们的操作手法，记录下每一个细节，利用晚上和周末的时间，查阅相关书籍和资料，努力弥补知识技能的短板。随着时间的推移，我逐渐适应了工地的生活节奏，也开始能够独立处理一些简单的施工问题。

这样的实习经历让我深刻体会到了理论与实践之间的差距，也让我明白了"纸上得来终觉浅，绝知此事要躬行"的道理。于是我充分利用空余时间泡图书馆，花费时间钻研设计相关的软件书籍（CAD、PS、3DMAX、VR渲染等）。周末、节假日继续找单位实习，在工程部经理的引导下，去工地现场观摩，去建材市场选料，我对施工工艺有了全新的认识。

 工作时期：职业实践

初生牛犊不怕虎，毕业一年后，我辞去了原来安逸稳定的设计师工作，与小伙伴一起将满腔热情投入到创业之中。

我怀揣改变行业现状、打造独特设计品牌的梦想，在永康创立了创艺装饰公司。然而，梦想很丰满，现实很骨感。由于缺乏市场经验、管理不善以及资金链的紧张，我们的项目进展缓慢，客户反馈也不尽如人意。最终，我们不得不于2010年10月关闭了这家公司。

初次创业的失败，使我跌入了人生低谷，但人生的道路总得往前走。一番思索后我选择回到母校担任兼职教师，一边教学生们3DMAX的建模与VR渲染，一边抓紧时间自我充电。期间我主动与学校老师交流创业过程，总结失败的教训。我分析初次创业失败的根本原因，总结经验，创业团队的核心成员在确立公司发展方向后，应分工明确，各司其职；决策过程应以公司利益为先，不掺入私人情感。

经过一段时间的沉淀与积累，我开始二次创业。2011年3月，我创立了筑巢装饰工作室，"雀巢而居，心安即是归处"，这是工作室起名的初衷。这次，我吸取了初次创业的教训，更加注重市场调研和客户需求分析。我亲自带领团队深入一线，与客户面对面交流，了解他们的真实需求和期望。同时，我也加强了团队建设和内部管理，确保每个成员都能发挥自己的专长，共同为公司的发展贡献力量。

在公司的发展阶段，我们接到了一个具有挑战性的项目——为金华市开发区运动中心进行整体装修设计。这个项目不仅要求设计新颖独特、符合运动中心定位，还要在有限的时间内完成施工并达到高质量的验收标准。面对这样的挑战，我们团队不断优化设计方案、调整施工计划、解决现场问题。最终，我们成功完成了这个项目，获得了客户的高度评价。这个项目的成功，为我们公司的发展奠定了坚实的基础。

随着业务的不断拓展和团队的日益壮大，公司逐渐在业界崭露头角。我们先后承接了多个大型商业综合体、保集庄园和绿城御园等别墅区的装饰工程项目，凭借出色的设计、高质量施工赢得了客户的广泛赞誉。同时我也不忘回馈母校，我们设计装修的稻花香食堂、红砖家园"一站式"学生社区等空间，为学弟学妹们在更美丽舒适的校园环境内学习创造条件。

✓ 职场心路：职业寄语

近几年我取得的成绩离不开大学阶段培养起来的自律与坚持，以及专业老师授予我的对专业的敬畏之心和勇于探索的习惯；我永远记住专业老师们的谆谆教诲："用简单的线条，构建自己的创意，是最有效的""设计的目的在于，解决我们的生活需求"……太多的话语在我心中重重地烙下了作为设计师的印记。我终于明白选择建筑装饰工程技术，就是选择了一辈子要学习，要创新！

最后，我想寄语每一位有梦想的学弟学妹，要不畏艰难，直面挑战，坚持不懈，持之以恒。面对当下机遇与挑战共存的时代，创业之路风浪不止，愿每一位创业者都能满怀信心与决心，一步一个脚印，终乘风破浪，直挂云帆济沧海。

（供稿单位：建筑工程学院）

46. 乡村民宿的追梦人

姓　　名： 黄宏志
职业岗位： 杭州丁子装饰设计工程有限公司CEO
所学专业： 建筑装饰工程技术
毕业时间： 2017年7月

设计是一种追求完美的生活态度，
是一种生活品位；
民宿之美在于融入，
在于与自然和谐共生，
在于让旅途拥有家的温暖；
设计精品民宿不仅是我的职业，
也是我扬帆驶向的方向。

　　我是黄宏志，2017年毕业于金华职业技术学院建筑装饰工程技术专业。毕业一年后，创办了杭州丁子装饰设计工程有限公司，从事室内外装饰工程、室内设计、家具设计、建筑设计等项目承接工作，专攻民宿设计。

　　从曾经整日在山间奔跑的顽童，到如今在全国不少地方设计标杆网红民宿的设计公司创办者，我十分感激我的母校金华职业技术学院给予我成长的养分，感激老师对我的谆谆教导，让我坚定人生目标，开启人生的航帆。

 高中时期：职业萌芽

热爱乡土建筑，怀揣梦想来金求学

　　我自幼生活在福建省南平市顺昌县，顺昌县是闽西北有着1400多年历史的县城，有着浓厚的民俗文化和地方特色，这一方水土滋润了武夷山秀美的风景，同时也滋生了我对乡土建筑的热爱。

高中时期，我就读于福建省南平市顺昌金桥学校，这是一所与福建省重点中学顺昌一中联手创办的全日制民办公助学校。在这个学校就读初期，我的学业成绩不是很突出，我最大的兴趣就是画画，虽没有受过特别专业的训练，但对传统绘画、传统建筑情有独钟。

每当学习累了的时候，我会去县上的老街转转，看着那些老宅我总是在想如何让它们重获新生。一次偶然的机会，我得知了建筑装饰工程技术专业既可以学习室内设计，还可以学习装饰施工技术，这让我兴奋不已。于是高考填报志愿时，我毅然选择了建筑装饰工程技术专业，最后被金华职业技术学院录取。那一刻，我就知道，我的梦想即将起航。

 高职时期：职业启航

找到职业方向，持续精进专业技能

设计师就像个魔法师，每一个创意的空间，都是通过设计师的"魔法"，由平凡到不凡奇妙转变的。这其中的一切构思、规划、布局都离不开设计师精密细致的巧思。然而想要成为一名强大的魔法师，并不是件容易的事。大学期间，我专注于专业学习，每日坚持练习建筑钢笔画，从基础的线条、平面图、立面图开始，到逐渐掌握了空间透视、色彩搭配和材质表现等技巧。一个学期后，在手工绘图能力以及方案构思能力上，我成了班上的佼佼者。

在设计这条路上，我从未停止过学习与探索的脚步。我深知，只有不断学习最新的设计理念和技术，才能保持设计的活力与竞争力。为开阔我的视野，我经常利用节假日赴杭州、上海等大城市参观优秀建筑、设计展，与同行交流切磋，以开放的心态去吸收新知，不断提升自己的设计水平。在此期间，我也有幸结识了杭城较早开始做民宿设计的设计师罗锡军。在他的影响下，我把民宿设计作为学习探索的重点。渐渐地，我发现在"乡村振兴"的浪潮下，民宿逐渐从旅行的配角变成主角，越来越多的人把邂逅民宿作为旅行的目的与终点。这更激发出我对民宿方案设计的热情，我从分析民宿案例着手，认真研究现今民宿的设计风格。

学校的创新创业氛围很浓厚，我也参加了几次学校的创业故事会，学长学姐们的创业故事，令我心动。我借助俱乐部提供的资源，线上承接家装、别墅之类的设计工作。接触实际项目后，我才发现自己的专业知识、设计能力远远不够。在家装设计中，中央空调、地暖、净水系统几乎成为装修标配，要掌握这些新材料的安装技巧，唯一的方法就是踏实学习，认真实践。我不仅认真钻研平面方案设计技巧，还研习建筑材料、建筑构造、照明设计、软装搭配等新工艺、新技术，积极跟上时代步伐。我还主动联系专业老师，参观装饰公司样板房，观摩施工现场，通过观察学习装修的基本流程与技术。

经过3年的大学学习，我在专业道路上羽翼逐渐丰满，各方面的能力有了显著提升。

 工作时期：职业实践

从西子湖畔出发，网红民宿作品走向全国

2017年6月，我顺利毕业了，我那颗想要创业的心蠢蠢欲动。我走了很多的城市去看民宿，来到乌镇之后，我就停留下来了。一段时间的居住体验后，我决心尝试经营民宿，于是盘下一家民宿，亲自体验民宿设计、经营的全过程。经过近一年的体验实践，我积累了一定的经验，了解了民宿的设计思路和基本运营模式。

小试牛刀后，我于2018年创办了杭州丁子装饰设计工程有限公司，真正开启我的创业之路，用行动实践我的民宿设计梦想。

位于乌镇潭家桥18号的乌镇未远民宿是我们承接的第一个民宿设计项目。民宿的名字"未远"取自"身未动，心已远"。这里共有两幢两层楼，隔着一个庭院相望，形成了独立的院子。这个项目也让我懂得，项目设计不仅要有好的创意，也需要因地制宜，全方位思考。就这样，我的第一个设计项目就得到了超高的评价。

我的民宿设计作品——乌镇未远民宿实景照片

2019年我们团队设计的湖南梦俚民宿开业，不需要广告宣传却几乎每天满房。这个项目是我花心思最多的。因为我想让设计与周围环境有机结合，除了造型上与周边景色、建筑协调外，还需要大量考虑空间细节，另外，我采用中国园林移步换景的手法，

因此，经过半年多的努力，整个项目落地后深得有品位的年轻人喜欢。

我的民宿设计作品——湖南梦俚民宿实景照片

创业7年时间，我们还把"久栖·乌镇暗香庭院精品酒店""武义乡悦瓦蓝星宿民宿""山中来信·阳明湖畔民宿""临安山中来信·从前慢民宿"等做成了精品民宿。我们以敢想敢闯、思维创新的优势，在民宿行业中积累了良好的口碑。

近年来，在乡村振兴的浪潮中，乡村建设发生了翻天覆地的变化。我来自农村，儿时的故乡记忆、浓郁的乡村气息一直让我念念不忘，我希望用自己的知识和能力，设计更多精品民宿。设计时我更注重因地制宜地选择材料、处理材料，利用自然山水与原有格局，将建筑与自然有机结合、和谐共生……让民宿设计带动乡村旅游业的发展完善，为乡村振兴贡献一份力量。

奋斗路上，我心怀感恩。创业路上，我也积极帮助、带动本校同学就业，而且助力他们成长为公司骨干。目前我公司共有核心团队18人，其中大多是大学同学。

 职场心路：职业寄语

作为民宿室内设计师，我深知行业的竞争是激烈的，只有不断学习和创新，才能在这个行业中立于不败之地。我们需要不时关注最新的设计趋势和技术、行业规范和政策，学习新的设计理念和方法，保持自己的竞争力。同时，也要因地适宜地采用不同设计风格和元素，不断突破自己的设计思维，这样才能创作出有着更多惊喜和创意的作品。

　　未来，我依旧投身民宿设计，投身"乡村振兴"浪潮，愿更多精品民宿在全国各乡镇绽放。我会继续将个人成长融入时代发展中，在山山水水间实现我的设计梦想。

（供稿单位：建筑工程学院）

47. 一枚"匠"心、一段"研"途，智能制造创辉煌

姓　　名：刘庆
职业岗位：浙江皇冠电动工具制造有限公司研发经理
所学专业：模具设计与制造
毕业时间：2009年7月

探索未知，创新未来，
始于细节，精于钻研。
研发是一个严谨而有成就感的工作，
传承匠心精神，研发之路无止境……

　　我叫刘庆，2009年7月从金华职业技术学院毕业后加入浙江皇冠电动工具制造有限公司，目前任研发经理，现有团队人员50多人。

　　说到研发，作为研发工程师在熟练掌握画图软件的基础上，不仅需要了解产品设计理念、工艺流程、机加工、热处理、安全规范等基础知识，还需要有创新思维、项目管理意识。作为研发管理者，在研发能力扎实的基础上，还需要具备较强的市场敏感度，能敏锐地发掘用户的需求点，能快速反应并提供解决方案，还需要有丰富的项目管理经验，带领好自己的团队。研发是一个严谨而有成就感的工作，好的产品是设计出来的，我们设计的产品得到客户的认可，市场反馈佳，会让我们非常有成就感。这是一份能实

现自我价值的工作。

 高中时期：职业萌芽

在安福县第二中学度过的那三年高中时光，是我人生中一段至关重要的成长历程。初入高中，面对更加庞大且复杂的知识体系，以及老师们更加注重培养自主学习能力的教学方式，我一度感到迷茫和不安。但正是这份迷茫，促使我开始思考自己的学习目标和方法。在这个过程中，我逐渐适应了高中的学习节奏，逐渐学会了如何更加高效地利用时间，如何独立解决问题，也为自己未来的道路打下了坚实的基础。

高中的生活并非一帆风顺。我也曾遭遇过挫折和失败，面对难题时的无助和困惑让我一度怀疑自己的能力。但正是这些挑战，让我学会了坚持和不放弃。我主动向老师请教，与同学们讨论，不断寻找解决问题的方法。这些经历不仅锻炼了我的意志力和解决问题的能力，也让我更加珍惜每一次成功的机会。

在安福县第二中学的3年里，我收获了知识、友谊和成长。老师们不仅传授了我书本上的知识，更教会了我如何做人、如何以积极的心态面对生活。同学们之间的友谊让我感受到了温暖和力量，我们一起度过了许多难忘的时光。更重要的是，这段经历让我学会了独立、学会了坚持、增添了面对挑战的勇气。

 高职时期：职业启航

2006年，我踏入了金华职业技术学院的大门，选择了模具设计与制造这一充满挑战与机遇的专业。在这片充满生机的土地上，我开始了对模具设计与制造这一领域的深刻探索，这段旅程不仅开启了我的工业制造之梦，更为我日后的研发之路奠定了坚实的基础。

在金华职业技术学院的求学时光里，我幸运地遇到了众多优秀的师长，其中张建荣老师对我的影响尤为深刻。他不仅是我在学术道路上的引路人，更是指引我实践之路的灯塔。张老师以其独特的教学方式，巧妙地将实战案例融入课堂，让原本枯燥的理论知识焕发出勃勃生机。在他的引领下，我仿佛置身于企业决策的前沿，直面市场的风云变幻，这种沉浸式的学习体验极大地激发了我的学习兴趣和创造力。

大三那年，我迎来了职业生涯中的一个重要转折点——被选拔进入职业技能大赛的备赛阵营。在张建荣老师和章跃洪老师的精心指导下，我与同学们并肩作战，历经无数个日夜的刻苦训练。我们共同面对挑战，攻克了一个又一个技术难关，每一次深入的讨论和交流都让我们的团队更加亲密无间。最终，在激烈的竞赛中，我们凭借出色的表现赢得了浙江省二等奖和全国三等奖的殊荣，这份荣誉不仅是对我们技能的肯定，更是对我们辛勤付出和不懈努力的最好回报。这些经历不仅让我们收获了宝贵的友谊，更让我们学会了如何在压力之下保持坚韧不拔的精神风貌。

如今，回望大学时的自己，我深感那段时光的重要性和宝贵性。正是那段时期的培养和锻炼，让我具备了扎实的专业技能、良好的创新思维，为我在研发领域的职业生涯奠定了坚实的基础。

 ## 工作时期：职业实践

我的工作从技术员开始，配合主办工程师进行产品的研发，在工作中不断积累经验。慢慢地我开始自己主导研发产品，从简单的换形产品开始到难度更高的全新产品，我的研发能力得到了明显提升。后来转管理岗带团队，目前带队研发高端自主品牌及高端ODM项目，致力于公司产品等级上升到与行业德国品牌同等水平。

在过去的几年里，我的职业生涯取得了显著的成就和进步。2019年，我获得了"中级工程师"职称，这是对我专业技能和知识的认可。2021年，我有幸入选"浙江青年工匠"，这对我来说是一份巨大的荣誉。同年，我带领团队研发的产品获得了全国机械工业设计大赛铜奖，这是我们团队共同努力的结果。2023年，我获得了"十佳工业设计师"的称号，这是对我设计理念和创新能力的肯定。同年，我们团队研发的20V无刷角磨机荣获了2023年度"浙十年·浙设计TOP100产品"，这一荣誉不仅体现了我们的创新精神，也展现了我们团队在电动工具行业的领先地位。此外，我还积极参与各种项目研发工作。至今，我已经带领团队研发了30多项项目，并且成功研发出高端自主品牌及高端ODM项目，使公司的产品等级上升到与行业德国品牌同等的水平。同时，我也不断努力学习和提高自己的专业技能，2024年，我获得了"色彩搭配师"高级工的称号。

除了个人成就，我也非常重视团队协作和技术创新。在项目方面，我积极参与与浙江理工大学、德国公司、浙江大学创新学院等机构的合作项目，共同探讨电动工具的新领域和新技术。通过这些合作，我们不仅提高了电动工具的设计、生产、装配的质量，还为电动工具行业的发展做出了积极贡献。每当我的团队研发出的新工具在市场上获得认可、为用户带来实实在在的便利与价值时，那份成就感和自豪感便油然而生，让我深刻感受到自己所从事工作的深远意义。

职场心路：职业寄语

　　这就是我的职业故事。我对职业的理解是，机械研发不仅仅是一份工作，更是一种责任和使命。它要求我们不仅要具备扎实的专业知识，更要有对细节的极致追求和不断创新的勇气。我坚信，只有用心去理解用户需求，才能设计出真正实用的产品。同时，机械行业也是一个需要团队合作和持续学习的领域，只有与同事携手共进，才能不断突破自我，推动行业向前发展。

（供稿单位：智能制造学院）

---

48. 引路新生，助力新手父母步入"育儿正轨"

姓　　名：魏萧靓

职业岗位：上海交通大学医学院附属新华医院护士

所学专业：助产

毕业时间：2020年7月

坚守付出不停歇，

用心用情服务患者，

我用梦想做"旗帜"，

用行动做"示范"，

近两年来临床服务孕产妇两万余人，

让新生之花璀璨绽放，

现在，我仍是"育儿引路人"这条路上的奔跑者，

我相信怀揣着引路新生的希冀，

我终会成为梦想中的模样。

　　我叫魏萧靓，2020年毕业于金华职业技术学院医学院助产专业。现就职于上海交

通大学医学院附属新华医院，担任产科护士一职。从对生娃育儿一无所知的医学生到如今成千上万新手父母的"育儿引路人"，让更多的新手父母响应国家生育政策、奠定养娃入门基础，为祖国培育更多更加蓬勃、健康、快乐的新生命，成为我不断追寻的职业理想。

 高中时期：职业萌芽

我来自浙江省丽水市的一个农村家庭。2015年初，我的舅妈在我表哥20岁的时候响应国家"二孩"政策生下了我的小表妹，这个小生命的到来给我们全家增添了无限的快乐。可随之而来的，是年近50岁的舅妈几乎已经把20年前的育儿知识忘了个干净。面对刚出生的宝宝，哺乳、黄疸以及新生儿照护等的一系列事务让她焦头烂额，无所适从。也正是从这个时刻起，我意识到了新手爸妈了解育儿知识的重要性。于是在高考完毕填报志愿时，我选择了助产这个专业，该专业可以称之为真正的生娃育儿第一步，从孕妈带"球"时期到带"球"来到这个世界，涵盖了完整的妊娠周期，包含孕期保健、分娩期处理与护理、妇科护理以及新生儿护理各个阶段。填报志愿前对专业的充分了解，让我对之后大学三年的学习充满了期待与热情。

 高职时期：职业启航

金华职业技术学院被称为职教界的"清华大学"，录取分数、师资力量以及学校规模一直处于领先水平。收到这份录取通知书后，我朝着我的人生目标迈出了第一步。在校就读的三年间，我坚定自己的梦想，时刻不敢放松。在保证专业学习成绩优秀之余，努力向一专多长发展，担任数个学生干部，考取国家高级育婴员、急救证等技能证书。在校期间获优秀学生一等奖学金3次，国家奖学金、国家励志奖学金、校"三好学生"、校百名优秀学生等荣誉40余项。

大三实习是我的快速成长期。我有幸担任了上海交通大学医学院附属新华医院实习大组长，从刚开始的量血压、听胎心等基本护理工作，再到后来配合老师抢救了两百多斤癫痫发作的孕妇，抢救胆道闭锁心律失常的宝宝，发现胎窘，配合老师做局麻剖宫产手术，帮助孕妇成功分娩出宝宝等经历让我感受到了自己的快速成长，不仅是专业技术的进步，我对这份职业也有了更深刻的认识，我深深地感受到了这份工作的价值与意义。

毕业季恰逢上海交通大学医院附属新华医院招聘，一直梦想着成为一名医护人员的我毫不犹豫地报名了这次招聘考试。严苛的遴选条件、优秀的竞争对手、近1/20的录取比例，最终，我成功成了上海交通大学医学院附属新华医院大家庭中的一员，为做好新手父母"育儿引路人"的工作奠定了基础。

 工作时期： 职业实践

付出，不停歇地坚守

参加工作的头两年，我先后轮转心血管一科一病区、妇科二病区、妇产科重症监护室、宫内儿科疾病诊断中心、新生儿重症监护室。因为疫情原因和工作需要，两年多时间里从未回家过年。相聚、团圆总是美好的，但是只要想起南丁格尔舍己救人的奉献精神，想到护士这个岗位的特殊性，看到病床上需要帮助的患者，我就明白患者比家人更需要我，所有的不良情绪顷刻间随之化解，转化成对护士这份工作的尊重、坚守与热爱。

用心，才能感动患者

不论是刚出生的小宝宝，还是癌症化疗的病人，在护理工作中我都常怀一颗仁爱之心。一次，科室收治了一位36岁妊娠合并恶性肿瘤、直肠癌晚期的患者，终止妊娠术后患者情绪十分不稳定，时常吵着要出院。我经常在工作之余和她交流，帮助其疏导不良情绪，帮助她起身活动、打水、术后康复。起初患者对我的帮助并不领情，甚至排斥、不搭理，治疗的时候也不配合。但我明白此时她的内心比任何人、比任何时候都要脆弱，这也是她最需要别人帮助的时候。作为护士，我只能给予她关心和无微不至的照护。通过我不断主动地与她交流，我的诚意最终打动了患者，我去抽血做治疗时她开始配合，微笑着对我说："靓靓，你来给我抽血多扎几针都没事。"一直到患者出院，期间为她做的所有治疗和护理工作都非常顺利。因此我相信只有真正用心对待患者，才能感动患者，才能消除患者的抵触心理，更好地配合治疗。

行动，是最好的示范

作为一名共产党员，我时刻牢记党员宣誓时要守护国家、服务人民的誓言。上班期间，我总在病房忙碌，休息室很少出现我的身影。在同事眼里，我仿佛有用不完的力气，一直活跃在病房给新手爸妈们宣教各种育儿专科知识。在信息化时代里，我们紧跟时代步伐，将传统的口对口宣教逐渐优化升级，制作各类产科宣教内容，以宣传册、公众号文章、视频、脱口秀等新颖的形式构成了属于本病区的特色宣教内容，方便新手爸妈以最方便快捷的方式获取更多的育儿知识。唯有真抓实干、开拓奋进，才能把护理事业不断向前推进。本人也被授予上海交通大学医学院附属新华医院"优秀新人"的荣誉称号。

梦想，是人生的旗帜

在2年的轮转即将结束之际，面临最终定科选择时，我毅然选择了产科。母乳喂养、新生儿护理、产褥期护理的健康宣教，以及新生儿沐浴、喂养宣教等一系列的知识重新回到我的工作中。对妊娠期高血压、糖尿病、先兆子痫等高危妊娠产妇的护理我能理论结合实际，融会贯通，学以致用。在进行产科日常引路人工作的同时，我积极参加妇幼保健科普活动，在2023年7月荣获中国妇幼保健协会"孕育生命，为爱赋源"孕妇学校讲师能力华东区"最佳舞台表演奖"。以自身力量传递给更多有需要育儿知识的新生儿父母，做好"育儿引路人"的角色，让新生之花璀璨绽放。两年来临床服务孕产妇两万余人。

 职场心路：职业寄语

作为数以万计新手父母的"育儿引路人"，我始终坚持不忘初心，牢记职业使命。虽然现在还在奔跑的路上，我相信总有一天会到达终点。在以后的日子里我也会不断努力，再接再厉，做一名优秀的金职人，在我的新手父母"育儿引路人"的护理工作中活出精彩，活出梦想中的模样。

（供稿单位：医学院）

---

49. 电商青年归乡记：黔山秀水间，乡村振兴梦起航

姓　　名： 丁浪
职业岗位： 贵州义派电子商务有限公司总经理
所学专业： 国际经济与贸易

毕业时间：2012年7月

在贵州的青山绿水间，

我带领乡亲把深山里的村庄打造成网红村，

通过电商平台把村子里的农产品云销全国。

　　我叫丁浪，金华职业技术学院国际经济与贸易专业毕业生，2017年回到家乡创办了贵州义派电子商务有限公司，目前兼任铜仁市新的社会阶层人士联谊会理事、德江县工商联副会长。返乡的这些年，我充分发挥自身专业技能优势，用镜头展示铜仁村落的人间烟火，使深藏大山的小村落变成了网红村，使少人问津的农产品"云销"全国，引领乡亲们闯出了一条差异化、特色化发展之路，为家乡的振兴带来新观念、注入新活力。

 高中时期：职业萌芽

　　我的高中是在贵州省铜仁市德江县第二中学度过的，每当提及那段青涩岁月，我的内心总会感到无比的纯粹与温馨。那时候我学业平平，但学习热情却一直不低，我总喜欢沉浸在自己的小世界里，以一种不被打扰的独特方式享受求知的乐趣。记得那会儿我最喜欢的科目是生物，那些关于生命奥秘的知识总能激发起我无尽的好奇心与探索欲。发现喜欢、执着热爱，这种性格对我后来走上创业道路影响很大。

　　总的来说，我的高中阶段还是很快乐的，没有太大的压力，这可能跟我的成长环境有很大的关系。我出身农村，老家是一个朴实无华、与世无争的地方，父母乡亲勤劳善良，他们不懂太多大道理，不懂给我规划什么宏伟蓝图催我上进，也不会过多地干涉我做事，只会默默地给予我鼓励和支持。在他们眼里，只要是我真心想做的事情，那就值得去大胆尝试。正是这种"放养"的教育方式，在我心中种下了一颗自由生长的种子。我学会了独立思考，学会了自我肯定，学会了在迷茫中寻找方向。每当我在人生的十字路口犹豫徘徊的时候，父母那双充满信任和期待的眼睛总能照亮我前行的道路。这份坚实的后盾是我人生中最宝贵的财富。

 高职时期：职业启航

　　2009年，我离开家乡来到金华职业技术学院求学。刚踏入大学校门时，我对未来充满了迷茫，不知道自己将来要做什么。所幸，学校丰富的资源和个性化指导政策，如同灯塔般照亮我前行的航道，指引我走出迷茫。面对未来职业的种种不确定，老师们耐心倾听我的困惑，通过一对一的咨询，帮助我挖掘内心兴趣与热情，启发我开始认真地思考自己真正喜欢的是什么，想要追求的是什么样的生活，它以一种微妙的方式影响了我的职业规划。学校组织的实践活动和创业孵化项目，更是让我接触到了各种各样的社会现象，收获了对商业的认知和理解，并学会了用商业的思维方式去观察和分析情况，这是我认为自己在大学期间习得的最大能力。

这个时候我对商业渐渐产生了浓厚的兴趣，开始关注起一些商业领袖和创业者的故事，他们的经历和讲座给了我很大的启发和鼓舞。我也触摸到了数字经济越来越快的脉搏，开始关注起电商相关的知识和技能，自学PS软件，尝试了解电商的运营和推广，这些为我后来创业奠定了重要基础。

除了学习之外，我也积极参与社会实践。我会去做兼职，体验生活的不易。暑假的时候，还会去打工，锻炼自己的能力和耐力。这些实践活动让我更加了解社会的运作规则，也为我后来的创业积累了宝贵的经验。

工作时期：职业实践

毕业后，我和许多贵州的年轻人一样，选择去大城市打拼，希望能为家人创造更好的生活条件。最开始的时候，我在广州从事电商相关工作。虽然生活稳定，但他乡非故乡，作为一名从贵州大山深处走出来的青年，我心中始终有一个念头想回去，为家乡的发展贡献自己的力量。

2015年，一个机会悄然来临。德江县要创建国家级电子商务进农村综合示范县，鼓励大学生回乡创业。这个消息对我来说，无疑是一盏明灯，照亮了我回家的路。我毅然决然踏上返乡归途。回到家乡后，我尝试了各种创业方式，但效果都不理想。直到2017年，我创立贵州义派电子商务有限公司，并开设了"黔东农仓""爱莲嬢嬢（古村乐乐）"两个抖音账号，才逐渐找到了适合自己的发展道路。我深入田间地头，走进古朴村落，探访勤劳的乡亲们，用镜头记录下他们生活的点滴和家乡的变化。这些视频不仅展示了家乡的美景和特色文化，还传递了积极向上的生活态度和正能量。随着视频的发布和推广，越来越多的人开始关注我的家乡，了解我们的文化和特色。这为我带来了机会和资源，我开始尝试通过电商平台帮助农户销售蕨根粉、辣酱等农特产品，渐渐成了四里八乡的"达人"。家乡的农产品也渐渐走向了全国乃至全世界。

当然，创业的道路并非一帆风顺。最初一段时间，货源不稳定、交通不便等诸多问题严重制约了公司的发展。为了解决这些问题，我一次次深入农村，与农民建立联系，了解需求困难，提出对策方案。后来，随着新媒体平台内容越来越丰富、运营制作越来越专业化，我的电商运营和制作能力也受到了不少挑战。为了提升自己的专业素养和创新能力，我自学各种新媒体平台的内容创作方法，参加字节跳动"扶贫达人"培训，学习拍摄和运营技能，也结识了许多志同道合的朋友。在不断地努力下，"黔东农仓"和"古村乐乐"两个账号逐渐成为具有一定影响力的抖音网红账号。

值得一提的是，在这个过程中我逐渐意识到，贵州的乡村拥有独特而深厚的少数民族文化底蕴和绿水青山的自然优势，只要充分利用这些优势，就一定能够走出一条具有贵州特色的乡村振兴之路。我决定走遍贵州所有的县，在每个县找到一个有特色的村寨，因地制宜地带出一个网红，更好地推动当地的乡村经济和旅游发展。为此，我制定了详细的计划方案，深入调研每个县市的资源禀赋和特色文化，并在德江县沙溪乡大寨村走出了第一步。在这里，我们打造了又一个短视频账号"古村28渡"，将镜头对准驻村干部，通过第一书记刘杰的视角记录乡村振兴的探索与做法，感召致力于振兴乡村的追梦人，为全贵州乃至全国的乡村振兴进行一种新路径的探索，力求成为宝贵的示范和经验。前路道阻且长，但行则将至。我愿意作为先行者，扎牢根基，不懈前行，为家乡经济发展注入新活力。

 职场心路：职业寄语

用镜头展示贵州村落的人间烟火，把青春献给乡村振兴的生动实践，使我从一名普通创业青年成长为省政协委员，我为自己的努力和付出感到自豪和骄傲，也为家乡的发展感到欣慰和喜悦。接下来，我将继续深耕电商平台，优化供应链条，确保农特产品的高品质输出，同时致力于乡村文化的挖掘与传播，助力产业升级与人才回流。我希望更多青年人回到农村、发展农村、振兴农村，让洁净的乡村、宁静的山野成为城里人的"诗和远方"。未来，我将不忘初心，继续以镜头为笔，以电商为翼，书写更多关于乡村振兴的辉煌篇章，让家乡的绿水青山变成金山银山，让每一个村寨都焕发出勃勃生机。

（供稿单位：商学院）

50.做园林技术发扬传承的多面手

姓　　名: 孔箫

职业岗位: 安徽省兴诚生态农业发展有限公司总经理、望江县山水市政园林工程有限公司法人

所学专业: 园林技术

毕业时间: 2014年7月

一花一草,一叶一树,

一砖一瓦,一亭一榭,

永远陶醉于中国园林艺术的悠长历史和独特美学。

　　我叫孔箫,目前是安徽省兴诚生态农业发展有限公司总经理,主要从事园林绿化施工、建筑工程施工业务。我还担任雷池镇商会党支部书记,是县政协委员、县工商联总商会副会长、县女企业家协会理事。曾获得过"安庆市望江县雷池镇优秀党员""望江县优秀政协委员"等称号。

　　我经营的公司荣获过国家级林下经济示范基地、安徽省农业产业化龙头企业、安徽省林业产业化龙头企业、安徽省诚信企业等荣誉。

 高中时期:职业萌芽

　　回顾高中时光,我最想说的话是做好职业规划,走实路干实事,把握美好青春。

　　在高中时,我的学习成绩还不错,但英语是短板,拖了总成绩的后腿。那时的我比较天真,期望高考时能取消英语学科。带着这样的想法,高考结果可想而知,20分的差距使我被本科学校拒之门外。虽然我有点后悔,但很快找到了另一扇很适合自己的大门——高职。

　　受家庭的影响,我从小就对花草树木有着特殊感情,又有画画的基础,加上父母的支持,我毅然选择了金华职业技术学院园林技术专业。于我而言,这不仅是命运的安排,更是我内心对自然与艺术的向往使然。

高职时期：职业启航

　　大学真是一个让人脱胎换骨、飞速成长的地方。在这里，系统的职业教育使我受益终身。

　　大学时期的生活是充实又快乐的。大学各类课内外校园活动极大地拓展了我的眼界和社交圈，丰富了我的精神世界。在这里，我第一次认识到中式园林的独特美学，并在心里埋下了传承中式园林艺术为己业的梦想种子。和蔼可亲的老师们仿佛有魔法让我热爱每个学科，在这里，我努力学习、敢于实践，初步掌握了中式园林的设计理念，也形成了一套自己的园林审美观。

　　还记得方英姿老师的园林手绘课，那是第一次，我的手绘作业得到了任课老师的高度评价，并成为优秀典型被展示宣传，这激发了我对园林技术学习的浓厚兴趣。后来每次的手绘课作业我都认真完成，我的手绘作业也成了范本。老师们的肯定让我尝到"甜头"，我很喜欢被老师们肯定的感觉，这让我铆足劲学好每门课。

　　我不仅充满热情地对待每一堂课，更是自我加压以更高要求激励自己，而且还积极担任班委，做好服务学生的工作。功夫不负有心人，我的学习成绩每学期均列专业第一，荣获 5次一等奖学金、1次二等奖学金、校百名学习标兵、浙江省优秀毕业生、浙江省园林规划设计竞赛一等奖、浙江省茶艺比赛团体三等奖等荣誉，这些都带给我极大的鼓励和肯定。

　　进入金职就像"马"遇"伯乐"，自己从此成了一匹有光芒的"千里马"。我很感谢金职的培养，不仅让我的园林技术理论得以丰富，还让自己充满自信、敢闯敢拼，这为我之后参加园林相关工作打下坚实基础。我牢记"知行合一、务实创新"的校训，至今都怀念当金职学生的那段青葱岁月。

 工作时期：职业实践

　　用心做好每一件事，把握每一个机会，你会发现越努力越幸运！

　　大学毕业后，我没有选择进入园林设计院，干大家眼中的"好工作"，因为我不想把青春花在设计院的电脑前，每天敲敲键盘，过一眼就能望到头的日子。那时，由于林业周期长、养护运营成本高，加上市场不景气等原因，父亲经营的木材厂濒临倒闭，我果断提出将木材场向园林方向转型的创业想法，并立志闯出一番属于自己的天地。

　　小县城没有那么多的园林刚需，起步十分困难。为了渡过资金链紧张的难关，我将林地综合利用，在林地下面套种毛豆、黑豆、小麦等农作物。后来形势逐渐好转，公司步入正轨，我积极拓展绿化苗木种植、养护、施工等业务范围。凭借承包林地多的优势条件，我又积极推动将种植用地向绿化苗圃转型，打造一体化园林服务供给。本地园林施工企业很少，我们的企业优势凸显，后来公司成功申报了省级农业产业化龙头企业、省林业产业化龙头企业，还成为国家级林下经济示范基地。

我是园林技术发扬传承的践行者，也是美好家乡建设的实干家。

在一次园林行业经验交流会上，我得知国家要取消城市园林绿化企业资质，并将其合并到市政行业。我敏锐地察觉到这是机会，如果我一直在建筑公司旗下做园林分包，那我的园林公司梦永远不可能实现。只有敢为人先、勇于尝试才有成功的可能，从此，市政行业多了一家具备园林服务供给优势和市政、房建资质的特色建筑公司。

从花草树木到砖瓦亭榭，我的人生最割舍不掉的是与乡土的血脉联系，我认为每个人都有责任有义务为美好家乡建设贡献力量。无论是业务规模的扩张还是奖项荣誉的获得，我的初心始终是尽我所能回报社会，实现人生价值。我努力将企业做大做强，带动本地就业人数260余人，促进当地及周边农民增收450万/年。

在工作之余，我热心参与社会公益事业。先后多次捐资助学，助力乡村振兴捐款捐树，参与"千名执委大结对"志愿帮扶，开展敬老助困服务活动。我积极加入望江县慈善总商会，并荣幸地被评为望江县慈善总商会副会长单位、望江县优秀政协委员。

 职场心路：职业寄语

14年前，一个天真少女，怀揣着建设美好家乡的梦想，走进金职的大门，开启了改变人生的成才之路。而今，这位少女已成为一名园林技术发扬传承的多面手，用实际行动投入到市政园林建设行业，为美好家乡建设贡献不平凡的青春力量。亲爱的金职学弟学妹们，园林技术是一门充满艺术和美学的专业，希望你们怀一颗谦虚好学之心，汲取知识，在校打磨理论技术，练就过硬实操本领，未来属于你们！

（供稿单位：农学院）

51. 从高职生到大学老师的"逆袭"

姓　　名：徐杭

职业岗位：杭州电子科技大学特聘副教授

所学专业：高分子材料应用技术

毕业时间：2012年7月

从高职学生到大学老师，

从高分子材料应用技术到控制科学与工程技术，

跨越的是学科，不变的是初心，

追逐梦想，成就美丽人生。

　　我是徐杭，系金华职业技术学院高分子材料应用技术专业2012届毕业生。2012年，我进入宁波大学继续本科学习；2015年，我考入广西师范大学攻读硕士学位；2020年，我进一步深造，进入杭州电子科技大学攻读博士学位。在此期间，我加入了中国共产党，荣获了全国研究生电子设计大赛二等奖和三等奖各1项，并发表了多篇高水平论文，申请了多项专利及软件著作权。目前，我就职于杭州电子科技大学，担任特聘副教授。

 高职时期：职业启航

　　2009年，怀揣着对大学生活的无限憧憬，我踏入了金华职业技术学院制药与材料工程学院的大门。在那段初步踏入校门的时光里，面对陌生的高分子材料应用技术领域，我无法洞悉前方的路径，内心弥漫着迷茫。对于学业，我也缺乏那份应有的热情与兴趣，甚至在某个时刻，我萌生了放弃的念头，打算让自己在大学里随波逐流，虚度光阴。但是在班主任杨飞勇老师的耐心指导和鼓励下，我重新点燃了学习的激情，并为自己树立了一个明确的目标——考取本科，向着更高的学术高峰攀登。于是，我踏上了漫长的备考之路，每一步都坚定而踏实，每一刻都充满了信心。此后，金职的每一个清晨与黄昏，都见证了我不懈奋斗的足迹。

　　在金华职业技术学院的3年砥砺时光中，我刻苦攻读，不懈钻研，频获校级一等、二等优秀学生奖学金，一路过关斩将，顺利通过了大学英语四、六级考试，并取得了教师资格证及众多专业技能等级证书。然而，这些耀眼的成就，背后是我持续不断地自我充电与自我完善的历程。尤其在英语和高等数学这两门关键学科的深入学习，以及我对电子信息技术的浓厚兴趣，共同构筑了我专业转换道路上的坚实基石。在英语的广阔天地中，我以满腔的热情和不懈的努力投入学习，不仅刻苦钻研教材，更是积极参与各类英语交流活动，如英语角等，以此全面锻炼和提升我的听说读写能力。在高数的世界里，我不满足于表面的理解，而是深入挖掘每一个定理和公式的深刻内涵，同时自发拓展学习线性代数、概率论等相关学科的知识，为未来的教育事业储备了丰富的知识底蕴。而在电子信息技术的探索之路上，我更是充满激情，不懈追求。此外，我还积极参与校园生活的组织与建设，担任校乒乓球社社长、班级团支书等职务，成功策划并举办了许多精彩的乒乓球比赛和班级活动，为校园文化增添了丰富多彩的一笔。

在那段令人怀旧的大学时光里，我时常回忆起2010年那个难以忘怀的暑假。那个酷暑难耐的季节，我成为学院"阿郎卫士"暑期社会实践团队的一员，与一群充满热情的队友共同在金华的街巷与乡村间穿梭，进行了一系列富有创意和挑战性的活动，包括城市流浪生存挑战、环保意识宣传和职业安全常识的普及。在那炎热的夏日，我们深入基层，感受着城市的喧嚣与乡村的宁静，同时也将环保和安全知识传递到每一个角落。这段经历不仅磨炼了我的意志，更让我学会了如何保持专注、坚持不懈，并在面对困境时展现出无畏的勇气。"阿郎精神"如同不竭的动力源泉，始终激励着我向前迈进。它鼓舞我在生活的每一个转折点，勇敢追求卓越，不断探索未知，勇往直前，永不言败。

📝 本科和硕士时期：学历晋升

在2012年的金秋时节，得益于恩师的精心培育和自身的孜孜不倦，我成功地跨越专业壁垒，考取了宁波大学电子信息科学与技术本科。面对紧凑的课程设置和颇具挑战性的专业课程，我及时调整了学习策略，迅速融入了新的学术环境和生活节奏。本科学习期间，我不仅保持了出色的学业成绩，还确立了自己要继续深造、攻读硕士研究生的坚定目标。在追求这一目标的道路上，我面临了既要完成本科课程，又要备战考研的双重考验。为了克服这些挑战，我全身心地投入到了紧张且充满挑战的学习生活中。无论是校园的书房，还是深夜的家中，都留下了我孜孜以求的身影。这份坚持和努力最终得到了回报，我以优异的成绩通过了硕士研究生入学考试，荣幸地被广西师范大学电子科学与技术专业录取。进入硕士研究生阶段后，我并未停下脚步，而是继续追求卓越，不断提升自己的专业技能和科研素养。在这段宝贵的时光里，我有幸在国家级的研究生电子设计大赛中斩获二等奖和三等奖各一项，同时，我还发表了多篇学术论文，申请了专利，并获得了软件著作权。这些成就不仅为我的学术生涯增添了浓墨重彩的一笔，更为我未来科研之路的深入探索，奠定了坚实的基石。

 ## 博士与工作时期：职业实践

在圆满完成硕士研究生学业之后，我对科研探索的热情愈发浓厚，这股激情驱使我决心继续追求学术的卓越。于是，我坚定不移地选择了继续深造，投身于博士学位的攻读之路。2020年，我荣幸地被杭州电子科技大学控制科学与工程专业的博士研究生项目录取，由此开启了我博士研究的崭新篇章。

在博士阶段的学习中，我深入探索了人工智能领域的前沿技术，并在导师的介绍下前往中国科学院计算技术研究所进行联合培养。在中国科学院期间，我有幸接触到了最前沿的科研项目和顶尖学者团队，参加领域内顶级会议，如AAAI（美国人工智能协会）、ECCV（欧洲计算机视觉会议）和CVPR（计算机视觉与模式识别会议）等，发表了多篇论文。这段宝贵的经历让我的博士生活更加充实和有意义。

2024年3月，在这春意盎然的时节，我以特聘副教授的身份荣耀地步入了杭州电子科技大学的殿堂，开启了教育生涯的新征程。在此岗位上，我时刻铭记母校"知行合一、务实创新"的深邃校训，将"知行合一"的理念内化于心、外化于行，以此作为自我督促的不竭动力。在教育教学的实践中，我坚持不懈地探索与前行，力求将"知行合一"的智慧融入日常教学与科研工作的每一个细节。在知识的海洋中，我愿作为一名引路人，引领学生们迈向更加辉煌的未来。

 ## 职场心路：职业寄语

回顾往昔的拼搏征程，金职三载无疑是我人生旅途中一段极为关键的精神充电期。在那宝贵的三年里，我不仅完成了人生中一次至关重要的能量补给，践行了勇敢面对挑战与坚持不懈的精神，还铸就了为了梦想砥砺前行的坚定信念。金职求学期间，我不仅获得了知识与技能的丰厚积累，还培养了人际交往与团队协作的能力；不仅确立了人生目标与职业方向，还锤炼了面对困境时不屈不挠的意志。我将带着在这里收获的知识、能力、感悟，勇往直前，为实现自己的人生目标而努力。我相信，在未来的日子里，我会继续成长，继续蜕变，成为一个更加优秀的人。

（供稿单位：制药工程学院）

52. 从热爱到创业：用科技点亮照明之路

姓　　名：王和盼

职业岗位：浙江创邦照明科技有限公司总经理

所学专业：工业设计

毕业时间：2008年7月

　　我叫王和盼，毕业于金华职业技术学院工业设计专业，在校期间曾多次获得优秀学生奖学金、校级优秀毕业生和优秀学生干部等荣誉，现任浙江创邦照明科技有限公司总经理，机械设计工程师、灯光设计工程师、光学设计工程师。我对科技充满热情，尤其对电子领域有着浓厚的兴趣，这也为我未来的职业生涯奠定了基础。

 高中时期：职业萌芽

　　高中时，我对文化课的学习并不热衷，反而对电子领域充满了热爱。我对电子产品充满了好奇，经常自己动手拆装小电器，痴迷地研究里面的电路构造和工作原理。这种对电子技术的独特情感，让我在学习中找到了无尽的乐趣。

　　我深知，要在电子领域取得更大的成就，仅靠自己的摸索是远远不够的，还需要更多专业知识的支持。于是，我向父亲寻求帮助。父亲曾是一家温度仪表厂的电子工程师，对电子技术有着深厚的造诣和丰富的经验。父亲看到我对电子技术的热爱，心中充满了喜悦和欣慰，毫不犹豫地全力支持我的想法。

　　父亲带着我穿梭于各个图书馆，查阅大量的资料，寻找关于电子领域的珍贵书籍。在父亲的耐心指导和无私帮助下，我如饥似渴地汲取着专业知识，我的专业素养因此得到了极大的提升，为未来的发展打下了坚实的基础。

 高职时期：职业启航

　　在金华职业技术学院求学期间，我选择了工业设计专业，这个决定进一步为我未来的职业生涯奠定了坚实的基础。

在校期间，我积极参与各种社团、社会实践活动，担任班长和组织部部长的职务，锻炼了自己的组织能力和领导能力，并得到了许多老师的好评。此外，我在学业上努力认真，刻苦钻研自己的专业领域知识，"机电产品造型设计""产品逆向设计""产品CMF设计项目""设计表达""工业设计概论""CMF基础"等专业课成绩名列班级前茅，还参加过诸如CAD设计大赛、浙江省大学生工业设计竞赛等专业竞赛，也都获得了优秀的名次。因此，我连续多次获得一等奖学金、三好学生、优秀学生干部等荣誉。另外，我还积极考证，取得了高级制图员证书，并参加各种课程实践项目，将理论知识与实际操作相结合，不断提升自己的专业技能。

大学中我印象最深的一件事，是在最初的木工实训中制作一个立方体。立方体虽然形状简单，但尺寸要求却非常高，很多同学在制作过程中手都磨出了泡，甚至对木工产生了心理抗拒。在这种畏难的气氛中，我没有一丝怨言，一次不行两次，两次不行三次，休息时间仍在练。最终，我以满分的成绩完成了木工培训。

我对科技的浓厚兴趣和卓越的领导才能在这个时期得到了充分的展现。我努力学习专业知识，积极参与各种实践活动，不断提升自己的综合素质。老师和同学们的高度认可，让我更加坚定了自己在电子领域发展的信心。

 工作时期：职业实践

2019年，我怀揣着满腔热情和远大抱负，毅然决定创立浙江创邦照明科技有限公司。创业之初，我面临着诸多困难和挑战，资金短缺、技术难题、市场竞争等问题如同重重山峦，横亘在我面前。

但我凭借着坚定的信念和不屈不挠的精神，一步一个脚印地向前迈进。我带领团队日夜奋战，不断研发创新产品，努力提升产品质量和性能。在这个过程中，我们遇到了无数的困难和挫折，但我们从未放弃。

我们不断学习和更新知识，跟上行业飞速发展的步伐。凭借着敏锐的市场洞察力，我们准确把握市场需求的细微变化，及时推出符合市场需求的创新产品。

我高度注重团队建设，积极培养团队成员之间的合作精神和创新能力。我鼓励团队成员相互学习、相互支持，充分发挥各自的优势，共同攻克一个又一个难关。在大家的共同努力下，公司逐渐在照明科技领域崭露头角，产品受到了市场的认可和好评。

职场心路：职业寄语

回顾我的成长历程，我深刻认识到兴趣、努力和坚持的重要性。我对电子领域的热爱是我不断前进的动力，而家庭的支持和自身的努力则是我成功的关键。

在未来的发展中，我对照明科技行业充满信心。我将继续带领团队不断创新，努力推动公司在智能照明、绿色照明等领域取得更大的突破。我也希望在校的学弟学妹们能够明确自己的目标，坚定信念，努力学习专业知识，培养创新精神，注重团队合作，保持乐观积极的心态。相信只要你们有梦想，并为之努力奋斗，就一定能够实现自己的人生价值。

最后，我有以下建议供学弟学妹们参考：

明确目标，坚定信念。学弟学妹们要尽早明确自己的人生目标，找到自己热爱的领域，并坚定信念，为之努力奋斗。不要被外界的干扰和困难所动摇，要相信自己的能力。

努力学习，提升自己。在大学期间，要珍惜时光，努力学习专业知识，不断提升自己的综合素质。同时，要积极参加各种实践活动，锻炼自己的实践能力和解决问题的能力。

培养创新精神。创新是推动社会进步的重要力量，学弟学妹们要培养自己的创新精神，敢于尝试新事物，勇于提出新想法。

注重团队合作。在未来的工作中，团队合作是必不可少的。要学会与他人合作，尊重他人的意见和建议，发挥团队的优势，共同实现目标。

保持乐观积极的心态。人生中会遇到各种挫折和困难，要保持乐观积极的心态，勇敢面对挑战，从挫折中吸取教训，不断成长。

（供稿单位：智能制造学院）

---

53. 承育人初心，做医药企业技术人才的好师傅

姓　　名： 虞正烨

职业岗位： 浙江东邦药业有限公司副总经理

所学专业： 精细化学品生产技术

毕业时间：2008年7月

想登上三尺讲坛，却走进了车间，
因善于发现问题提出解决方案，
我从车间一线的操作工学徒，
成长为企业技术团队的带头人，
在培养技术人才的过程中，
我也享受着育人的乐趣。

　　我叫虞正烨，毕业后就职于浙江东亚药业股份有限公司，17年来从车间一线做起，现为全资子公司浙江东邦药业有限公司副总经理、浙江省科技厅入库专家、台州市科技专家、省级企业研究院副院长。我主要从事企业技术研发与人事管理工作，曾率领团队参与2项国家火炬计划项目，主持完成5项省级科研项目，并获发明专利授权3项，发表论文6篇。

 高中时期：职业萌芽

　　高中，我就读于台州黄岩第二高级中学。在这所省重点高中我读的是"快班"。文理分科前，我的成绩在中等偏上，最喜欢的学科是语文、历史、物理、化学。尤其是自小学开始，我就非常喜欢语文，初中还发起成立了一个文学社团。我对物理和化学的喜欢则来源于各种可以上手操作的实验。

　　文理分科时，我非常迷茫，从我当时的喜好与成绩来看，明显是选择文科更具有优势，但考虑到理科就业面会更广一些，我最终还是选择了理科。尽管我对自己的期望很高，但我的理科成绩却始终平平，最终高考成绩只过了三本分数线。

　　填报志愿时，考虑到民办本科院校的高昂学费，我决定报考职业院校。当时我翻了好多遍志愿填报参考书，被金华职业技术学院办学规模、师资队伍、校园环境等优势所吸引，我最终填报了金华职业技术学院。在专业选择上，我也遵循了就业导向，考虑到家乡发达的化工、塑料材料、模具机械产业，再加上我是一个很喜欢动手实践的人，最终我填报了精细化学品生产技术专业。

 高职时期：职业启航

　　金华职业技术学院精细化学品生产技术专业在校开设的分析化学、物理化学、化工设备、化工原理、药物化学、药物制剂等课程给我提供了很多锻炼机会。我还记得第一次实训周,老师让我们分组开展精馏操作的训练任务。快速完成小组分工后,我们通过溶剂的物理特性,计算出精馏的参数,并按照100∶1的比例,顺利手绘出操作流程的图纸。虽然只是完成了一个很小的实验任务,但这既是对自己前期所学的一次成功验证,也是对我们分工合作能力的一次历练。

在日常教学中,陈鋆老师有着丰富的企业工作经验,她会通过一些有趣的实验主题来激发我们对相关课程的学习兴趣,如制作苦瓜胶囊制剂来增进我们对药物制剂的了解。学院还聘请企业导师参与教学,老师们分享的生动案例让我有了职业发展方向的萌芽。包括我参加专业组织的全国化工总控工技能大赛集训,都为我后续进入医药企业工作打下了坚实的基础。

大三进入企业实习时,我有幸跟着车间工艺员参与了原料小试验证实验,即对准备生产的原料提前取样进行小试实验。当时第一次实验比较急,也是我第一次独立做实验,下午4点多开始的实验,正常情况下到晚上7点多就会出实验结果并制备得原料药,但一直到晚上9点多还没有出现所要的实验现象与产品,我急得团团转,几乎要哭了。看着失败的实验,手足无措的我只好去请教企业导师。通过复原实验过程,我才明白实验室是需要通过计算物料的摩尔比来测算物料用量的,相较于车间生产的直接投料会复杂得多。这一次我就是因为"自大"而直接投料,导致了实验的失败。这是我印象最深的一次实验,也是我职业生涯里一堂生动的警示课。

 工作时期: 职业实践

操作工学徒的快速适应期

刚被分配到车间做操作工学徒时,我跟着工友们按部就班地完成车间操作工作,觉得车间工作单调乏味,没有学习和成长的空间。后来在车间主任的点拨下,我把空余时间花在研究工人师傅们的工作流程上,慢慢地,我发现他们并不像书本上要求那样,通过定量分析判断化学反应进程,而是以自己在岗位上长期观察所积累下来的经验去做定性判断。我与工友师傅们的交流,对我动手能力和思考意识的提高非常有帮助,也让我快速适应了车间与技术部的复杂工作环境。

行政秘书的全面提升期

作为一名技术工,我凭借熟练的业务和长期以来养成的思考习惯,在大学生座谈会上，提出了一些新颖的建议并作了深刻的体会发言，因此获得了集团公司领导的好评。通过综合调查与多次考核后，我被调入到行政岗位，开始担任总经理的跟班秘书。总经理亦是我的良师，从他第一次带着我坐飞机跟着政府考察团外出学习开始，到出国开展技术交流、参与企业商业谈判，我在一次次与他的工作交流中获益良多，并使得我在沟通交流、计划对接、社交礼仪和文字能力等方方面面都能出色完成工作。

副总经理的团队优化期

凭着我在技术岗位上的经验积累，以及从事秘书工作后对公司战略发展的了解，在工作的第8年，我基本能够胜任项目管理工作。工作第十年，我又被提拔为副总经理，主要负责企业技术研发与人事管理工作。技术攻克需要全力以赴，企业的选人用人更是别具挑战。从学着干、跟着干，到教别人干、指挥团队干，责任更大，担子也更重。

在他人眼里，看到的或许只是我岗位的转换、职务的晋升、薪资的增长。但于我而言，我更想努力成为像我的车间主任、总经理那样的好师傅，能够挖掘出更多的医药技术人才，将他们放到合适的岗位上，打造出更精干的技术团队。

 职场心路：职业寄语

这就是我从一个操作工学徒成长为企业副总经理的故事。职业规划是会随着人生状态的变化而改变的，正如童年时我梦想以后要成为一名老师，也曾努力去考教师资格证，虽未能走上三尺讲台，但我初心未泯。身为企业管理者的我，如今也像自己曾经的老师和师傅那样，正孜孜不倦地向年轻人传授着要善于将"经历"化为"履历"的道理。

（供稿单位：制药工程学院）

54. 道桥设计梦想照进现实

姓　　名：杨余青
职业岗位：金华市交通规划设计院有限公司道桥设计师
所学专业：道路桥梁工程技术
毕业时间：2009年7月

道桥设计，尽显匠心。
空间的联结，时间的蔓延。
用专业与热爱绘制城市发展的脊梁。

　　我叫杨余青，现任金华市交通规划设计院有限公司设计二室副主任、院长助理。2009年7月毕业于金华职业技术学院道路桥梁工程技术专业，大学期间曾获国家奖学金、浙江省优秀毕业生、校优秀学生干部等荣誉，2012年获得浙江工业大学土木工程函授本科文凭。

　　从事道桥设计工作16年来，面对复杂的地形，我会有条不紊地勘察；面对繁杂的数据，我会耐心细致地处理；面对艰苦的环境，我会乐观积极地应对。这些性格特点，使我在道桥工程师的道路上越走越稳，越走越远。

 ## 高中时期：职业萌芽

　　我出生在绍兴，这里水系纵横交错，桥梁星罗棋布。高中就读于绍兴华甫高级中学，学校注重人文教育，经常组织与桥有关的探索活动，让我们去领略桥的文化。

　　在我的家乡，有一座与赵州桥齐名的古桥——八字桥，它是国内现存最早的大型古代城市桥梁之一。八字桥陆连三路，桥中有桥，被誉为古代的"立交桥"。回家路上我会经过镜湖大桥，每次看到巨大的桥墩扎根于水中，高耸的主塔拉起了悬索，修长的悬索轻盈而有力，都会被现代悬索桥的魅力所震撼。探索桥梁世界奥秘的愿望在我心中悄悄滋长。当在志愿手册上看到了金华职业技术学院的"道路桥梁工程技术专业"时，我毫不犹豫地填报了。

高职时期：职业启航

2006年，我考入了金华职业技术学院道路桥梁工程技术专业。入学前，我对道桥专业的认知仅停留在造路、造桥的表层。真正开启学习之旅后，我才逐步领略到道桥的深层内涵与重要意义。

入学后，我学习了工程测量、CAD制图、结构力学等课程，工程测量课上我学会了水准仪、全站仪的使用方法，CAD制图课让我能够熟练看懂、绘制专业图纸，结构力学课的理论基础则在我的"涵洞项目"中发挥了巨大作用，这些知识成了我日后工作中披荆斩棘的"宝剑"。

为提升专业能力，我参加了大学生结构设计竞赛，赛题是设计一座能承受更大荷载的桥梁结构模型。在李卫平老师的指导下，我和队友们开启了日夜奋战的模式。初步设计阶段，我们借鉴经典拱桥结构的抗压优势和桁架桥强度高、自重轻的特点，设计了一座拱桁架组合桥。模型制作阶段，为确保桥梁的强度，我们不断调整杆件的布置和节点的连接方式，一次次进行力学模拟分析。在这个过程中，我感受到了桥梁结构的独特魅力，每一个精心的设计、每一处恰当的受力分布，都是艺术与科学的巧妙融合。

在校期间，我经历了两次实习。第一次实习主要从事绍兴港码头路基路面施工工作，在师傅的指导下，我的主要工作是基层材料的摊铺、路面压实等。在那里，我亲身感受了施工现场的艰苦环境，也收获了诸多书本之外的实操经验。

第二次实习，经道桥专业王炎老师推荐，我进入现在工作的单位——金华市交通规划设计院有限公司。实习期间，我有幸跟着一位老师傅参与了一个小型桥梁的设计项目。从最初的现场调研，了解桥梁所在地的地形地貌、交通流量等情况，到根据收集的数据进行桥梁结构的选型和初步设计，再到反复验算和优化设计方案，以确保桥梁的安全性和经济性，我全程参与其中，并圆满完成师傅交办的每一项任务，最终得以留任。

这两次实习都是我宝贵的经验，它们共同塑造了我对道桥行业的认知和追求。施工基础是构建优质道桥工程的基石，每一个看似平凡的施工环节都对整体工程质量起着至关重要的作用。而设计工作不仅需要严谨的科学计算和创新思维，更需要对各种因素进行综合考量和权衡。相比之下，后者更具有挑战性。于是，我坚定地选择了道桥设计作为终身职业目标。

 工作时期：职业实践

2009年，我毕业后立刻投身道桥工程设计领域。

入职后，我第一次独立完成的项目是涵洞设计。那是2010年1月，我被公司派往杭州参与"东永高速公路工程"项目，负责涵洞设计，对我来说，这是全新的挑战。初至项目现场，复杂的地形和严苛的技术要求令刚入职场的我压力如山。但我毫无退缩之意，绝不会让这个"涵洞项目"成为我职业生涯中的"寒冬项目"。我从自己所学的知识中搜索答案，并翻阅大量文献资料寻找突破口。白天我跟随经验丰富的师傅们穿梭于工地，仔细勘察每一处涵洞的位置及周边地质状况，夜晚则在简陋的宿舍中，面对图纸和计算数据苦思冥想，反复钻研。经过30天的奋战，我最终完成了承载能力的精确计算，并绘制了完整的涵洞施工图，得到了师傅的认可。

最令我难忘的项目是42省道磐安县下葛至潘潭段改建工程与20省道浦江联盟至古塘段改建工程。那时我是助理工程师，主要负责公路的设计。这段工作经历让我体会到，路线设计是公路工程建设的核心，我的工作不仅仅是绘制一条道路的轨迹，更是为人们的生命安全保驾护航。公路设计师工作的意义在于，每一条合理的弯道、每一个合适的坡度，为人们构建了一条安全的通道。一条条设计良好的公路连接了城市和乡村、人类与自然，缩短了空间、时间、文化的距离。

2015年成为工程师后，迎来的最大考验是我作为项目负责人主持235国道金华婺城至武义公路婺城段工程的设计。为拿出最优设计方案，我深入实地考察，与团队进行了反复研讨论证。项目采用当时发布不久的《公路工程技术标准》，面对新的标准，我转变了设计理念，不再单纯依赖交通量来确定技术等级，而是充分考虑公路的功能在其中的主导作用，从路网整体去规划设计。工程还涉及大、中型桥梁和隧道的建设，这些桥梁和隧道的设计也是难点之一。在方案研讨会上，各种观点激烈碰撞，我凭借积累的经验和敏锐的判断力，果断做出决策。初步设计完成后，我结合各专业技术人员对重大复杂问题的意见，提出最优解决方案，并形成了完整的施工图设计。最终，这个项目荣获了2022年度金华市建设工程"双龙杯"奖（优秀勘察设计）综合设计类（交通）一等奖。

职场心路：职业寄语

一路走来，有欢笑也有泪水，有成功也有挫折，我对这一路上收获的一切都倍加珍惜。对未来，我满怀期待，充满力量，保持对道桥事业的热爱和敬畏之心。我将紧跟时代的步伐，关注行业的最新动态，学习最前沿的技术，让自己的设计理念始终保持鲜活和创新，让我手中的每一条道路都平坦顺畅，每一座桥梁都坚固耐用。

（供稿单位：建筑工程学院）

55. 实干笃行，一名轨道交通人的技术精进之路

姓　　名： 鲁浩杰

职业岗位： 宁波市建设集团股份有限公司市政工程项目经理

所学专业： 道路桥梁工程技术

毕业时间： 2011年7月

我从道路桥梁施工员做起，

成长为市政工程项目经理。

我是一名全国市政公用工程一级建造师，

服务于城市道路桥梁及轨道交通建设，

为加快建设交通强国贡献青春力量。

　　我叫鲁浩杰，2011年毕业于金华职业技术学院道路桥梁工程技术专业，现就职于宁波市建设集团股份有限公司，主要负责城市道路桥梁及轨道交通的项目工程管理。

　　2011年我参加工作后，从实习生、道路桥梁施工员、项目总工成长为独当一面的市政工程项目经理，考取全国市政公用工程一级建造师，获评市政道路桥梁高级工程师。一路走来，一路成长。

　　"心有繁星，沐光而行；凡心所向，素履以往。"工作14年，风雨兼程，凭借坚韧的拼搏精神、深厚的施工技术、卓越的管理能力，带领团队屡创佳绩，我自豪地告诉大家：我无愧于一个轨道交通人的执着与坚守。

 ## 高中时期：职业萌芽

浪子回头寻梦，报考道桥圆梦"金职"

　　高中时期，我就读于余姚市第三中学，我的成绩并不突出，而且严重偏科。坦白说，高中时期的我学习不太认真，缺乏学习内驱力，只有在外界提醒和逼迫时，才会抓紧学习。

　　然而，浪子也会有回头时。那是2008年，高考前夕，我国西部发生了重大地震，使得

许多大型桥梁、房屋顷刻倒塌，电视上出现的一幅幅悲壮画面刺痛了我的双眼。那时我就想，如果我有技术，一定要建造牢固的房子，架起坚固的桥梁。在我的认知里，公路、隧道、桥梁、管线……这些都属于服务城市建设的一部分，是实实在在服务百姓的城市基础设施。于是，在填报高考志愿时，我选择了金华职业技术学院道路桥梁工程技术专业。

 高职时期：职业启航

专注技能训练，勤学苦练破茧成蝶

第一次走进金华职业技术学院的大门，我就被美丽校园风景所深深吸引，从西大门到鹿田南苑、稻花香大食堂，再到桃李亭、东教学楼，都激起了我对美好大学生活的向往。那时，我就在心里暗暗告诉自己，高中荒废掉的学业，大学里我一定要赶上。

回望大学生活，我特别感谢学校搭建的各类平台，让我拥有展示自己才能的机会，并在大大小小的各类"舞台"中不断锻炼成长。大一时，我便报名加入了学生会保卫部，成为学生会的一名干事。不论是搬桌子、打扫卫生，还是组织活动等，我都非常用心去做，把事做到位。或许是因为我特别踏实肯干，一年后，我成为保卫部部长，并多次获评"优秀学生干部"称号。这段学生干部经历，极大提升了我的沟通表达能力、组织管理能力等，这也是我从学生身份转换到社会工作者的一个宝贵经历。

在专业学习上，我认真努力地学好每一门功课，特别喜欢工程管理相关的课程。那时，我对工程测量特别感兴趣，这门课程我学习得非常投入。在测量实训周期间，我不放过任何一个测量点、任何一个测量数据。虽然实训过程很辛苦，但我深知这确实是最好的训练技能的方法了。当顺利完成测量任务时，特别是在校园地形测量测绘比赛中，拿到了第一名的好成绩时，我感到无比开心和满足。

大学里获得的实践经验使我终身受益，在我毕业后的实际工作中也不断得到了验证。工作后的第10年，我参加了宁波市青年建筑工程测量技能大赛，还获得了三等奖。

 工作时期：职业实践

扎根施工一线，实干成就出彩人生

大学毕业后，我选择回家乡工作，顺利入职宁波市建设集团股份有限公司，最初的工作岗位是施工员，主要从事城市快速路桥梁的施工管理工作。只要在施工现场，我就好像一只上足了发条的闹钟，施工现场的各个角落都留下了我的足迹。施工员的工作很辛苦，风里来雨里去，但正因为这段扎根施工一线的经历，让我获得了丰富的施工现场管理经验。

6年如一日坚守在工程建设项目一线，我在不断的磨炼中成长为一位懂技术、善管理的工程管理人员。2017年，我被公司提拔为施工主管，在宁波市机场快速路工程建设中担任主施工负责人。该工程长约2064米，高架主线系统沿线设置一对平行匝道，沿线设2座高架车站。施工难度特别大，宁波地区属于淤泥质的软土地基，降低承台的开挖深度，降低施工作业风险至关重要。经过深入的分析与研究，我提出了"加长桩基长度来降低承台土方开挖深度"的合理化建议，有效降低了基坑的开挖深度，得到了周边业主和设计方的认可。2018年，我获得了机场快速路南延工程2018年第一季度综合管理考评"优胜个人"荣誉。

2019年，我成为宁波市轨道交通4号线工程站外给排水工程的项目经理，带领团队保质保量完成4号线范围内16座地下车站市政给排水管线配套工程，实属不易。与各方属地单位沟通协调考验着我的沟通能力；有效地解决各个作业面施工进场许可考验着我的组织管理能力。那如何给甲方与乙方都交出满意的答卷呢？作为项目经理就要精心组织项目部人员对施工影响区域内管线分布情况进行摸排，围绕难度找方法，细化方案，重点跟进，形成每日进度跟踪机制，切实保障工程进度。经过几个月的奋战，工程竣工的那一刻，我才放下心来。

作为一名工程项目经理，为攻克技术难题，"5+2""白+黑""全天候"作战模式是我的工作常态。2022年6月开始，我在宁波市轨道交通6号线一期土建工程TJ6101标段担任项目生产经理。为了能够实时监测基坑变化，确保风险可控，我与项目部决定采用自动化监测系统，在施工过程中重视数据采集和分析，对风险进行动态控制。同时，我积极组织管理人员24小时轮班值守，紧盯施工全过程，确保生产工序的快速衔接以及安全文明施工的严格落实。最终，在所有施工人员日夜不息的努力下，车站站基坑封地工作较原计划提前5天完成，为后续施工创造了良好的条件。

技术创新是交通建设者追求卓越的通道之一。在实践中创新，在施工一线中研究，是我的梦想。我参与了"提高双层高架Y型墩模板一次安装精度"QC小组课题研究，与伙伴们一起攻克了难题，获得全国市政工程建设优秀质量管理小组二等奖。

 职场心路：职业寄语

"在奋斗中作为，在实干中担当，以奋斗砥砺信仰，用实干坚守初心"，这是我的工作信念。我是一名90后工程建设者，能服务企业蓬勃发展，能推动宁波轨道交通发展，能助力中国建设产业进步，能走在社会主义现代化建设的最前列，我充满骄傲。未来，我将继续发扬敢打敢拼和善打硬仗的攻坚克难精神，成为工程建设项目的真正"领路者"。

（供稿单位：建筑工程学院）

56. 修桥铺路，"一带一路"上的筑梦人

姓　　名： 兰智斌
职业岗位： 浙江八咏建设集团有限公司国际分公司工程部经理
所学专业： 道路桥梁工程技术
毕业时间： 2013年7月

从测量员到隧道技术员，

我一步一个脚印去丈量祖国山河；

踏上海外修桥铺路之旅，

匠心筑梦"一带一路"建设。

　　我叫兰智斌，2013年毕业于金华职业技术学院道路桥梁工程技术专业。"逢山开路，遇水架桥"，这是我的人生态度，也是我的工作写照。我是一名桥隧工程师，现就职于浙江八咏建设集团有限公司，负责公司海外项目的工程管理，践行国家"一带一路"倡议，为中非友好合作贡献自己的青春力量。

 高中时期：职业萌芽

种下理想种子，燃起修路报国梦想

　　高中时期，虽然我学习很努力，但学业成绩平平，加之高考发挥失常，我成了班上为数不多未考上本科学校的学生。那时，我很感激父母对我的"放手"，让我自己去

选择未来的路。"要致富先修路"，刷在村里墙上的这条标语，点燃了我的筑"路"梦想，更是激起了我想要为祖国"建功立业"的热情。于是，我毅然填报了金华职业技术学院道路桥梁工程技术专业，开启了我在金职的求学之旅。

 高职时期：职业启航

大学踔厉奋发，夯实专业技能基础

对待专业学习，我十分努力刻苦，上课认真听讲，及时练习，课后经常在图书馆学习其他知识，丰富自己的知识储备。我印象最深的是周敏老师的"路基路面工程"课程，"修路先修路基，路基就像千层饼一样，是一层层铺起来的""打好基础就像是搭建一座大厦的地基，只有地基牢固，大厦才能稳固"，我也在周老师的课上，体会到打好学习基础的重要性，通过系统地学习基础知识，才能更深入地理解和掌握后续的学习内容。因此，我尽力学好每一门专业课、每一项实训项目，连续5个学期获得校优秀学生一等奖学金。

大学是学习技能的地方，更是学习"学习能力"的场所。大学期间，我积极加入学生组织，从学院勤工助学中心干事做起，成长为学院勤工助学中心主任。2012年暑假，我作为队长带队前往金华市婺城区箬阳乡开展暑期三下乡社会实践活动。天气炎热，条件艰苦，但我们都没有退缩。我们开展了看望孤寡老人、陪伴留守儿童、举办文艺晚会、访谈退伍军人等活动，受到村民的一致好评，得到了乡政府的感谢。这段经历让我意识到，无私的付出可以让我们的生命变得更有意义、更有价值。我也因此多次获得校"优秀学生干部"称号，并获评浙江省优秀毕业生。

闲暇之余，我积极参加校内外勤工俭学活动，在图书馆当管理员，边整理图书边读书，既赚取生活费，又锻炼自己。我觉得大学期间，发展一二个兴趣非常重要，我非常喜欢乒乓球，经常去球馆打球。2020年，我去埃塞俄比亚出差时，和当地的一位总监理工程师结下深厚的友谊，就因为我们都有共同的爱好，喜欢乒乓等。

 工作时期：职业实践

三次破格晋升，"一带一路"续写华章

2013年3月，在大学老师的推荐下，我顺利进入浙江八咏建设集团有限公司的磐安42

省道公路施工项目部实习。刚进工地，项目经理让我做测量员，虽说在校内有过实训，但到了真正的施工现场，才发现自己不会的地方有很多。实习期间，我每天跟在师傅身后，抢着干最累的活。一个星期后，师傅就让我独立做路基放样，他在边上盯着我并提醒要点，那时我的本子上密密麻麻记录了很多测量放样的知识。独立学会路基放样后，项目经理安排我去做隧道技术员。当时我参与的项目是一级公路，摆在面前的难题是项目部没有人懂隧道施工管理，而当时学校里也没开设过隧道相关课程。作为管理施工班组的突击手，我吃住都在隧道现场，从最基础的学起，上网查找隧道施工知识，跟在隧道班组技术员身边偷学。遇到不懂的，除了请教他，还上网搜索、看视频，再到现场对比。一个月后，我掌握了隧道的施工基本原理和技术要点。我还主动承担隧道监控量测和质检资料整理的工作，兼任隧道材料员。我不怕吃苦、勤于学习、勇于钻研的态度，得到项目经理的肯定，顶岗实习一结束，项目经理就向公司推荐我，让我成为一名真正的"八咏公路人"。

2015年3月，我担任当时公司最大项目的隧道技术员，那是330国道永康段改建工程，是一级公路，项目造价4.2亿元。我负责的也是当时公司最大的隧道工程，双向六车道，双洞总长2500米，涉及隧道浅埋段、车通及人通，施工难度较大。困难面前，我从不退缩，只会埋头苦干。除了现场施工，我还承担隧道相关的技术资料及变更、与监理及业主沟通的任务。四个月后，我被破格提拔为隧道工区副主任兼隧道技术负责人，带领4名隧道技术员全面管理隧道现场技术。那时，常有人对我说："你拿着技术员的工资，为什么这么卖力地做着项目总工的工作。"而我只想着踏踏实实尽自己最大的能力做好事，相信只要努力，肯定会有回报。

2016年底，我再次被破格提拔，24岁的我成为公司最年轻的项目技术负责人，对我来说，是一个全新的挑战。当时我主管整个项目技术，主持变更、计量工作，处理与监理、设计员及业主的协调工作，分管民工工资、安全及项目部内部管理。项目后期，我还兼任项目副经理的工作。由于在民工工资分账管理上的出色表现，金华市建设领域落实"治欠保支"长效机制现场推进会上，我被邀请做工作报告，被武义县交通局邀请授课。正是我的持续学习，把能力变成了习惯，持续保持"只谈奉献、不讲回报"的态度，才使我在工作上日益成长。

我职业生涯的一个重要转折点是被集团董事长破格越级晋升为国际分公司工程部经理，负责集团海外项目的工程管理工作。2020年9—12月，我负责主持埃塞俄比亚拉宁项目的路基变更，首次引用中国的复合土工膜，解决了埃塞俄比亚西部地区大量存在的黑棉土而不能作为路基填料的问题。因此，我受邀前往埃塞俄比亚国家公路局进行专题报告，并吸引了三批埃塞俄比亚专家前往现场进行交流学习。其间，我首次学习使用

"Rocscience Slide v6.020"软件进行路基稳定性分析，用"GeoStudio 2018 R2"软件进行路基稳定性验证，这些都是纯英文版的工程软件。2021年9月，我带领的团队获得了埃塞俄比亚甘贝拉州政府颁发的荣誉表彰证书，同时项目也获评金华市贸促会颁发的"婺非合作十佳案例"奖。

2022年11月，集团公司的海外项目及共建"一带一路"成果得到媒体关注，我接受了金华电视台的采访。作为国家"一带一路"倡议的践行者和受益人，我也不断为中非友好合作贡献自己的力量。

 职场心路：职业寄语

沧海横流，方显英雄本色；青山矗立，不堕凌云之志。在困难面前，我始终勇往直前，一路攻坚克难。未来的路还很长，但我坚信，只要脚踏实地，一步一个脚印，定能走出属于自己的精彩人生，在"一带一路"项目建设中熠熠生辉。

（供稿单位：建筑工程学院）

---

57. 湿地的绿色"宣传员"

姓　　名： 杨作英
职业岗位： 杭州西溪湿地运营管理有限公司策划专员
所学专业： 景区开发与管理
毕业时间： 2012年7月

创意策划，点亮景区魅力；
精准定位，驱动旅游新体验；
策略布局，引领景区繁荣发展。

我叫杨作英，2012年毕业于金华职业技术学院景区开发与管理专业。现在就职于杭州西溪湿地运营管理有限公司。自从大学毕业后，我一直在西溪湿地工作，到现在已有

12年了。从一开始的讲解员，到现在的策划专员，在这期间我收获了很多，曾在2014年荣获杭州市首届景区景点金牌讲解员，2016年荣获"杭州市西湖区优秀职工""杭州市金牌讲解员（第一名）""杭州市杰出青年岗位能手"，2017年获得"杭州市西湖区最美旅游人"，2021年荣获杭州西湖风景名胜区第十三届青工技能比武三等奖，2023年被评为"杭州市青年联合会2022年度优秀委员"等多项荣誉，并在2016年被认定为杭州市高层次人才（E类）。

 高中时期：职业萌芽

高中时期我就读于浙江省德清县职业中等专业学校，这是一所综合高中，学校里有普高班、高职班、职高班。高一、高二我读的是学校里的普高文科班。成绩当时在班里属于中等。在高三分班时，我出于对旅游的喜爱，加上性格活泼外向，善于与人交往，选择从普高班转到学校的职高酒管班，走职业教育的道路。我很庆幸当初自己的选择。虽然考大学的专业选择被限定了，但是对于未来的职业目标更明确了。快高考时，班主任告诉我们有几个大学有自主招生考试，如果考上了，可以直接去报考的大学。抱着试一试的心态，我选择了几所学校，其中金华职业技术学院是我最心仪的一所。经过笔试和面试，我顺利通过自主招生考试，当时的心情别提有多高兴了，就这样我好像离自己的未来目标又近了一步。

 高职时期：职业启航

在金华职业技术学院，我选择了景区开发与管理专业，跟着老师走进景区进行调研，参与景区开发项目，学习景观设计，亲身体验了从调研到项目规划的全过程。调研时，老师引导我们细致观察游客与环境互动的行为，教会我们如何捕捉游客的潜在需求与景区的改进空间。面对复杂的景观设计挑战，老师总是以启发式的提问，鼓励我们创新思维，共同探索解决方案。其中有一次让我记忆尤深，老师给我们提出了一个问题：如何在保护自然生态与满足游客需求之间找到平衡点？当时我们全班学生都投入了激烈的探讨中，我们既担心过度的开发会破坏原有的生态环境，但又希望为游客提供丰富多样的体验。为了攻克这一难题，我们采取了多方参与、科学规划的策略。我们邀请了一些专业老师共同参与讨论，通过实地考察、数据分析等方式，制定了既保护生态又兼顾游客需求的开发方案。

这些都让我感到快乐、充实，充满了成就感，也让我更加期待毕业后能进入这个行业。大三最后一学期的实习，我选择了离家比较近的杭州西溪国家湿地公园讲解员工作。作为一个5A级景区，我相信自己一定能在这里学到更多有用的东西。

 工作时期：职业实践

从金华职业技术学院毕业后，我正式入职杭州西溪国家湿地公园，成为一名初级讲解员。初入职场，我深知自己肩负着传递湿地知识、弘扬生态文化的重任。因此，我以满腔的热情和严谨的态度，投入到每一次的讲解工作中。

在担任初级讲解员的日子里，我不仅深入学习了湿地生态系统的相关知识，还积极研究讲解技巧，力求将复杂的专业知识以生动有趣的方式呈现给游客。我走遍了湿地的每一个角落，从繁茂的芦苇荡到静谧的池塘边，从古老的建筑遗迹到现代的生态保护设施，我都如数家珍。

为了提升自己的讲解水平，我还主动参加公司组织的各类培训和学习活动，不断吸收新的知识和理念。我虚心向经验丰富的老讲解员请教，认真倾听游客的反馈和建议，不断优化自己的讲解内容和方式。同时在大学期间，我也积累了大量关于景区特色、景点故事及文化内涵的知识，这些知识成了我作为讲解员时吸引游客、传递信息的宝贵资源。我能够生动、准确地讲述每一个景点的故事，让游客在游览过程中获得更加丰富和深刻的体验。

正是凭借着这份对工作的热爱和不懈努力，我在初级讲解员的岗位上迅速成长起来，多次代表公司参加杭州市及西湖区的金牌讲解员大赛，并凭借出色的表现赢得了评委和观众的一致好评。随着时间的推移，我逐渐从一名默默无闻的初级讲解员成长为业界的佼佼者，连续两届荣获杭州市金牌讲解员的殊荣。

基于对湿地的深厚了解及个人对摄影的热爱，我创立了自己的公众号，定期发布湿地植物科普内容，深受同事好评。正因为公众号的运营经历，2018年我被调至公司品牌宣传部门，正式接管公司的自媒体运营。尽管运营个人自媒体已驾轻就熟，但接手公司账号对我而言既是挑战也是新起点。通过不懈努力与持续学习，我迅速适应新岗位，昔日的讲解经验为我在新领域的工作奠定了坚实的基础。

从最初的微信编辑新手，到如今能够独立完成官方微信推文的选题、编辑与发布，我的成长有目共睹。我运营的"西溪湿地"官方微信推文，多次获得区、市级官方微信公众号的青睐与转发。此外，我还组织了各种各样的线上活动，深受粉丝喜爱。在短视频领域，我同样表现出色，不仅负责拍摄制作视频，还积极参与各类短视频创作大赛，如2021年杭州西湖风景名胜区第十三届青工技能比武中，我的作品荣获三等奖，拍摄的照片也频繁出现在各大媒体平台上。

杭州西溪国家湿地公园，这片融合了城市、农耕与文化的湿地瑰宝，因为一批批宣传者的不懈努力而更加熠熠生辉，而我很荣幸，是他们中的一员。作为湿地的忠实"宣传员"与"传播者"，我希望通过自己的力量，让更多人了解并爱护这片珍贵的湿地。展望未来，我满怀憧憬，期待西溪湿地能成为更多人心灵的绿洲，成为连接自然与人文的桥梁。

 职场心路：职业寄语

对于未来，我满怀信心与期待，我希望西溪湿地能够持续健康发展，成为生态保护与旅游发展的典范。同时，我也衷心祝愿母校未来的发展可以越来越好，在新的职教本科的道路上培养出一批又一批为技能强国贡献力量的优秀学子。同时，对于将来要从事旅游或景区行业的学弟学妹们，我想给出一些建议和指导。

首先，保持对行业的热爱与兴趣至关重要。只有真正热爱这个行业，才能在面对困难和挑战时保持持久的动力和热情。通过积极参与实践、了解行业动态和趋势，不断深化对行业的认识和理解。

其次，注重培养自己的专业技能和素养。无论是导游、酒店管理、旅游规划还是景区管理等岗位，都需要具备扎实的专业知识和实践技能。因此，学弟学妹们应该认真学习专业知识，积极参加实践锻炼，不断提升自己的专业素养和综合能力。

此外，关注行业的可持续发展问题也至关重要。随着旅游业的快速发展，环境问题、文化冲突等问题也日益凸显。因此，学弟学妹们应该注重关注行业的可持续发展问题，积极推广环保旅游、文化旅游等新型旅游方式，为行业的健康发展贡献自己的力量。

最后，我希望学弟学妹们能够保持积极向上的心态和乐观向上的精神风貌。本行业经常需要面对各种挑战和困难，此时保持积极向上的心态和乐观向上的精神风貌是非常重要的。只有保持积极向上的心态和乐观向上的精神风貌，才能不断克服困难、迎接挑战、实现自己的梦想和目标。

（供稿单位：文旅学院）

58.“美育远航”，争做孩子的船长

姓　　名：廖双双
职业岗位：文成县第三实验小学美术教师
所学专业：美术教育
毕业时间：2008年7月

面对我最热爱的教育事业，
我要将美育的种子撒进每个孩子的心田，
以艺养德、以美育人。

　　我叫廖双双，是一名小学美术教师，毕业于金华职业技术学院美教052班，现任文成县第三实验小学美术教师，“以艺养德，以美育人”是我对美术教学的追求。在职期间，我多次荣获温州市"尊重教育、尊重人才突出贡献个人"、温州市"教坛新秀（瓯越领军教师）""文成县名教师""文成县高层次人才""2023年浙江省先进教研组（组长）"等荣誉。我常想，做好教育教学工作不仅能够更好地服务学生成才，实则也促进了自我成长。

　　回忆起自己求学路上的"孤注一掷"，每一次选择现在想来都不曾后悔。高中时，半路出家，选择艺考。填高考志愿时，舍本求专。由于民办本科四年仅学费就要8.8万元，对于20年前我家这样的农民家庭来说根本无法负担。于是我瞒着父母，舍弃本科志愿，直接填了专科志愿，并选择了我最爱的美术教育专业。既然选定了前行的路，我就要全力以赴。

 高中时期：职业萌芽

　　高中时期，我被"挖"到了艺考这条赛道上，虽算半路出家，但是开弓没有回头箭。

　　我出生于浙江省温州市文成县，文成县在所谓的"山沟沟"里，四面都是山峰，山地的面积占全县的四分之三，曾经是浙江省内的贫困县之一，而我家就在贫困县的最贫困的山头，我就是最纯正的大山里的孩子。高二的时候，面对文理分科的交叉路口，很多同学都对自己的未来有了筹划，而我的成绩属于不上不下的尴尬状态。老师说我是普高生中画画最好的，艺考生中文化科成绩最好的，多次劝我去参加艺考，这让我看到了艺考的希望。就这样，我成功被"挖"到了艺考的赛道上。

 高职时期：职业启航

高职是我"脱胎换骨"的炼丹炉，三年的高职生涯塑造了一个积极向上、阳光自信的我。

在金华职业技术学院三年的学习时间里，我系统、全面地学习了美术教育专业的理论基础知识，同时将理论知识应用于实践活动中，积极参加学校组织的各项活动，努力成长。从学院团委学生会的组织部干事到宣传部部长、生活部部长，这些工作经历都锻炼了我的办事能力。

通过专业知识的学习实践，塑造了一个充满自信的我。学院基于我们今后就业可能遇到的问题，及时设计解决方案并开展实践。例如，考虑到我们毕业后可能会被分配到偏远地区执教，需要担任主科教学工作，因此为我们开设了一年的小学语文基础教学研修课。一年的小学语文教学研修课，让我的课堂教学语言表达能力有了很大提高。另外，学院还开设教师微格教学实践，经过两个学期的微格教学实践和见识实习，让我有了试课、说课和模拟上课的经验。考编是大多数美术教育毕业生的首选，正因为三年高职扎实有效的学习实践，让我在第一年就从众多的竞争对手中脱颖而出，最终以笔试第一、试课第一的好成绩赢得了唯一的教学岗位。

大学班主任曾说我每学期都能拿奖学金，"边学边赚"的节奏让人羡慕。其实，令人惊喜的结果往往都不只是源自一个人的努力，我的成功上岸离不开每位专业老师辛勤的付出和课内课外的暖心加持。

 工作时期：职业实践

工作16年，我的教学经历分为三部曲：乡—镇—县，时间在变、空间在变，但是教育的本心不变。

在任教的16个年头里，面对我最热爱的教育事业，我勤勤恳恳、兢兢业业、热爱学生、讲究师德，认真落实学校各项工作部署，履行教师各项工作职责。在教学过程中，我尊重学生的人格，平等、公正对待每一个学生，并在各项教育教学工作中取得诸多成绩。

2008—2011年，我来到了文成县朱雅乡校任教，在这个偏僻的乡村，我也始终没有丝毫松懈，既任教语文课又兼一个班的英语课。质朴的孩子们让人心生怜悯，我常把从县城带去的水果、零食分给他们吃。当时就一个信念，怎么样都不能误了孩子们的学习，所以我就常帮住校的孩子们免费做课后辅导。学生家长为了表示感谢，步行十余里，挑了一担子东西送给我，有一盒刚捣好的年糕、一刀刚宰的猪肉、几棵大白菜，还有一只活蹦乱跳的大公鸡。不管我怎么拒绝，家长请我一定要收下。这应该是农村人的厚礼了，让我十分感动，也深知作为一名老师就该尽职尽责。

2011—2019年，我调入文成县玉壶镇中心小学，从此开始了我热爱的美术教学工作。同年参加浙江省中小学教师90学时木刻版画培训，学员们都在教室学习到凌晨一两点，这大概是每个美术人对艺术的热爱。于是我回到学校趁热打铁开设黑白木刻社团，一干就是8年，我带出了1000多个小徒弟，我的徒弟遍布世界。特殊的侨乡儿童来了一批又出国了一批，可我却从不厌烦。我指导学生的木刻作品多至几千幅。工具材料紧张，我就让学生双面刻，节省板材。我利用午休时间上社团课，一双手常常都是油墨，甚至脸上、耳朵上、鼻子上、眼睛上、衣服上都有。在乡镇的教学工作虽然繁忙，但我乐在其中，我的教学成果也受到了来自家长、学校同事、省市级领导的一致好评。

2019年，我被选调到文成县第三实验小学，又开启了我的新征程。这是一所崭新的学校，这也意味着什么都刚刚开始，我们的美术教学工作以及学校特色建设都紧锣密鼓。可以说在实验三小的每一天都十分忙碌充实。令我喜出望外的是，2023年文成县第三实验小学美术教研组获得"浙江省先进教研组"。作为教研组组长，我深知其中的艰辛与不易。

从教以来，我积极投身于教育教学工作，并承担文成县廖双双名师工作室负责人，努力为骨干教师搭建学习交流平台，创设向美育专家学习的机会，承担县市级讲座，开出展示课、公开课、公益课、送教下乡课等共计23节。

职场心路：职业寄语

有人说教师不是诗人，不能用优美的诗句讴歌自己的职业，而是用青春热血来完成一个个平凡的课堂！我也希望学弟学妹们，能够学习好专业知识，掌握好学科技能，锻炼好身体素质，珍惜好大学时光，提升文化涵养，成为更好的自己。

（供稿单位：师范学院）

59. 破圈生长的房企CEO

姓　　名：卜东风
职业岗位：新鸿隆祥地产集团执行总裁
所学专业：建筑工程技术
毕业时间：2009年7月

以勇气和执着一路披荆斩棘，
破圈不是我的极限。
从造价员到房企总裁的华丽转身，
不滞脚步，
奔赴新征程。

我叫卜东风，2009年毕业于金华职业技术学院建筑工程技术专业。在校期间，我曾担任院学生会主席，并获得国家奖学金、浙江省优秀毕业生、浙江省暑期社会实践先进个人等荣誉。目前我担任新鸿隆祥地产集团执行总裁，已考取一级造价工程师、一级建造师国家注册证书，并获评高级工程师。

回首我的职场路，它就像一部不断破圈生长的奋斗史。

 高中时期：职业萌芽

梦想折翼，逆境寻光，打破挫折圈

高中时期，我的梦想是成为一名人民警察。为此，每天晚自习结束后，我都会到操场上跑步，锻炼体能。高考成绩一出，我知道自己与心仪的警校失之交臂了，内心充满了失落和痛苦。

我的父亲是一名监理工程师，见我整日颓废在家，便带我前往他的工地。看着建筑工地上来来往往的运载工程车、笨重的水泥搅拌机，我的内心似乎被什么东西触动了。假如我跟爸爸一样是名建筑工人，绝不会如父辈那样做大量的重复劳动。我开始认真思考自己的未来，决定在建筑领域寻找自己的发展道路。就这样，我来到了金华职业技术学院，进入建筑工程技术专业的学习。

 高职时期：职业启航

行业启蒙，创新探索，打破困境圈

进入大学后，我学习了建筑施工技术、建筑材料等一系列理论知识，对建筑行业的构架和运作有了初步的认识。然而，纸上得来终觉浅，绝知此事要躬行，我希望能够在真实的工作场景中提高自己的实践经历，从而更全面、深入地了解建筑行业。大一的暑假我便前往建筑工地实习，怎料我的皮肤根本招架不住炎炎夏日的暴晒，脱皮、红肿等过敏症状接踵而至，难道我的建筑梦就此夭折了吗？我不禁思考：未来我还能往哪里？我欣喜地发现，还有工程造价的学习方向。而且我心思细腻，对数字敏感，适合做算量、计价等工作。找到了方向，我学习更有劲头了。没有课程安排，我就自学。虽然班长、学生会主席的工作占用了我大量的课外时间，但双休日时间是属于我自己的，于是我便骑车去三四公里外的严济慈图书馆（现为金华市图书馆），一待就是一天。就这样通过自学我积累了好多造价方面的理论知识。

工程造价最需要的是实践经验。因此在专业外聘老师的帮助下，大二开始，我便进入金华九天造价事务所学习，参与工程项目的预算和成本控制工作。其间，我跟随师傅参与大型商业项目暖通设备成本预算编制工作。我仔细研究资料，发现所配置的空调系统不匹配甲方的实际需求。我便深入市场进行调研，找到一款性能更合适的空调系统。经团队讨论评估，我的方案最终被采纳，为项目节省不少成本。这段实习经历，为我毕业后顺利入职造价咨询公司奠定了基础。

技能大赛是最能帮助我拓展专业知识的。在繁忙的学生干部工作之余，我毫不犹豫参加了"挑战杯"创新创业竞赛，并且成为参赛团队的核心成员。我带领团队成员深入探究了丽水地区山地建筑的特点和节能需求，提出了一套融合自然通风、太阳能利用以及新型保温材料的节能方案。我们的项目在院赛中崭露头角，顺利进入校赛，一路拼搏至省赛，最终荣获浙江省三等奖。正是这场比赛，让我明白建筑领域有非常多的技术需要创新。我也学会了时间管理，为我日后的创新创业奠定了基础。

从初入大学时的懵懵懂懂，到工地实习时的迷茫困顿，再到后来"挑战杯"获奖，收到工作offer，每一步都充满了挑战与成长。通过自己的坚持和努力，我找到了自己的职业方向，同时，这段历程让我拥有了面对未知挑战的勇气和信心。

工作时期：职业实践

职场磨砺，厚积薄发，打破舒适圈

一毕业，我成功入职浙江中瑞工程项目管理有限公司，从一名预算员做起，通过3年的努力，逐步成长为优秀造价工程师，主要从事审计、预结算、全过程跟踪审计工作，累计负责的审计及预结算项目200多个。其间任公司党支部副书记，并作为项目审计组负责人，牵头审计组为政府及企业累计审计核减造价约10亿元，受到委托方一致好评，并多次被公司评为优秀造价师、优秀企业标兵称号。

当工作进展得极其顺遂之际，一个难得的机会悄然降临。那时我站在了一个关键的抉择路口：是继续坚守在我熟悉且擅长的造价师岗位，稳步前行，还是勇敢地跳出舒适圈，投身于一个全新的行业，开启一段充满未知与挑战的旅程？经过一番审慎且深入的思考后，我选择了跨界融合，带着我的专业知识，跨行成了房地产成本经理。

进入新的行业，工作视角变得更为宏观，不仅要关注单个项目的成本细节，还要考虑整个项目周期的成本规划。为此，我花费大量时间学习最新的房地产成本管理理念和方法，不断更新自己的知识体系。我参加各类职场培训，着力拓展专业宽度和深度，在工程管理、营销、成本、招采、设计、法律、税务、运营管理等领域，不断磨炼自我，努力成为一名职业化的房地产复合型人才。我凭借出色的工作表现，多次被评为优秀管理者，从成本经理一路晋升至集团副总裁及董事长助理，如今我已担任公司执行总裁一职。

我先后参与操盘开发国字系、中央系、光璟系等50余个房地产项目，累计开发面积达600万平方米，总销售金额突破500亿元。我最为难忘的一个项目，无疑是"余姚·光璟佳苑"项目。这是我首次以项目负责人的身份在家乡精心打造的项目，意义非凡。从项目的规划设计到施工建设，每一个环节我都亲力亲为，不敢有丝毫懈怠。与团队成员一起头脑风暴，探讨如何将现代建筑理念与家乡的独特风貌完美融合；倒排作战图，监督工程进度，确保每一个细节都符合高品质的标准。当看到原本空旷的土地上逐渐崛起的一幢幢楼房，心中的成就感油然而生。这不仅仅是一个工作任务，更是一份沉甸甸的责任和使命，是我为家乡献上一份杰出的作品。更让我感到自豪的是，"余姚·光璟佳苑"项目助力公司荣获"2019中国房地产新锐品牌价值TOP10"。这个荣誉既是对公司发展的高度肯定，更是对我工作的认可。

在我看来，房地产行业不仅是建造房屋，更是塑造生活。我希望能打造出"四有好房"："有颜值的建筑"是我追求的外在魅力展现，"有温度的社区"是我渴望营造的温馨家园，"有匠心的品质"是我坚守的职业信条，"有魔幻的空间"是我勇于突破的创新追求。

 职场心路：职业寄语

安于一隅只会让自己停滞不前，只有不断破圈生长，才能实现更大的价值。回顾我从事建筑工程的16年历程，每一步都是向挑战的奔赴，每一步都是对自我的超越。建筑领域的发展必然日新月异，而我将一如既往地保持那份对未知的渴望和对挑战的热情，继续出发。

（供稿单位：建筑工程学院）

60. 一个在钢轨上"刺绣"的铁汉子

姓　　名： 施孔勤
职业岗位： 中国铁路上海局集团有限公司杭州工务段杭州线路车间副工长
所学专业： 建筑工程技术
毕业时间： 2017年7月

跨专业就业，
昼伏夜出，
打磨钢轨，精调铁路，
在毫厘之间做足"绣花"功夫。
涓涓细流汇聚成海，平凡岗位有不凡担当。

我叫施孔勤，2017年7月毕业于金华职业技术学院建筑工程技术专业，现任中国铁路上海局集团有限公司杭州工务段杭州线路车间副工长，是一名奋斗在一线的铁路人，就是大家在抖音、朋友圈刷到的"小黄人"。入职7年，我曾多次获得"先进个人""优秀

共青团员""青年岗位能手"称号，并在段职业技能竞赛中获得全能第一。

如果说治病救人是医生的天职，那么在钢轨上"刺绣"便是我的本职。从建筑行业到铁路系统，这过程需要多少努力，我想和你聊聊我的故事。

 ### 高中时期：职业萌芽

永不言弃，坚定选择

高中时期，我的成绩中等，而且偏科比较严重，甚至因为上课调皮捣蛋，难免被老师"特殊关照"，经常站在教室后听课。很感谢我的高中班主任，一个刚中带柔的男人。他对我的学习要求很严格，能一针见血地指出我的问题，也能在我困惑沮丧的时候，耐心地开导我，为我指引方向。因此，我并没有因成绩不理想自暴自弃，在班主任的鼓励和指导下，我加入了校学生会组织，既丰富了课余生活，又锻炼了能力。

我的高中三年很精彩，但高考成绩只超了本科线1分。与父母商量后，觉得与其花大价钱去读民办本科，还不如选择优秀的高职院校，学一门技术得以谋生。当时工程造价比较火热，我报考了金华职业技术学院工程造价专业，但因分数不高，最终被调剂到了建筑工程技术专业。

 ### 高职时期：职业启航

精进技能，积淀成长

开学前，我内心忐忑不安，因为从小没接触过建筑，对一些建筑知识也不太了解，也不清楚自己将要学什么。好在我们专业的课程都比较生动形象，例如，CAD课程，通过电脑软件，能将我脑海里的构图直观地体现在电脑屏幕上；力学课上，老师会用图文并茂、通俗易懂的方式分析受力情况，即使是我这样没有任何基础的学生也能快速理解并掌握。我最喜欢的是实训课，地上杂乱无章的红砖、水泥、钢筋，经过团队协同作业，按照图纸建起毛坯，成就感油然而生。万丈高楼平地起，我想就是这个道理。

高职3年，我担任班长、校学生会副主席、金华市学联执行主席、班主任助理等职，并于2015年12月28日光荣加入了中国共产党。在校期间，我投入学生会的时间较多，负责部门日常工作、举办晚会、协办各项会议、组织各项活动、联系企业拉赞助等。这些经历，让我从一个原本说话很小声的人，变成了一个在600人面前讲话从容不迫，经验丰富之人。

大学生活中印象最深刻的是2015年暑假，我被老师指派策划当年教师节庆祝活动。恰逢假期，同学们都还没有返校，毫无经验的我只能硬着头皮，根据有限的信息独自完成这份工作。"给老师献花"这事儿说来简单，但实际操作的时候问题层出不穷。我清楚记得单单策划书就修改了18回，好不容易通过了策划案，采购活动用具、明确人员分配、节目彩排等一系列问题又随之而来。当我顶住压力，落实好各项工作，看到活动圆满落幕的那一刻，悬着的心才真正落了地。

在这个过程中，我的统筹能力、交际能力、应急处置能力得到了极大锻炼，同时也让我明白了大局意识、责任意识、合作意识的重要性。这些大学收获的宝贵财富一直伴随着我，让我在工作上也能做到得心应手，遇到紧急问题不慌不乱。

 工作时期： 职业实践

昼伏夜出，实干笃行

从金华职业技术学院毕业后，我顺利被中国铁路上海局集团有限公司录用，成为一名铁路人。在很多人眼中，我是一个运气很好的人，大学一毕业就能进入国企，工作稳定，收入不错，只要不出大问题，一辈子都能这样安稳下去，就连我自己一开始也是这么认为的。可这些想象的美好，却在刚入职的时候，就给了我沉痛一击。铁路工作与大学是完全不同的体验。

正式入职前，我参加入职培训。一个月内，我必须完成所有课程，考取铁路线路中级工证，才真正有资格留下来。拿到培训手册的那一刻，我的内心是崩溃的，培训内容和我大学所学完全不同，我连题目都看不懂，就像是一个从来都没学过英语的小白，两周后要参加英语考试，且必须考及格。但我不想放弃，培训的一个月中，我没有出过一次学校，更不敢在课上打一次盹，考前连着好几夜通宵达旦。考试合格的那一刻我哭了，我为自己的努力献上自豪的泪水。

正在我庆幸自己能留下来时，第二次暴击又紧随其后。当时的导师要求我们试一下日常使用频次最多的机具——内燃捣固机。一台加满汽油的内燃捣固机，足足有90斤重，导师说："你们能拿着它连续作业两个小时，就是一个合格的铁路线路工，而且这还只是铁路工务众多作业项目中的一个。"人的潜力是无限的，别人能做到，而且工务段几乎人人都能做到，为什么我就不行呢？为此我每次都坚持多干一会，就算吃不消，比前一次多一秒也是进步。渐渐地，我从毕业时的"65公斤级选手"，蜕变成了"80公斤级"的合格铁路人，手臂也粗了一圈，看上去更壮硕了。

别看工务工作看似粗犷，要求却很高。钢轨几何尺寸标准都是以毫米衡量的，高速铁路更是以0.1毫米为计量单位的，零点几毫米的偏差，都会使高速运行的列车发生震动，让旅客感到晃动不稳，而我的日常工作就是为了解决这个零点几毫米的偏差。大家知道，高铁是没有方向盘的，转向全靠钢轨引导，转线全靠道岔扳动。当我接触到道岔，了解了道岔，才知道里面的学问有多深，光是常见型号就有9号、12号、18号、30号，有单开道岔、双开道岔、三开道岔、复式交分道岔、交叉渡线道岔，等等。不同种类的道岔各部位尺寸不同，所使用的配件不一样，处理"病害"的方法也不同。道岔"病害"较多，种类繁杂，一处"病害"有好几种整治措施，作为一名理工生，用自己思考得出的整治方法，把一处"病害"处理好，成就感非常大。

入职8年，我精进业务，参加了单位组织的技术比武和技能竞赛，获得全能第一的好成绩，成为单位的"技术能手"。我潜心钻研，在实践中改进技术，获得授权发明专利2项，成功晋升为副工长。我倾囊相授，成为新入职员工眼中的榜样和"老师傅"。

职场心路：职业寄语

铁路线路工的工作就像是"刺绣活"，除了要有奋斗在凌晨深夜的那份责任与担当，更需要以0.1毫米为计量单位的那份匠心守候。平凡的岗位不是梦想荒芜的绊脚石。我热爱这份工作，"精工筑基、匠心建业"的建工精神一直激励我、鞭策我。无论身处何地，我们都要以精湛的技艺、优良的品质，筑就坚实基础；也要爱岗敬业，创新发展，成就美好事业。

（供稿单位：建筑工程学院）

61. 自动化精英的卓越之路

姓　　名：冷雄伟
职业岗位：东莞市李群自动化技术有限公司产品经理

所学专业： 电气自动化技术

毕业时间： 2014年7月

技术征途上的璀璨明星，荣誉满载。

回望征途，是汗水与坚持雕刻了今日的自己。

展望前路，是创新与梦想引领着未来的方向。

心怀热忱，我愿以自身经历照亮更多人的技术之旅。

　　我叫冷雄伟，2014年从金华职业技术学院毕业步入职场，从基层的电气技术员做起。在基层工作中，我摆正心态，虚心向学，不断在实践中磨砺自己的技术能力和业务水平，通过自身的努力，成为公司产品经理。在担任产品经理期间，我全身心投入到智能工匠系列产品的研发与推广中，经过不懈的努力与创新，我所负责的两款产品在2023年均荣获了"广东省名优高新技术产品"称号。而在智能领域的创新突破和优异表现，更是赢得了第九届恰佩克工业机器人年度创新产品奖，这是对我们团队辛勤付出的最好回报，也是促使我不断前行的动力。

 ## 高中时期：职业萌芽

　　在高中阶段，我担任班级副班长一职。因为高中阶段学业压力较大，每当组织班级活动时，如何调动班级同学的积极性对我来说是一项挑战。在一次次的活动中，我的组织和协调能力得到锻炼和加强。在高中的学习中，让我印象比较深刻的是英语课程的学习。我的英语成绩其实一直以来都不理想，平均在40分左右。但我知道这是弱项也是突破点，后来我改进学习方法，凭借不懈努力，最终取得110分的成绩。虽然这个成绩可能对于其他人来讲并不算高，但对我来说是一个质的飞跃，更让我懂得如果自己将目标聚焦并为之奋斗终会收获成功。

　　我的高考成绩达到了本科录取要求，这让我面临着选择，是上一所较为普通的本科院校，还是选择一所好的高职院校精通一门技术？通过上网查询，我发现我对电气自动化技术非常感兴趣，这主要是源自我的家庭。我的爸爸妈妈和很多亲戚都是普通工人，2008年金融危机的时候，很多人失去了工作。那时我就想，如果未来机器能替代一些普通工人做一些简单事情的话，那么制造机器或者管理机器的岗位就会很热门，而且这样的技术型人才也是社会所需要的。为此，我选择了综合排名和师资力量都名列高职院校前茅的金华职业技术学院，并相信学校一定能让我学有所成，学有所获。

高职时期：职业启航

来到学校后，我努力学习专业知识和专业技能。因为之前没有接触过相关的理论知识，我只能靠自身加倍的努力来取得良好的成绩。对于每一门专业课，我都做好课前预习和课后复习。除了课堂上的学习，我还积极参加技能竞赛。大二暑假，我参加了三菱电机自动化竞赛。备赛期间，我几乎整天都在实训室里，碰到新的知识，就上网查询相关的资料，或者请教老师和学长，将问题解决。记得在备赛的几个月里，我都不知道给三菱的客服打了多少次电话，不断询问自己不了解的问题。后来，客服已经熟悉了我的声音，电话一接通就知道是我，而客服人员总是很耐心地解答我的问题，消除我的困惑。这不仅让我得到了快速成长，还为后面完成竞赛作品打下了坚实的基础，也为我之后获得第一份工作起到了很大的帮助。第一份工作单位的HR和我说，公司在讨论招聘结果时，都认为我的比赛经历是很有说服力的体现，不仅仅是因为我参加竞赛拿到了奖项，更看重的是我从这个竞赛中获得了很多未来工作中需要的一些技能和技术。

 工作时期：职业实践

2014年我参加工作，工作的内容和所学专业很对口。在公司里，我从基层的电气工程师做起，由于高职阶段的学习打下了非常好的技术基础，经过我的不懈努力，我在公司里晋升为部门的主管，管理20多名电气工程师，他们中年龄大的有30多岁，年龄小的刚从学校毕业。值得一提的是，在主管任职期间，我的组织和协调工作能顺利开展，得益于高职期间担任班长时能力得到了锻炼，这让我在实际工作中更加游刃有余，也让我的主管工作得到了领导的认可。

在我的职业生涯中，有一段经历让我印象深刻，那就是与一位国外大客户的合作历程。起初，我们的产品并未被纳入这位客户的采购计划之中，面对这样的挑战，我们团队展现出了非凡的韧性。

我们深知，唯有深入了解方能精准对接。于是，一次次的拜访成了常态，每一次交流都力求洞悉客户的深层需求与潜在期待。回到公司后，整个团队对客户的需求及产品的研发方向进行了反复探讨，紧密协作，夜以继日地设计和测试，只为打造出最贴近客户心意的产品。

当新产品样品递送到客户手中时，我们虚心听取客户的建议，积极寻求反馈，虚心接纳并迅速融入产品的迭代升级中。在与客户的反复对接期间，不仅让我们的产品日益完善，更让我们在无形中赢得了客户的信赖与尊重。最终，我们的努力取得了成果。这家客户不仅认可了我们，更是在自己的所有工厂中陆续引进我们的产品，成为我们忠实的合作伙伴。这一转变，不仅是市场对我们产品与服务的肯定，更是对我们团队不懈追求、勇于创新的最高赞誉。

 职场心路：职业寄语

当前，国内自动化行业正处于蓬勃发展的黄金时期，其技术革新与应用领域的不断拓展彰显出无限潜力，同时也促使我们更加坚定地相信：自动化不仅是技术进步的必然趋势，更是各行各业转型升级的关键驱动力。因此，对于即将步入职场的学弟学妹们而言，在职业规划时，把握行业增长脉络，选择那些具有广阔发展前景和增长空间的自动化相关领域，无疑是明智之举。顺势而为，不仅能够让你们的专业技能更快地成长，更能为个人的职业发展与经济收益构筑起坚实的基石。

（供稿单位：智能制造学院）

---

62. 做第一个吃"螃蟹"的人

姓　　名： 徐清华

职业岗位： 徐工汉云技术股份有限公司标识创新部总经理

所学专业： 计算机应用技术

毕业时间： 2004年7月

在互联网的海洋里，创新是我的驱动引擎，
第一批做第三方支付的人，
第一批做虚拟通讯的人，
第一批做标识解析的人，
愿以科技创新开辟发展新领域新赛道。

我叫徐清华，曾先后任职于支付宝（中国）网络技术有限公司、苏州蜗牛数字科技

股份有限公司，目前在徐工汉云技术股份有限公司担任标识创新部总经理一职。

我们公司主要从事工业互联网行业，在工业和信息化部公布的《2024年跨行业跨领域工业互联网平台名单》中我公司排名全国第二，年营业额达3.5亿元。

我任职的部门是负责标识解析的。标识解析体系是工业互联网重要的网络基础设施，打个简单的比方，就是我们为每一个实体物品和虚拟资产赋予了唯一的"身份证"，实现全网资源的灵活区分和信息管理，这也是实现工业企业数据流通、信息交互的关键枢纽。

 ## 高中时期：职业萌芽

我是一个典型的理工男，喜欢创新，喜欢新技术，喜欢有着丰富应用和创造性的一切事物。所以在读高中时，我最喜欢上计算机课。课堂上，我学习计算机的基本操作技能；课堂外，我经常向网络社交平台上的"大神"请教专业问题，主动摸索学习网页制作、Flash动画设计等。

高三时，其他同学都在忙着学业，而我却在做网页、做Flash动画、做二维小游戏，这些在别的同学眼里"不务正业"的技术，却让我乐在其中。

因为那时，我就已经下定了决心，要报考金华职业技术学院的计算机应用技术专业。对我来说，计算机应用就像一个巨大的宝库，有非常多的值得挖掘的宝藏，我怎么能放弃呢？

 ## 高职时期：职业启航

我是金华本地人，对金华职业技术学院了解比较充分，家长也全力支持我学一门技术。就这样，我顺其自然地来到金华职业技术学院攻读计算机应用技术专业。

入学前，我就对自己的专业充满了兴趣和期待。入学后，我如鱼得水，更加怡然自得。我比较喜欢创新，对于新的技术、新的应用特别感兴趣。我拼命汲取新的知识和新的学习方式。每一堂专业课，我都早早坐在教室的第一排，拿着笔记本认真记笔记。老师提的问题，我总是第一个把手高高举起，特别希望能回答问题，让老师关注到我。课后，我也不放过学习知识的机会，总是找老师请教书本以外的知识，甚至还经常拿着我在网上看到的问题，向老师提问。久而久之，学院都传开了，有我这么一名"十万个为什么"学生。

学校教的主要是一些基础知识和方法，基础的东西会多一些，所以如果要我向刚入学的学弟、学妹们提建议，我认为，大学锻炼的除了专业能力，还有综合能力，比如沟通、表达、创新等能力也同样重要。大家要多参加校园活动，加入工作室，参加比赛，进行实习，才能学会如何实践，为后续工作打下基础。

 工作时期： 职业实践

从我工作以来，连续在三家互联网企业就职，三家企业的主要经营方向完全不一样，我的工作职责和内容也截然不同。但是我喜欢迎接挑战，喜欢不断创新，这些经历使我成为更强大、更有价值的人。

我第一家正式入职的企业是支付宝（中国）网络技术有限公司。支付宝是在2004年12月成立的，而我则在2005年一毕业就入职了这家企业。那时候支付宝只有二三十人，我有幸成为支付宝创始团队的成员之一。

当年支付宝只是淘宝的一个边缘业务，我主要负责前端设计。虽然我只有高职学历，但是凭借扎实的实操能力，我在工作中的表现完全不逊色于其他同事。所以后期我参与了很多支付宝的初始业务设计，如互联网行业的用户体验、交互设计、指纹支付、虹膜支付等。如今这些功能对人们来说已经再熟悉不过，但在当时，它们可都是由我们团队率先研发的。

在支付宝工作期间，有两件让我印象深刻的事情。一是在做用户体验设计时，由于当时的人们对于支付宝的功能都不太认可，我们很难找到合适的用户群体做调查。这时，我想到了用自己在金职时开的博客做用户体验调查。出乎意料的是，博客粉丝都很乐于帮助我完成用户体验调查，因为他们是较早的互联网用户，也同我一样相信互联网技术的创新性和必要性。二是在做第三方支付时遇到的困难。在以前，人们只能通过打电话或者线下购买飞机票。我们想把票务购买接入支付宝。这件事说起来容易做起来难，因为这势必触及一部分人的利益。作为一个理工男，要和航空公司去沟通，对我来说是一件比较难的事情。我只能硬着头皮上场，向身边的领导、同事请教谈话技巧和谈话经验。在这个过程中，我的沟通表达和协作能力都得到很大提升。

电商和游戏是互联网行业中的重要盈利领域。于是我来到了苏州蜗牛数字科技股份有限公司。这是一家主要做游戏出口的公司，在俄罗斯、东南亚等地的市场占有率达到30%~40%。

我在这家公司先后做过三个业务——消费设计、游戏分放、虚拟通讯。消费设计简单说，就是设计不同的游戏体验和游戏环节，让用户进行消费。游戏分放则是类似于手机的App Store，负责游戏代理的环节。虚拟通讯就是虚拟运营商，我们从三大运营商采购流量、语音时长，然后把虚拟号码卖给有需要的用户群体，如美团外卖骑手，他们在给客户打电话时，用的就是虚拟号。当时我们团队把虚拟通讯业务做到了全国第一，客户稳定在两三千万，相当于联通运营商一个省的数量级。

在杭州蜗牛网络科技有限公司里，我轮岗了三个不同的岗位，这极大地锻炼了我的管理能力和解决问题的能力。

第三家企业，也是我目前正就职的徐工汉云技术股份有限公司。这是一家主做工业互联网行业的企业，它面向的客户群体是企业。这对我而言，又是一项极大的挑战。

工业互联网的门类较多，至少有28大类技术，基于前两家企业多岗位锻炼的判断，我选择了标识解析方向。我判断标识解析是工业互联网行业的底层逻辑，是基础中的基础，不会被一时的流量冲击所影响，也不会因流量的消失而萧条。

正如我所预见，根据工业和信息化部公示的《2022年跨行业跨领域工业互联网平台名单》，汉云工业互联网平台位列第三。2023—2024年，汉云工业互联网平台跃升至该名单第二。

 职场心路：职业寄语

回首过往，我认为从事计算机行业，不能只看重技术，更应该看重创新思维和创新能力的培养。我们要成为复合型人才，这要求我们要学会敏锐地判断并抓住行业发展的风口。只有跳出既定的框架看待事物，我们才能始终在互联网行业中保持竞争优势。

[供稿单位：信息工程学院（怀卡托国际学院）]

---

63. 多维跨界，走出自己的精彩人生

姓　　名：谢云艳
职业岗位：湖州市安吉县住建局住房管理科副科长
所学专业：计算机应用技术
毕业时间：2007年7月

跨界探索，步履不停，
从职场能手至民宿领航，

再赴住建新程显锋芒，

以梦为马，书写多彩篇章。

我叫谢云艳，是一名涉足多个领域、力求进步的普通女性。早期职业生涯中，我分别在浙江省义乌高誉贸易有限公司和浙江省金华比奇网络有限公司的重要岗位工作，积累了丰富的商业运营与网络管理经验。

2010年，怀揣着对家乡的深情与对梦想的追求，我踏上了回乡创业的道路，创立了安吉谢苑民宿。凭借对互联网的敏锐洞察与年轻一代的活力创新，我不仅成功打造了特色民宿品牌，更引领周边居民投身于旅游服务产业，极大地促进了当地旅游经济的蓬勃发展。我的努力与贡献得到了广泛认可，荣获了包括"2016年安吉县十佳创业青年""2017年浙江省农村青年致富带头人""2017年湖州市最美巾帼带头人"和"2017年安吉县美丽青年"在内的多项殊荣。

2018年，我通过公考进入安吉县住房和城乡建设局，开启了职业生涯的新篇章。在这里，我的工作成绩有目共睹，相继荣获了"2019年度安吉县建设局先进工作者""2020年安吉县创建全国文明城市个人嘉奖""2021年湖州市建设系统第一届'八大建设先锋'""2022年安吉县住建局优秀共产党员"等荣誉。

目前，我担任湖州市安吉县住建局住房管理科副科长一职，继续在新的岗位上发光发热，为推动城乡建设与住房保障事业的发展贡献自己的力量。我坚信，无论身处何地，只要心怀梦想，脚踏实地，就能书写属于自己的精彩篇章。

高中时期：职业萌芽

我高中就读于安吉县第三中学（现为安吉县孝丰高级中学），家住遥远的大山深处。每次回校的车程虽长达一个多小时，但沿途的风景总能让我心旷神怡，仿佛每一次的启程都是对未知世界的一次小小探险。

我性格偏文静，但内心却对理科充满了无限的热情。数学与物理的公式和定理，在我看来并不是冷冰冰的知识，而是构建我思维框架的砖石。我享受解题的过程，那是一种思维的碰撞，也是自我挑战的乐趣所在。

作为入党积极分子，我积极参与学校的各项活动，努力提升自己的综合素质。我深知，一名优秀的共产党员不仅要有扎实的专业知识，更要有坚定的信仰与高尚的情操。因此，我时刻以党员的标准严格要求自己，努力成为一个对社会有用的人。

高职时期：职业启航

考入金华职业技术学院后，我希望能够更好地发挥自己在理科方面的特长。这里，是我梦想启航的地方。大学的学习生活，比高中更加紧凑且充实。我沉浸在专业知识的海洋中，从基础的编程语言学习到复杂的系统开发实践，每一步都走得坚实而有力。

机房里，我常常熬夜奋战，只为解决一个技术难题；课堂上，我积极与老师互动，不断提出自己的见解和疑问。我还参与了多个校内外项目，将所学知识应用于实践，那种将理论转化为现实的成就感，让我更加坚定了自己未来的方向。同时，我也开始关注网络经营领域，利用课余时间学习市场营销、网络推广等相关知识，这些都为我将来的创业之路打下了基础。

大学时光虽然忙碌却很充实，是我人生中最宝贵的经历之一。它让我学会了坚持与努力，也让我明白了梦想与信仰的力量。如今回想起来，我依然会为自己当初的选择而感到骄傲与自豪。

 工作时期：职业实践

2007年毕业后，我来到了浙江省义乌高誉贸易有限公司担任主管职务，这段经历让我接触到了国际贸易和企业管理的相关知识。两年后，我转岗到浙江省金华比奇网络有限公司担任薪资专员，这份工作让我对人力资源管理有了更深入的了解。

2010年，怀着对家乡的深厚感情，我毅然决然地回到了安吉，创办了自己的民宿——安吉谢苑民宿。起初，一切都很艰难，但凭借自己在网络运营方面的优势，民宿逐渐走上了正轨。更重要的是，我利用自己的经验和影响力，带动了周边的村民参与到旅游业中来，为当地经济的发展做出了贡献。几年间，我获得了多个荣誉，这些都是对我工作的肯定。2013年，我被村里列为后备干部进行培养，这让我有机会为美丽乡村精品示范村的建设贡献力量。

2018年，33岁的我，在经历了十多年的摸爬滚打，事业小有成就之时，我选择了参加公务员考试，选择一切从零开始。作为大龄青年，考公之路异常艰难：经营的民宿正在经历换血般的大改造，两个年幼的孩子更是牵动着我最柔弱的心……但是在家人和同事的支持下，我克服了所有困难，以33岁大龄第一次参加公考就成功上岸的事实证明了自己坚定的决心。

有人说，你已经33岁了，现在进体制晚了，拼不过那些二十几岁的小年轻了；有人说，你民宿做得那么好，就这么放弃太可惜了……然而，我没有理会旁人的言语，因为我知道，过去十多年的经历，是我最宝贵的财富。这时的我，比十多年前的我，更成熟、更坚韧、更有经验。在工作中，我把年龄转变为阅历优势，初入住建局我是在物业管理科，面对百姓的各种需求、疑问，我充分利用之前在基层积累的经验从容面对；在调岗至住房管理科之后，更是利用自己大学所学的专业知识，在单位开展信息化改革中挑起大梁。我才三十几岁，正是当打之年。

在住建局工作的几年中，我秉持高度的责任心和使命感，面对每一项工作任务都全力以赴，以勤勉好学的态度不断精进自我，迅速成长为业务骨干，展现出卓越的工作能力和严谨细致的工作作风。无论是日常工作中遇到的挑战，还是参与大型项目时面临的难题，我都能够迎难而上、努力克服。

2023年8月，我作为安吉县专业技术人才被派往四川省阿坝藏族羌族自治州金川县发展改革和经济商务信息化局开展东西部对口援助工作。面对高原恶劣的气候条件和语言文化的差异，我没有退缩，而是以积极的态度投入工作。在为期7个月的时间里，我不仅完成了既定的工作任务，还与当地居民建立了深厚的友谊。2024年4月，当我离开金川县时，收到了援派单位的感谢信，这也成为我职业生涯中最宝贵的经历之一。

 职场心路：职业寄语

回首过去，从高中时期职业梦想的萌芽到高职时期职业技能的锤炼，再到创业与转型过程中的历练与升华，每一步都凝聚着我的汗水与泪水。但正是这些经历，让我更加坚定了自己的信念与追求。未来，我将继续前行在追梦的路上，用我所学、所能去创造更加美好的明天，继续在平凡的工作岗位上实现自己的人生价值，也以我的实际行动诠释新时期一名普通共产党员的情怀。

[供稿单位：信息工程学院（怀卡托国际学院）]

---

64. 从图纸到海洋，我在船舶设计行业破浪前行

姓　　名：章亮

职业岗位：上海腾策海洋工程技术有限公司副总经理

所学专业： 计算机网络技术

毕业时间： 2008年7月

船舶设计是需要沉淀的，要沉得下心，吃得了苦，
它是一个整体工程，需要多方合作，
当看见自己亲手设计的船舶第一次下水的那一刻，
成就感油然而生，慢慢地你就喜欢上了这个职业。

我叫章亮，大学毕业后就进入船舶设计行业，深耕船舶设计16年，曾就职于上海航盛船舶设计有限公司、CS MARINE（巴柏赛斯船舶科技有限公司）等公司，担任船舶设计工程师，后来我技术入股，与朋友一起成立上海腾策海洋工程技术有限公司，担任副总经理。

上海腾策海洋工程技术有限公司前身是上海权策船舶设计有限公司，成立于2010年。公司总部设在上海，有南通、武汉2家分公司。业务范围涵盖船舶首制船的生产设计、船舶改装设计与施工、海上风电升压站设计、船厂现场监理及技术服务。十多年来，公司参与了散货船、油船、集装箱船、化学品船、液化气船、旅游船、渔业船、海洋工程辅助船、风电工程船舶等船型的设计，以及海上升压站的设计，在生产设计及施工的流程、核心技术的运用等方面有着丰富经验。2024年，公司开始尝试从设计、采购、安装到建造一体的总包业务。

 中专时期：职业萌芽

我就读于安吉艺术高级中学，主要学习网络相关专业知识。虽然我在中专学习成绩处于中游，但是我对所学专业很感兴趣，并在中专时就成功考取了国家计算机二级证书。

我在中专时就开始担任学生干部，负责早晚自习课堂检查、校园广播播音等工作，虽然这些工作不像大学的学生干部工作那么多，但也让我第一次感受到了使命感和责任感。

高考时，我成绩其实也不好，记得就400多分，当时什么都不懂，也没做过什么职业规划，完全是走一步看一步。我的叔叔、舅舅等一些亲戚都是金华农校（当时已合并为金华职业技术学院）毕业的，他们推荐我去这所学校，所以我就报了金华职业技术学院，选择了当时正处在风口的计算机网络技术专业。

高职时期：职业启航

在金华职业技术学院求学期间，我的学习成绩有些偏科，网络专业课的成绩都很高，但是基础课成绩不好，尤其是英语。我现在的工作，要与很多外籍人士打交道，我深感英语至关重要，到现在我都后悔当时没有好好学习英语。

我在学校里担任了学院学生会外联部部长。学生干部的经历对我之后就业、创业起到了很大的影响，因为这段经历大大锻炼了我的社交、为人处世的能力，不夸张地说，我有现在的成绩都得益于这些经历。

担任学生干部期间，让我印象最深的一件事就是参加暑期"三下乡"活动。当时去了武义的一个村里，条件简陋，晚上蚊子成群，很难入睡。我们需要自己与当地联络员沟通每日的工作安排，与地方群众建立好关系，并开展家电维修、乡村调研、留守儿童支教、送温暖、宣传新媒体等活动。"三下乡"期间，我们要自己去谋划、去交流、去实施，学到了很多。我个人也荣获了"2007年浙江省大中专学生志愿者暑期文化科技卫生'三下乡'社会实践活动先进个人"。

也正是有学生干部经历，后来我有幸前往金东区团委锻炼。当时全校选了13人去各地实习，我是其中一员。到了金东区团委我发现，整个团委就书记和我两人，我们要负责开展对金东区企业的调研走访，了解企业产能、效能等情况。团委实习的经历也是我第一次真正地去接触企业，我也被评为了金华市优秀挂职大学生，这对我未来就业有很大帮助。

 工作时期：职业实践

工作初期

临近毕业时，我其实想找一份管理类的工作，也去了解了一些单位，但是都没有成功。后来，一位同学邀请我一起去他亲戚的公司上班，我抱着试试的心态就去了，这也是我工作的第一家公司（上海航盛船舶设计有限公司）。至此，我正式进入船舶设计行业，并一直工作到现在。

刚进公司的时候，我担任船舶设计员，什么都不懂。幸好有师徒结对式的一名师父带着我做。

记得第一次进船是在台州，是一艘23000吨的散货船，有16~17米高，我们要进行实地勘探，再画图设计，一点点跟着师父学。最难的部分应该是电路放样，船电路系统关乎船上每个设备是否能正常运行，往往要设计近6个月时间。一艘船从设计到建造完成，少则8~9个月，多则2~3年。最终看着自己设计的船入海，还是非常有成就感的。

经过2~3年的工作，我渐渐地从入门到实战，可以独立承接船舶设计电气模块。这时，我选择了跳槽，加入了CS MARINE（巴柏赛斯船舶科技有限公司），这是一家合资公司。我担任船舶设计项目经理，开始独立承担项目，并且担任了公司的培训师，给新入职的员工进行培训指导。

第一次担任项目经理还是很有挑战性的。有一次，我们要设计一款51000吨的船舶，我和同事驻厂近7个月。我觉得最难的部分就是动力舱的设计和制造，需要电力、机械、水务等多专业协同。我要进行各方调节和分工，包括生产方、设计方、需求方。经过多方协作和合理安排，我们顺利完成了该船只的设计与制造。

三年后，公司被收购合并了，适逢曾经的同事好友邀请我一起创业，一起做项目。2014年，我技术入股上海腾策海洋工程技术有限公司（简称：腾策）。

创业时期

在腾策，我担任副总经理兼电气室主任，主要负责公司内部管理及电气室设计工作。我们公司其实在2010年就成立了，当时名为上海权策船舶设计有限公司。我属于半途入股，由于有了一定经验和资源，创业初期资金来源问题相对还好，但最困难的是项目来源问题。

在上海，做船舶设计的公司有十几家，我们属于中游水平。而江苏地区是船舶设计行业最为发达的地方，所以船舶设计项目能不能落到我们手上，成为我们面临的最大问题。我们公司一年能完成2~3艘船的设计就差不多了。一方面，我们与船舶生产总包商积极开展合作；另一方面，我们也开始尝试自己做总包商，实现从设计、采购、安装到建造一体化业务。公司从最初的三十几个人，到现在的100多人，不断发展壮大。现在，作为创业公司的股东之一，我不仅要为自己考虑，更多地还要为公司员工、公司的未来谋划，争取做好每一个项目，让每一个客户都满意。

 职场心路：职业寄语

回望自己的经历，我觉得大学一定要做好三件事。一是要确定自己的目标。有了目标后，你才知道自己未来的就业方向，需要哪些专业知识，并在哪些专业课程基础上要加强深度学习；二是要学好英语。当然这个可能和我的工作性质和接触面有关，能进行流畅的英语交流非常重要，能给自身大大加分；三是担任学生干部。学生干部的经历和学到的知识，是专业课程里学不到的，往往这些知识和技能，可能是你在未来工作中运用最多的，是受用终身的。

[供稿单位：信息工程学院（怀卡托国际学院）]

65. 善于激发他人、找到自我的管理者

姓　　名： 柳恒松
职业岗位： 浙江力行创新科技有限公司副总经理
所学专业： 通信网络与设备
毕业时间： 2008年7月

每个人都有擅长的一面，
管理者应该设身处地，将心比心，
激发他们的善意和潜能，
帮助他们找到自我价值。

我叫柳恒松，曾就职于金华市八达建设监理有限公司、重庆猪八戒网络科技有限公司华东公司、重庆优税猫科技有限公司上海公司，分别担任监理员、招商经理、招商总监等职务。后来，我与朋友合伙，一起创立了浙江力行创新科技有限公司，并担任副总经理。

浙江力行创新科技有限公司专注于人力资源服务产业园的运营与管理，致力于推动区域人力资源产业的升级与发展。

 高中时期：职业萌芽

我于2002—2005年就读于浙江省庆元县职业高级中学。在高中，我是班级的班长，这个角色教会了我如何有效地与同学们进行沟通和协调，以及如何处理班级事务和管理班级

秩序。这一经历不仅锻炼了我的领导能力，还培养了我的团队合作意识和组织能力。

高中对我来说是一段艰辛但充实的时光。我非常努力，在学习之余，我也积极参加学校组织的各种社会实践和文化活动，如志愿服务、文艺汇演等。这些活动不仅丰富了我的课余生活，还增强了我的社会责任感和团队协作能力。在高二时，我被评为丽水市文明标兵，这一荣誉不仅是对我个人学习和行为的认可，更是对我助人为乐的肯定。

 高职时期：职业启航

2005—2008年，我有幸在金华职业技术学院就读通信网络与设备专业，系统学习了网络通信技术、设备维护与管理等相关课程，并积极参与实验和项目，以加深对专业知识的理解和掌握。我多次获得了学校的奖学金，这是对我专业成绩的认可和鼓励。我也积极参加校内体育活动，在校运动会上，我取得了4×100米跨栏比赛第二名的好成绩，不仅提升了我的团队协作能力，也使我快速地融入了校园生活。

除了专业学习，我还担任班级团支书，负责组织和协调班级内外的活动。说到班级管理，最难的就是如何让"问题学生"融入集体。当时我组织了一次班级活动，给同学们搭建平台，让"问题学生"上台分享他的故事，对班级建设提出意见，慢慢地，"问题学生"在班级里的角色发生了转变。

正是团支书的经历，让我有了想从事管理岗位的意识。一是我发现相比与设备打交道，我更喜欢和人打交道；二是我发现每个人都有擅长的一面，管理者就是要激发他们的善意和潜能，帮助他们找到自我价值。

 工作时期：职业实践

工作初期

2009年，带着对监理行业浓厚的兴趣和初出茅庐的激情，我踏入了金华市八达建设监理有限公司的大门。从入职的第一天起，我就以高度的责任心和严谨的态度投入到工作中。

我觉得监理工作最难的地方是与人相处，我们是代表业主方，要与施工方、设计方、甲方等多方进行沟通协调。对于刚毕业而且不是本地人的我来说，非常难融入他们。当时我很喜欢阅读，我从《人性的弱点》里感悟到，与老前辈、老员工相比，我有的是时间和精力。于是，我就经常到各个办公室去做打扫卫生、倒水等小事情，也不多说话，就耐心做事。3个月后，大家慢慢地都认识我了，他们开始主动和我聊天，我就借机会向他们请教学习。当时我们学校去八达建设的有五六个人，但最后就我留下来了。这段经历让我深刻理解了"细节决定成败"的道理，也培养了我严谨细致的工作作风。

在八达建设监理有限公司的三年里，我参与了公司多个工程项目的监理工作，涵盖了住宅、商业综合体、市政基础设施等多个领域。我逐渐得到了领导和同事的认可，开始扮演引领者和协调者的角色，为后续的职业生涯奠定了坚实的基础。

2012年，面对互联网行业的蓬勃发展，我毅然决定跳出传统建筑行业的舒适圈，加入重庆猪八戒网络科技有限公司华东公司，担任招商经理一职。

跨界转型，这一决定对我来说既是挑战也是机遇。刚进公司有3个月的考核期，因为从来没有接触过互联网行业，我选择了最"笨"的方式——"扫楼"，进行拓展推广，我把金华、义乌周边的写字楼都"扫"了一遍。遗憾的是，三个月我一单都没有签成。当时领导就找我谈话，我向领导介绍，我通过扫楼了解到的几十家企业情况，并且有20多家企业有签约意向，希望可以再给我一个月时间。功夫不负有心人，第四月，客户主动找到了我，顺利完成了3单签约。

后来我利用公司的平台资源，主导策划了多场线上线下的招商活动，通过精准定位目标客户群体、创新宣传方式等手段，有效提升了品牌知名度和市场影响力，我累计成功吸引了50余家商家入驻。

2017年，我加入重庆优税猫科技有限公司上海公司，担任招商总监一职，负责公司的整体招商工作。四年后，我被公司委以重任，负责湖南长沙新公司的组建与业务拓展。面对全新的环境和挑战，我带领团队迅速适应并融入当地市场，通过深入调研、精准定位、创新营销等手段，我们成功打开了长沙市场的大门，实现了业务的快速增长。这段经历不仅锻炼了我的跨地域管理和市场拓展能力，也让我更加深刻地理解了"因地制宜、灵活应变"的重要性。

创业时期

2022年，我的老同事联系到我，说接了一些项目，想一起干点事业。再加上自身家庭原因，我也非常希望回到金华。于是，我迎来了职业生涯的新篇章——成为浙江力行创新科技有限公司的合伙人。

我发现创业和就业还是有些不大一样。我觉得最大的不同就是"心力"，能不能坚持住、扛得住非常重要。就业压力再大还是会有收入，但是创业有太多的不确定性。我们公司现在主要是做政府项目，通过招标拿项目，一般是3年，3年结束了又需要谋划下一个项目，项目缺少连续性。我们也在不断研究，希望可以利用专业所学，结合工作经验，开发一款以面向个人用户或消费者为主，具有延续性的产品。

 职场心路：职业寄语

　　回望自己的经历，我认为在大学里一定要做好四件事。首先，要努力学习专业知识，并且理解其背后的理论和实践意义。学习成绩是进入职场的敲门砖，但更重要的是对知识的深入理解和应用能力的培养。其次，要积极参与校园活动和社团组织。这不仅可以丰富你的课余生活，还能培养你的领导力和团队合作精神，是综合素质提升的重要途径。再次，要发展个人兴趣和技能。大学时光不仅仅是学习专业知识，还是探索自我、培养兴趣爱好的宝贵时期。无论是艺术、体育、技术还是社会活动，都能让你更全面地发展自己。最后，要建立良好的人际关系。与老师、同学、校友的交往不仅能拓展人脉，还能获得各方面的支持和帮助，这些人际关系在未来的职业生涯中可能起到关键作用。

[供稿单位：信息工程学院（怀卡托国际学院）]

---

66. 从赛场到职场，我时刻准备着

姓　　名： 肖旭
职业岗位： 浙江宇视科技有限公司开发代表
所学专业： 医用电子仪器与技术
毕业时间： 2012年7月

对课程和未来的就业方向感到迷茫没有关系，
瞄准专业方向，
为之不断努力，不断学习和创新，
才能在竞争激烈的市场中立于不败之地。

　　我叫肖旭，从事嵌入式软件产品开发10年，现任浙江宇视科技有限公司后端产品开

发部开发代表，负责后端XVR、无线NVR、网络喇叭等产品系列化开发。

我们公司总部位于杭州，是一家全球AIoT产品、解决方案与全栈式能力提供商公司，曾荣获"国家科技进步二等奖"，这是中国安防行业迄今为止所获的最高荣誉。此外，我们还摘取了国家专利领域的最高荣誉——中国专利金奖，成为行业首家获此殊荣的企业。中国所有重大峰会（APEC、G20、上合、金砖）、历史时刻（人大、两会）、国际体育赛事（北京冬奥会）的安保工作中，几乎都有我们公司的守护。2018年，公司在行业中进入全球前四位。

 ## 高中时期：职业萌芽

2006年，我就读于浙江黄岩中学。在高中期间，我不仅喜欢数学，还热衷逻辑思维训练，这让我的学习生活充满了挑战和乐趣。我积极参与数学竞赛，解决各种难题，以提高自己的思维能力。

同时，我也喜欢与同学们讨论和分享解题思路，培养团队合作和沟通能力。课余时间，我会阅读数学相关书籍，探索更多的知识领域，从而丰富自己的学习体验。通过这些努力，我在高中期间不仅取得了优异的成绩，还为未来的职业生涯奠定了坚实的基础。

 ## 高职时期：职业启航

2009年，我进入金华职业技术学院医用电子仪器与技术专业学习。起初，我对课程和未来的就业方向感到迷茫。

在大一时期，我对单片机课程产生了浓厚的兴趣，业余时间经常在图书馆和网上学习、实践编程技术。大二期间，我参加了浙江省"挑战杯"比赛，虽然最终没有获奖，但这激发了我对竞赛的兴趣。平时不上课时，我每天早上8点准时到学校的实验室报到，学习并完成老师布置的任务，晚上9点回寝室休息。经过一个多学期的努力，我的编程水平有了显著的进步。为了检验学习成效，我积极参加各种学科竞赛、技能大赛。在老师的指导下，我参加了浙江省职业院校技能大赛，获一等奖并代表浙江省参加全国职业院校技能大赛，最终以全国第二名的好成绩获得全国职业院校技能大赛一等奖，实现了信息工程学院全国职业院校技能大赛一等奖零的突破。此外，我还获得了国信杯嵌入式软件竞赛二等奖。竞赛让我的专业能力得到了飞速提升，也为我未来就业提供了很大帮助。

经过三年的学习和竞赛生活，我对知识的渴望愈发强烈。因此，在大三下学期，当同学们忙于找工作时，我开始准备专升本考试。2012年，我成功考入宁波大学电子信息科学与技术专业，继续深造提升自己。

 工作时期：职业实践

2014年毕业后，我先是在杭州恒生数字设备科技有限公司实习，随后入职浙江宇视科技有限公司。从一名普通的嵌入式软件开发人员做起，逐步积累经验，于2018年成长为项目经理，带领团队完成开发任务。

2020年，我担任开发代表，负责数字硬盘录像机（XVR）产品的开发和市场拓展。从第一款产品的设计开发，到2023年共推出了20多款系列产品。在这个过程中，我经历了许多迷茫，也有了不少收获。刚开始接手XVR产品的开发时，我面临着许多挑战。作为一名新任的开发代表，我需要快速掌握市场需求、技术趋势以及竞争对手的动向。产品的每一个细节都需要深思熟虑，从硬件选择、软件架构，到功能实现，都不能有丝毫疏忽。

最初的迷茫主要来自如何在功能和成本之间找到平衡。XVR产品作为一款市场化程度较高的产品，既要具备先进的功能，又要控制生产成本，以便在激烈的市场竞争中脱颖而出。面对这些挑战，我花费了大量时间进行市场调研，反复推敲每一个技术方案，并与团队密切合作，确保每个决策都经过充分论证。除了技术层面的挑战，我还需要面对市场拓展方面的困难。在市场推广初期，如何让客户信任我们的产品，如何开拓新的市场，以及如何应对激烈的市场竞争，都是我需要解决的问题。在这一过程中，我逐渐积累了丰富的市场经验，学会了如何与客户建立信任，如何通过产品创新来吸引更多的市场关注。

随着时间的推移，我逐渐走出了迷茫，找到了前进的方向。在团队的共同努力下，我们不仅克服了种种困难，还实现了产品的持续创新与迭代。每当新产品成功上市并获得市场认可时，我都感到无比自豪。最终，XVR产品的销量从几万台增长到几十万台，这不仅是对我个人努力的肯定，也是对整个团队辛勤付出的最好回报。

2024年，我接手了公司无线NVR产品和网络喇叭的开发业务，这对我来说是一个全新的挑战，但也是一个难得的机会。我希望通过坚持产品初心，不断迭代创新，将这些新产品打造成业内的佼佼者。

在未来的道路上，我将继续秉持严谨的工作态度和对技术的热情，深入研究用户需求，提升产品的性能和用户体验。同时，我也会积极关注行业动态，学习最新的技术，把握市场趋势，以便更好地引领产品的研发方向。

在团队管理方面，我将继续注重团队合作和个人成长，激发团队成员的创造力和积极性。通过高效的沟通和协作，共同面对各种挑战，确保项目的顺利推进和高质量完成。

我深知在科技飞速发展的今天，只有不断学习和创新，才能在竞争激烈的市场中立于不败之地。因此，我将持续投入时间和精力提升专业技能，积极参加各种技术培训和行业会议，与同行交流经验，分享知识。

尽管前方的路还很长，但我对未来充满信心。通过不断努力和坚持，我们一定能够将公司的无线NVR产品和网络喇叭推向新的高度，成为业内的领军产品。

 职场心路：职业寄语

大学的专业学习，是一种人生启蒙。对我来说，大学期间的技能竞赛，让我明确了职业目标，并在备赛过程中提升自我、锤炼专业技能。在工作中，一定要秉持严谨的工作态度和对技术的热情，踏实工作，终会实现自我价值。

[供稿单位：信息工程学院（怀卡托国际学院）]

67. 销售小白的逆袭之路

姓　　名：郑伟

职业岗位：金华蔚来汽车销售服务有限公司世贸店销售主管

所学专业：汽车技术服务与营销

毕业时间：2013年7月

在与汽车打交道的这12年时间，
热爱，学习，坚持，创新，
我不仅成为一名优秀的汽车销售主管，
更是实现了我小时候的梦想。

我叫郑伟，目前是蔚来汽车销售服务有限公司世贸店的一名销售主管。2013年从金华职业技术学院毕业后，我满怀激情地踏入了汽车销售这一充满挑战与机遇的行业，从销售助理的身份启程职业生涯。凭借着对汽车的无限热爱与深入骨髓的理解，以及对客户需求的敏锐捕捉与精准分析，我在销售领域内不断深耕，稳步前行。

在这一路上，我的努力与成就也得到了业界的广泛认可。从荣获"2013年奥迪认证销售顾问"的殊荣开始，2015年摘得"进口车销售冠军"的桂冠，并在2016年的店内销售技能大赛中荣获第二名。这些荣誉不仅是对我努力的肯定，更是激励我继续前行、追求卓越的动力源泉。

 ## 高中时期：职业萌芽

从小就对汽车模型很感兴趣。毕业时，我对人生的规划是：希望有一技之长。

我曾在金华的白龙桥中学（现已更名为宾虹高级中学）度过我的高中时光。这所普通高中设有重点班与普通班。高一时我在普通班起步，凭借不懈努力，高二时成功晋升至重点班，成绩名列前茅。因为我从小就对机械结构很感兴趣，所以文理分科之际，我毅然决然地选择了理科。

 ## 高职时期：职业启航

我有幸考入金华职业技术学院，学习汽车技术服务与营销专业。这是我改变命运的起点，纸上得来终觉浅，绝知此事要躬行。三年里我稳扎稳打，在认真学好专业知识的同时，不断在项目实践中精进自己。

在大学里的那三年，我过得非常充实。学校为我们提供了很好的学习条件，开设的课程非常先进和实用。早在2010年，专业就开设了汽车技术服务与营销课程，这门课程让我掌握了市场营销的精髓，提升了客户服务能力，并培养了团队协作与创新思维。学校不仅注重理论知识的传授，更通过设立专业的汽车维修与制造实训基地，为我们提供了一个理论与实践深度融合的学习平台。在这里，我们不仅能够亲手操作最新设备，将理论知识转化为实际操作技能，还能在模拟或真实的工作环境中培养职业素养。这些综合能力为我未来在汽车行业的职业生涯奠定了坚实的基础。

班主任周建忠老师对班里学生们的关爱无微不至，他不仅在课堂上传授知识，更在学生们的生活和心灵成长中扮演着重要角色。每当寝室里出现小矛盾，或是个人对未来感到迷茫和困惑时，学生们总爱找周老师倾诉。他总能以他那平和而睿智的态度，耐心倾听，然后给予中肯的建议和温暖的鼓励，让问题迎刃而解，让学生们重新找回方向和信心。

在毕业前的那个寒假，对于许多即将踏入社会、面临职业生涯首次挑战的学生而言，这是一个充满未知与期待的时期。正是在这个关键时刻，周建忠老师利用自己丰富的人脉资源，为学生们搭建起通往职场的桥梁。在他的热心推荐下，我有幸获得了一个宝贵的实习机会——在知名车企奥迪的销售门店担任实习生。

 ## 工作时期： 职业实践

秉持着"吾日三省吾身"的精神，我每天、每周、每月都在不断地反省与总结。

我正式踏上了职业生涯的征途，以奥迪品牌实习生的身份开启新的篇章。初入职场，并未如我所设想的那样直接踏上汽车销售的前沿阵地，而是成了销售主管的助手。每日，我穿梭于繁忙的展厅之中，耳边充斥着"小郑，这辆车需要清洗，客人试驾后留下了痕迹""小郑，玻璃上的灰尘记得擦一下""小郑，那位先生的车款已结清，请协助交付"……这些指令如同生活的节拍，紧凑而有序。

这段经历，虽然艰辛，却也是我职业生涯中最宝贵的磨砺。它教会我耐心与坚持，让我学会在琐碎与平凡中寻找成长的价值。

终于，6个月后我迎来了转正的那一刻。让我自己都感到惊讶的是，刚转正的第一个月，我就以优异的成绩跻身公司销售业绩前三，并成功售出了10辆汽车。这个成绩不仅让我收获了自信，也让我更加坚定了在汽车行业继续深耕的决心。在之后的几个月里，我将自己每个月的销售目标定在15辆、16辆，争取一次比一次做得更好。

随着时间的流转，我在奥迪的职业生涯轨迹上迈出了坚实的步伐，成功晋升为销售经理。起初，我或许有过一丝误解，以为作为经理，只需简单地发号施令，指挥团队即可。然而，随着工作的深入，我逐渐意识到，这个角色远比我最初想象的更为复杂和深远。

作为销售经理，我全面管理运营团队，激发团队潜力，制订并分配月度销售计划，监控执行并优化管理。同时，我深入分析销售与库存数据，洞察市场趋势，为决策提供依据；策划创新促销活动，提升品牌知名度与销量；开展销售培训，提升团队能力。面对挑战，我视其为成长动力，深化学习，强化团队沟通，营造积极氛围，持续追求卓越，推动团队的职业化发展。在不懈努力之下，我荣获奥迪认证销售顾问、进口车销售冠军及店内技能大赛亚军等荣誉，成为门店的中坚力量。但我并未止步，持续追求更高目标，不断挑战自我，以卓越表现推动职业生涯向前发展。

2020年，我顺应时代潮流，怀揣对新能源汽车领域的浓厚兴趣，从奥迪转战小鹏汽车，担任销售主管一职。在新能源汽车行业蓬勃发展的背景下，我又加入了威马汽车这个充满活力的大家庭。在这里，我开始了新的征程，从管理自己到管理一个团队，我不断总结经验，提升自我。

一年后，我跳槽成为极氪汽车的销售主管，年薪也达到近30万元。但家庭的重担让我陷入思考。最终，我选择了离开极氪汽车，加入蔚来，在金华世贸店担任销售主管，找到了工作与生活的平衡点。

 职场心路：职业寄语

在金职这片沃土上，我不仅学习了扎实的专业知识，更在无数次的实践与挑战中磨砺意志，收获成长。汽车技术服务与营销这个专业，不仅让我对汽车行业有了深入的了解，更激发了我对未来无限可能的憧憬。每一次课堂上的热烈讨论、每一次实训车间的汗水挥洒、每一次市场调研的实地走访，都是我宝贵的财富。这些经历让我学会了如何将理论知识转化为实践能力，更让我明白了团队合作的重要性。

（供稿单位：智能制造学院）

---

68. 做有文化底蕴的设计师

姓　　名： 潘耀华
职业岗位： 中奕设计集团有限公司设计师
所学专业： 环境艺术设计
毕业时间： 2010年7月

设计，是融绘纸上的点滴细节，更是文化浸润的灵感乍现。
坚持做一名秉持传统美学的空间创作者，
时光荏苒，初心不忘。

我叫潘耀华，2010年毕业于金华职业技术学院环境艺术设计专业，并担任艺术创意学院（现为设计学院）校友会副会长。毕业后，先后在湖州天辰建筑设计院和湖州建工集团工作六年，期间自学消防、水电设计及施工管理和工艺。2018年，在湖州创立了耀华装饰工作室开始创业之路；2021年，在杭州成立了中奕设计公司，致力将中华传统文化融入设计之中，以传承和弘扬中华文化为己任。

高中时期：职业萌芽

我和室内设计的缘分开始于高中。那时学校里有个中国美术学院毕业的老师对我影响非常大，也是我走上室内设计之路的原因。他手绘了一幅室内设计图，让我印象深刻，从此我对手绘、室内设计产生了浓厚的兴趣。也是从那时开始，我了解到室内设计这一专业，所以我选择了环境艺术设计专业。

高职时期：职业启航

毕业后，我常常怀揣对金华职业技术学院那段岁月的深切怀念。学校组织的素描绘画课程成为我专业探索的启航之地，一笔一画都满载着我对形态与光影之间微妙关系的深刻理解和不懈追求。金颖平老师在素描领域拥有深厚造诣，总能以最简练的语言，为我们揭示最深刻的绘画精髓。在他的悉心指导下，我学会了如何细致入微地观察世界，如何巧妙地构图布局，如何精准捕捉那些转瞬即逝的光影变化。正是在他的引领下，我逐渐掌握了运用线条与色彩来讲述故事的艺术，使得每一幅作品都仿佛成为一句心灵深处的低语。得知我的作品被选中参加学校画展的那一刻，内心的激动难以言表。这不仅代表了对我的绘画技艺的认可，更是对我坚持不懈努力的最大肯定。在画展上，我的作品与同学们的佳作一同展出，每一件作品都散发着独特的艺术魅力，令人流连忘返。站在这些充满创意与灵感的作品之间，我深刻体会到了艺术的魅力与力量，也更加坚定了自己在绘画这条道路上继续前行的决心。

除了专业学习，我还积极参与各类文体活动，如十佳歌手比赛等。站在聚光灯下的舞台中央，一首满载着爱国情怀的《精忠报国》则是我的拿手曲目。此外，我也积极投身于学生管理工作，并有幸担任艺术创意学院学生会主席一职。在这段经历中，我不仅学会了处理各种学生工作的技巧与方法，更重要的是学会了如何更好地为人处世。在艺术这个大家庭里，我还结识了一群志同道合的朋友，我们共同策划活动、面对挑战，一同成长。学长学姐们的悉心指导与无私帮助让我收获良多，他们的经验和教训为我指明了前行的道路。

无论是大学生涯还是步入社会，每个人都需经历这些阶段。因个人经历各异，应根据自身兴趣选择方向，唯有热爱方能持久。受手绘爱好及老师指导启发，我选择了室内设计这条路，并坚持至今。

 工作时期：职业实践

工作初期

毕业后，我选择先就业以弥补学校教育与实际需求间的差距。在湖州天辰建筑设计院的三年，让我认识到项目规划的关键性及其所需的广泛知识，如消防和水电等。转至湖州建工集团后，我不仅深化了施工管理和技术的学习，还自主钻研消防与水电设计。初期面对多样化的客户需求时，设计方案常需反复调整，导致个人时间被挤压。通过增加与客户的沟通时间和详尽讨论，这一状况得以改善，并逐渐游刃有余。

正如《荀子》所言："道虽迩，不行不至。"只有不断前行，方能克服一切障碍。无论山多高、路多长，只要坚持不懈，终将抵达目标。这一信念值得我们铭记于心。

创业时期

在我就职于设计院与建工集团担任设计师的日子里，与客户的沟通往往需经由多层级的传递，难以第一时间直接洞察到他们的需求与反馈。而当我踏上创业之路后，能够与客户建立更为直接且深入的联系。在此过程中，我还担任了其他企业的顾问，这段经历不仅丰富了我的职业履历，也为我带来了全新的视角。

创业之初恰逢特殊时期，整个行业遇到瓶颈，处于一个停滞阶段。面对困境，我未曾有过丝毫懈怠或放弃的念头。相反，我充分利用这段特殊时期，不断地充实自我，提升专业素养，拓宽视野的同时也精进了审美品位。这些努力不仅显著提升了我的设计风格，更为业务的拓展奠定了坚实的基础。因此，在面对挑战和逆境时，我们应该如何应对？答案无疑是持续学习与自我成长。当外部环境迫使我们停下脚步时，最明智的选择便是利用这段时间深化知识、磨砺技艺。唯有如此，方能在未来的道路上更加稳健前行。

在房屋布局规划中，每一个细节都蕴含着深刻的考量与智慧，远不止于美观与实用的简单叠加。我曾碰到这样一个客户，他认为排水口的位置无关紧要。但当我结合老祖宗的智慧与文化，综合考虑地势高低、水流方向、生活习惯等多个方面给出专业建议的时候，我在他眼中看到了惊讶与信任。所以，公司的长远目标是在设计领域实现"人无我有，人有我精"的独特优势，通过持续学习和良性竞争不断提升。同时，倡导团队深入研究古代建筑、设计及宋代美学，力求将中华优秀传统文化与现代设计完美融合，借由我们的作品传承并发扬光大。

 职场心路：职业寄语

　　我们的专业是生存技能而非终极目标。古语"厚德载物"启示我们：欲承载更多，必先立德。北宋张载指出立德之道在于"为天地立心，为生民立命，为往圣继绝学，为万世开太平"。因此，我推荐《了凡四训》，它教导我们在面对问题时应先自我反省，进而寻求最佳解决方案。保持平和心态，许多难题将迎刃而解。虽然设计之路充满挑战，但未来的可能性如同星辰大海般广阔，不应因过往的小波折而停滞不前。遗憾与伤痛皆能成为成长的养分，照亮前行的道路。

（供稿单位：设计学院）

69.扎根农村一线，擦亮婺城教育金名片的服务者

姓　　名：郭骥
职业岗位：金华市新世纪学校校长
所学专业：小学数学教育
毕业时间：2011年7月

有人说："你是千里冰川上的一团火种。"
而我说："我只是一名平凡的小学教师。"
也有人说："你是茫茫暗夜里指航的灯塔。"
而我说："我只是一名平凡的小学教师。"
还有人说："你是祖国花朵心灵的守护。"
而我依然说："我只是一名平凡的小学教师。"

我叫郭骥，是一名小学数学教师。我以上课为乐，与学生为友，在躬身实践中努力实现从"当一名好老师"向"让更多孩子获得优质教育"的思想转变，努力践行从"一个人出彩"到"带领一群人出彩"的行动转变。从教13年来，我先后荣获浙江省"万人计划教学英才""浙江省中小学教坛新秀""浙派名师名校长培养工程"小学数学名师、"浙江省驻甘孜工作队先进专技""浙江省优秀少先队辅导员"等荣誉。

一支粉笔，两袖清风，三尺讲台，四季耕耘。我是如何走上这铸魂育人的岗位的，这就要从我的学生时代说起了。

 高中时期：职业萌芽

高中三年，我也曾经迷茫过，不知道自己长大了要去干什么，也想不清楚为什么而读书。当我在这个人生重要的十字路口徘徊时，我的数学老师徐攀帮助了我，他不厌其烦地一次次倾听我的烦恼，循循善诱、春风化雨，像一盏明灯指引着我前行。在徐攀老师的鼓励下，我明白了只有认真地对待每一天，力学笃行、惟实励新，才能换来更美好的人生。正是徐攀老师乐教爱生、立德树人的职业情怀影响了我，高中时我就立志长大后要成为一名光荣的人民教师。我想像一座灯塔一样，无论是在黑夜的疾风骤雨里，还是在白昼的风和日丽中，都始终屹立、始终陪伴，引领着孩子们快乐地成长。

 高职时期：职业启航

苔米虽小，亦学牡丹

走进"百年师范"金华职业技术学院师范学院的那一刻，我是激动的、向往的。在3年的学习生涯中，我印象最深刻的是高流老师开设的"高等代数"课，对我们而言这是一门十分晦涩难懂的课程。但是高老师却用早饭的两个馒头举例，化繁至简，瞬间帮助我们攻克了学习的难点。这次课让我感受到了数学教学的魅力，更深切地体会到培养数学思维的重要性。此后我奋发图强，努力学习教育学、心理学相关知识，淬炼专业技能，讲好普通话、练好"三笔字"。我的成绩始终在班级中名列前茅，多次获得一等奖学金，在毕业时被评为浙江省"优秀毕业生"、金华职业技术学院"十佳优秀毕业生"。

心之所向，素履以往

大学时光，不仅让我掌握了扎实的专业知识，更培养了我自信从容的魄力。还记得大一时，我应聘进入系学生会，成为生活部的一名干事，在工作中我养成了脚踏实地、求真务实的工作态度。积累了一定的工作经验后，我决定竞选学生会副主席。还记得我走上发言席进行竞选演讲时，心脏怦怦直跳，还没有开始演讲就已经手心脚心直冒冷汗了。这时候，我的专业支部书记斯德斌老师、辅导员李琳老师对我投来了鼓励和信任的目光，仿佛在说："老师相信你，你一定会成功的。"我的心顿时踏实了，顺利地完成了竞选演讲，最终成功竞选上了系学生会副主席。随后，我更是成为系学生会主席。担任学生会主席期间，我团结各个部门发挥先锋模范作用，始终保持斗志昂扬、通力协作，推进学生会工作积极稳健地向前发展。

在金职的学习和工作不仅让我积累了宝贵的经验和深刻的启示，同时也为我的从教生涯奠定了坚实的基础。毕业时，我满怀豪情壮志，坚信自己一定能走向梦想中的三尺讲台，书写属于自己的精彩篇章。

 工作时期： 职业实践

立足学生立场，打造"三有"课堂

大学毕业后，我通过考试顺利成为一名小学数学老师。在我的教案本里，一直保存着一幅画。在一次上课即将结束的时候，一位男同学突然兴奋地站起来说："郭老师，您今天上课的内容我都记录下来啦！"几天之后，这位同学将这幅"作品"送给了我，并满脸笑意地说："老师，您看！这就是上次您来我们班上课的画面。什么时候再来给我们上一节课吧！"教案本里的画慢慢泛黄，却成了我工作的坐标和灯塔：上孩子喜欢的课，做孩子喜欢的老师。为了帮助学生实现深度学习，我努力构建有趣、有用、有挑战的"三有"课堂。在"三有"课堂里，我不仅是知识的传授者，更是学生们学习的伙伴和指导者。孩子们在"三有"课堂中，不仅在趣味中收获了知识，更学会了如何学习、如何思考、如何解决问题，提升了"用"的能力。

不忘从教初心，探索育人新径

从教13年来，无论是在城区学校还是在农村学校，我始终被学生、家长亲切地称为"八哥"。我坚信教育学首先是关系学，没有关系就没有教育。从教之初，基于城区孩子周末自主活动时间、空间较少的情况，我牵头开展"星期八圆梦村"活动，引导学生自主建立社团，在玩中学会承担责任、合作相处、探索创新。赴农村支教时，基于外来务工子女家庭阅读资源较少的情况，我牵头创建了"白沙溪畔·被窝悦读"线上平台，至今连续无间断推出绘本录音、视频296期，累积阅读量达200多万人次。相关活动受到《新闻联播》、"学习强国"平台、《浙江教育报》、《金华日报》等各级主流媒体争相报道。

奔赴川西高原，践行教育使命

四川省甘孜藏族自治州是金华市对口帮扶的城市，道孚县是婺城区的对口帮扶县，藏族同胞占全县总人数的90%以上。作为一名一线教育工作者，我第一时间向组织提交了援派的申请，努力将自己的成长经历、教学感悟与藏区的老师们进行交流与分享。援派以来，"与海拔比高度，与雪山比纯洁，与风沙比坚韧，与草原比宽广"已经成了我的精神坐标。我用足迹丈量了四川省甘孜藏族自治州道孚县的大地，积极帮助当地学校解决急需，累计为道孚师生募集冬季防寒、教学设施、直饮水设备等价值人民币40万余元的物资。我积极发挥专业优势，牵头成立道孚藏区首支兼职教研员队伍，实现了县域教研人员、县域常态化教研活动、县域教师在全国中文核心期刊发文的三个"零突破"，指导道孚藏区教师20余人次在省、州级教学比赛中获奖。

 职场心路：职业寄语

回首我的教师生涯，我为自己是一名从"百年师范"大门走出的毕业生而深感骄傲与自豪。学院深厚的底蕴，让我渐悟"学高为师，身正为范"的深刻内涵；恩师孜孜不倦的教导，让我懂得"勤奋、朴实、献身、创造"的真谛！

（供稿单位：师范学院）

---

70. 职业安全专业使命与精神的践行者

姓　　名：傅佳鸿
职业岗位：浙江三方检测科技有限公司副总经理
所学专业：工业环保与安全技术
毕业时间：2016年7月

从高职学生到技术骨干，
从一线工人到团队引领者，
以持之以恒的精神和责任感，
运用专业技能和创新能力，
保障企业的安全生产。

　　我是傅佳鸿，就读于金华职业技术学院工业环保与安全技术专业，自2016年毕业后，便深耕职业卫生健康技术服务领域，现任浙江三方检测科技有限公司副总经理。我所在公司的主要业务是为企业开展全方位的专业的职业卫生健康服务，既是企业战略执行的推动者，也是企业技术创新的服务团队。截至目前，我们已为1600多家企业客户提供了可靠的技术服务，帮助其优化了安全、健康的生产环境，为其发展注入了强劲的动力。本人也发表了两篇专业论文，并成功申请了两个实用新型专利。

 ## 高中时期：职业萌芽

　　我的高中生活是在一所普通的中学里度过的。在那段青涩的岁月里，历史与思想政治是我最钟爱的两门学科。这两门看似与我未来职业道路关联不大的课程，却在我心中种下了思考与探索的种子。历史让我学会了从更广阔的视角审视问题，而思想政治则培养了我的价值观、道德观和社会责任感。思想政治课程中关于思想引导、组织动员的方法知识，更是在我日后的企业管理中发挥了重要作用，使我能够更有效地与员工沟通，走进他们的内心深处，从而激发团队的凝聚力。这正是文科背景赋予我的独特优势。

 ## 高职时期：职业启航

　　大学是我成长的关键阶段。在这里，我不仅学到了专业知识，更重要的是通过实践锻炼了专业能力和领导能力。

　　我于2013年来到金华职业技术学院，就读于工业环保与安全技术专业。该专业当时相对冷门，我是出于对环境保护行业的好奇选择了这个专业。大学期间，我系统学习了职业卫生、化工安全、水处理及大气防治等知识，逐步领悟了环保与安全工作的价值，为我以后的职业生涯奠定了基石。

　　在我看来，大学时期的学习不仅仅是积累知识的过程，更是转变思维方式和提升能力的过程。通过各种专业实验和项目实训，我学会了如何将理论知识与实际操作相结合，不断提升自己的实践能力。例如，我在实验室中学会了使用甲醛分析仪、水污染治理设备等仪器，同时完成了化学分析、仪器分析的综合训练。让我印象最深刻的是在我刚开始学习专业相关知识时，我被无损检测技术深深吸引。起初，我仅从字面理解其意义，未料其背后蕴含的技术奥秘。随着学习的深入，尤其是当我了解了有损检测与无损检测的对比，我更加认识到无损检测的优越性。一次偶然的机会，我踏入实验室，亲眼见证了学长们利用射线技术精准检测物体缺陷的过程，那一刻，我深感专业魅力，这也激发了我对无损检测技术的浓厚兴趣。从此，我更加专注于学习与实践，决心在这个领域深耕细作，探索未知。

作为职业卫生安全领域的从业者，我参与的实验与练习的技能不仅是我进入职业卫生安全行业的一块敲门砖，更是对我职业生涯的直接指导和激励。在大学的学习不仅锻炼了我的操作技能，更让我对职业卫生安全工作有了更直观的认识。

此外，我还在大学里担任班级团支书、学院社团联合会主席、校学生会主席团成员。这些学生工作的经历培养了我的批判性思维能力，使我能够更加独立地思考和判断，面对问题能形成自己独到的见解。

 工作时期：职业实践

从一线检测工人到企业管理岗位，我在职业卫生安全领域不断探索与突破。

（一）职业启航

在大学的最后一年，我便踏入了职业卫生安全领域。专业老师推荐的安联检测公司是我最初的职业起点。在师傅的带领下，我不仅快速地提升了工作能力，同时增强了自信心。同样一本书，我比别人多看两遍；同样一篇报告，我参考引用更多的案例。慢慢地，我就习惯了不管做什么都比别人多做一些，学习效果明显提升，工作专业水平更加突出。在公司的7年间，我的工作从一线的采样检测到实验室分析，再从分析报告到技术服务，我掌握了完整的职业卫生安全技术服务流程。我也从一名一线采样员一步步晋升至采样组长、主管、区域经理，到现在的业务总监，实现了从一线到管理岗位的转变。在此期间，我积累了丰富的实践经验，学会了团队协作与高效解决问题。同时，我认识到管理岗位工作的核心是激发团队潜能，以实现个人和团队价值的最大化。

（二）职业新发展

一次志愿服务促使我走上了创业之路。职业病体检是职业卫生安全技术服务中的一个重要模块。客户公司根据专业的检测和评估结果，决定是否安排员工进行职业病体检。在与杭州红十字会医院开展职业病业务合作时，我遇到了一位年轻的木雕师傅。他由于长期不注意防护，被确诊了尘肺，已经是第二次来医院洗肺了，而这样的患者往往存活不超过5年。这件事当时对我触动特别大，我也坚定了要在职业病防治这个方向上进一步发展的想法。2021年，我与省级专家团队联合创办了浙江三方检测科技有限公司，并担任副总经理一职。

公司自成立以来，一直与母校的安全科技咨询公司保持着业务合作。随着科技的快速发展，传统的检测手段已经难以满足一些高科技行业对职业健康监测的高精度需求。公司面临技术升级和创新的挑战，特别是在处理复杂工作环境下的职业危害因素监测时遇到了瓶颈。在母校的帮助下，通过合作研究，我们的团队成功开发出一种新型检测设备。这种设备能够更灵敏地检测空气中的微量有害物质，并实时反馈数据，大大提高了检测的准确性和效率。在技术方面，我们得到了安全科技咨询公司的有力支持，这也使得公司的发展比较顺利。接下来，我们将进一步加强与母校的合作，逐步开展实践教学方面的合作，帮助学生提升技术能力，同时，也将开展职业指导，在拓宽合作渠道的基础上，为学弟学妹提供更多的就业机会。

 职场心路：职业寄语

随着社会对环保与安全问题的日益重视，职业卫生安全领域前景广阔。深耕此领域，我深知专业与实践结合之重。面对技术革新与多变环境，只有持续学习、勇于创新，才能在职业生涯中不断发展。同时，我也想对即将踏入这一领域的学弟学妹们说，希望你们能夯实专业技能，为未来的职业发展奠定坚实的基础；注重实践锻炼，积极参与实习实训和科研项目，将所学知识应用于实际工作中；在校期间，主动参与社会实践，充分利用大金职这个舞台，不断提升自己的动手能力和解决问题的能力。

（供稿单位：制药工程学院）

71. 自强不息，轮椅上逆袭人生

姓　　名：周平

职业岗位：上海安薪发企业服务外包有限公司总经理

所学专业：印刷图文信息处理

毕业时间：2010年7月

创业对我来说，

不仅仅是一份事业，

更是我实现自我价值和人生梦想的方式。

　　我叫周平，是一名平面设计师。我创立的北京窗外网络科技有限公司，为很多大型国企事业及民政残联部门提供相关设计及培训服务。担任北京残疾人驾车俱乐部副会长期间，我与北京市东城区、朝阳区残联探讨深挖残疾人就业康复所面临的困难及办法，多次参与并策划助残扶残活动，曾荣获2017年猪八戒网"八戒阳光"TOP服务商、"全国八戒阳光行"优秀讲师、河北省廊坊市固安第一小学优秀"校外辅导员"等荣誉称号。

 高中时期：职业萌芽

　　童年时期，我因为漏服小儿麻痹症糖丸，高烧致双腿残疾，到处求医问药也没能恢复正常，最终落下残疾。2004年9月至2007年6月，我就读于安徽师范大学附属复兴中学（原名宿松县复兴中学）普通理科班。可能是因为自己腿脚不便，在班主任的照顾下，我三年中一直坐在班级第一排，不像其他同学会根据成绩和平时表现时不时调动座位。而且因为我，我们班级楼层也是一直就在一层，不像别的班级随着年级的不同会从一层逐步变成二层、三层。我的宿舍也是如此，就在紧挨宿舍楼大门口的第一层第一间。现在回想起来，我把当年的这些"第一"理解成无障碍环境的"优先"或者是"特需"。

　　当然，3年中因为努力学习，我的综合学习成绩也偶尔第一，尤其是在高一的第一学期，班主任在班会中多次号召全班同学向我学习不怕吃苦、努力学习的自立自强精神。可能是由于自己诚以待人也乐于助人吧，随着时间的推移，一直到高三毕业，大家并没有因为我的"特殊"而疏远我，反而越来越喜欢跟我相处，以至于平时的食堂打饭菜、洗衣服等日常琐事，都有同学争先恐后地帮助我。高中毕业时，我的留言册上写的祝福最多，收到的纪念物也最多。回忆过往的青葱岁月，总是让我感到那么美好和温馨。那时的学习生活虽然辛苦，但是却充满了快乐，那段时光已经成为我生命中最美好的记忆，更让我懂得了学习和坚持的意义。

 ## 高职时期：职业启航

回首在金华职业技术学院的时光，我深感幸运与感激。这段日子里，我得到了许多老师同学的帮助与支持，他们的善良与友爱让我感受到了无尽的温暖。

2007年秋，我拄着双拐，满怀好奇来到金华，满怀憧憬走进金华职业技术学院，开始了在艺术设计学院的三年大学生活。大学期间，老师和朋友对我关爱有加。令我印象深刻的是朱红星、邹翔两位老师对我的影响和帮助很大，他们既是我求学路上的授课恩师，又是我生活中的诤友。除了老师，周围同学也给予了我力所能及的帮助。他们的帮助和支持让我在学业上取得进步、在生活中感受到温暖，这份情谊我将永远铭记。让我印象特别深刻的一件事是，我原来用的木拐断裂无法再次使用，很不方便，同学就背着我上课、下课。下午下课后，宿舍的同学连饭也没顾得上吃，就骑着自行车在市区满大街地帮我找残疾人辅助用品店，甚至还去了医院。然而，直到天都黑了，他们还是没能买到拐杖，无奈只能拖着疲惫的身躯回到学校。第二天，他们一个个大腿酸痛，走路一瘸一拐的，我心里很不是滋味，但也是满满的感动。后来，学工办老师知道了这件事，最终在他们的帮助下，我很快拿到了新拐杖，我又可以走了。在他们的帮助下，我可以把代步电动车骑到大楼里最靠近楼梯的地方。学习上，我通过自己的努力和优异表现获得了中天集团励志奖学金、浙江省康恩贝自强奖学金、国家励志奖学金，还获得了学院十佳优秀大学生等荣誉称号。课余时间，我通过了多个技能考试，其中的三级广告设计师考试，艺术设计学院有200多人报考，最终只有2人通过，通过率不足1%，而我就是其中之一。此外，我还获得了计算机等级证书、计算机排版工证书以及全国高级广告设计师资格证等，这些技能的获得也为我如今承接北京市残联相关项目和事业发展奠定了良好基础。

 ## 工作时期：职业实践

老天为我关上了一扇门，那我就去打开一扇窗，飞得更高看得更远。

说到自己的创业之路，我深知残疾人的求职过程非常曲折，但我始终摆正自己的心态，积极尝试。在经过多次面试，尝试不同工作后，我发现一切并非自己所想的，有技术有能力并非就可以发光发热，有所作为。"平台如同伯乐，同样很重要，甚至更重要。"那段时间我的际遇仿佛"人在囧途"，遭遇了多次面试歧视、租房被骗等种种磨难、失利。最后，我给自己设限三个月，必须找到一份正式且像样的工作，否则就回老家上班。因为再没有收入，我连生存都成问题，谈何发展。所幸我在期限内找到了一份正式的工作，并度过了一段十分安稳平静的日子。虽然经过一段时间的沉淀，但我那颗创业之心仍未停止跳动。于是在2016年4月，我注册并成立了北京窗外网络科技有限公司，主营品牌设计与制作、电商设计和网站软件开发等业务。之所以取名"窗外"，一个很重要的原因是自身残疾，我认为"老天为我关上了一扇门，那我就去打开一扇窗，飞得更高看得更远"。截至2017年10月15日，平台接单金额达到170余万元。由于在猪八戒网的业绩突出，2017年11月6—9日，我受邀成为猪八戒网特约讲师，作为优质阳光创业服务商代表，前往慈溪为部分残疾人进行了为期三天的平台创业事迹经验分享演讲。这次分享大会被慈溪市电视台、网易新闻、搜狐新闻等多家媒体报道，为正在创业迷茫的残疾人服务商指明了方向。

2018年5月—2019年5月，我为北京市朝阳区劲松街道残联进行了为期一年的残疾人再就业培训，教会了更多残疾人熟练使用手机、电脑，让他们享受互联网带来的便利的同时还能实现自身价值。此外，我还加入了北京残疾人驾车俱乐部，希望能用自己微薄之力去帮助、影响更多的人。

职场心路：职业寄语

毕业10余年来，我一直在从事本专业相关的工作，我深知专业技能和真才实学乃是我们走出校门最为有力的法宝利器，也是立足于相关领域最坚实的基础。我想用亲身事例告诉学弟学妹们：专业基础知识是否扎实是决定你未来职业道路能够走多远的重要指标，也是你安身立命的基础。作为一名用人者，我认为企业是会尽最大能力去降低自己的用人风险的，技能好、学习快的人是企业最需要的。所以，我建议学弟学妹们在校期间一定要好好学习，打好专业理论基础，练好专业技能。在择业的时候，不要好高骛远，把眼前的事做好，一步一个脚印，不要为未来过度焦虑，放平心态，多思考，多学习。一个人只要心怀梦想，自强不息，勇于奋斗，就一定能发光发亮。我相信，属于你们的机遇会到来的！

（供稿单位：设计学院）

72. 专注新声代教育的口语教师

姓　　名： 胡朝辉
职业岗位： 金华市新声代艺术培训有限公司创始人
所学专业： 传媒策划与管理
毕业时间： 2013年7月

"用心、走心、细心"，
这是我一路走来的自我要求。
当梦想照进现实，
把自己的爱好变成了事业。
我将持续保持这份热情和热爱，
在少儿语言教育事业的道路上继续逐梦！

　　我叫胡朝辉，2013年毕业于金华职业技术学院师范学院传媒策划与管理专业，现在是金华市新声代艺术培训有限公司创始人，也是一名一线的少儿口语表达教师。我从小就对语言表达很感兴趣，总是喜欢在语文课上朗读课文，虽然多少夹杂着一些温州话的口音，但是每次朗读课文总是让我感到快乐。高中时期，我遇到了启蒙恩师，认识到了朗诵的魅力。到了大学，在班主任陈岩老师的带领下，我在口语表达这条路上越走越远。

 ## 高中时期：职业萌芽

　　如果说梦想是一颗种子，那么我的这颗种子就是"朗诵"。

　　高中时，我会把握每一个站上舞台朗诵的机会。仍记得第一次站上学校"金秋诗会"的舞台，我怯生生地拿起话筒，全身都在颤抖，自认为表现得不够理想，但是下场之后却被语文组的吴老师留住了，他希望我能够代表学校参加区级的比赛，这给了我极大的信心和鼓励。从那之后，我一次次地把握机会，参加了校内外的各种朗诵比赛，一次次的训练，一次次的突破，我却不知疲惫。印象最深的一次朗诵比赛，我和搭档把稿子反复练习了200余次，虽然每天还有繁重的学习任务，但我们乐此不疲。高中3年，在老师的带领下，我从最初的在校园"金秋诗会"上崭露头角，到在瓯海区中学生艺术节、朗诵节等比赛中多次取得第一名，而后十分荣幸地代表温州市参加了浙江省中学生艺术节朗诵比赛，并幸运地以第一名的成绩荣获一等奖。从那时开始，成为一名广电节目主持人，走上语言专业道路的梦想就在我心里埋下了种子。

高职时期：职业启航

在金华职业技术学院学习传媒策划与管理，是我通往梦想路上最好的安排。

2010年高考后，我如愿来到金华职业技术学院，开始了传媒策划与管理专业的学习之旅。由于音色出众，一入学，班主任陈岩老师就推荐我参加首届全省大学生汉语口语大赛。比赛要求每个选手要背诵近100篇文学作品，并且要准备50个即兴口语的题目。当任务落在我的肩上时，我感觉肩上的担子很重，压力也很大。对于从没有接触过即兴口语的我来说，这50个题目就像是50座高不可攀的大山。后来，在老师和学姐的鼓励下，我转变了观念，既然热爱语言艺术，热爱表达，不就应该热爱它所带来的一切吗？既然想要看到那"山峰"背后的美景，那就更应该鼓起勇气，去越过荆棘草丛，翻过悬崖峭壁，去努力，去超越。和我一起努力的还有小学教育专业的学姐，每次专业课结束之后，我们就相约实训楼，抽题、训练、查资料、准备，互相加油打气。经过两个多月不间断的训练，最终我们在绍兴文理学院的赛场上拿下了专科组第一名的好成绩。比赛结束后，我感受到了压力带给我的成长，也意识到，只要坚持和努力，就没有攀不过的高山。

从那以后，我在学校里逐渐崭露头角，先后在各大晚会担任主持人，加入绿荫支教团队成为驻村少年宫支教老师。在老师的带领下，我还参加了"挑战杯"、主持人大赛、演讲比赛等各类比赛30余场。我的大学生涯充实而丰富，这些经历为我的语言梦想积累了经验和基础。大二下学期实习时，我被老师安排到金华人民广播电台FM101.4频道实习，这是我迈进"播音"梦想的第一步。进入电台工作后，我对这份事业有了更多崇敬之心，心里下定决心，我一定要做好党和人民的"喉舌"。我从广播节目的基层工作开始做起，配音、写稿、采访、户外主持等，我都努力去完成，办公室的同事们常常笑称我是"拼命小辉"，而我自己却并不觉得这是"拼命"，更将它看成是一次次难得的成长与展示的机会。我喜欢语言表达，我乐在其中。

工作时期：职业实践

工作初期

梦想照进现实的同时，我开始思考语言能带给孩子的价值。

大三下学期的实习中，我接到了频道总监的通知，让我担任"早晚高峰"节目主持人。在惶恐、兴奋之余，我更感觉到责任重大，因为早晚高峰是频道收听人数最多的时段。从那时开始，我利用业余时间多听优秀的广播节目，学习节目中主持人的主持技巧，并在每次下节目之后，到录播间反复收听、研究自己的节目录音，反思自己存在的问题并及时改正。为了在做节目时更加得心应手，每次节目开播前一天我都会搜集新闻信息，归纳成5000字左右的节目稿，在微信互动平台上做好互动留言的设计，创新节目的思路。经过不断努力，我的早高峰节目开始有了更多关注。在我毕业2个月后，电台破格录取了我这个"专科生"，让我正式成为了一名节目主持人。我人生的第一份事业就是我热爱的工作，命运的齿轮开始进一步转动。

创业时期

除了台里的工作，周末我还会到少年宫任教语言表达的课程，因为我很享受和孩子们在一起的时光。后来，我从广电辞职，全身心投入到了少儿语言教育事业，创办了金华新声代艺术培训有限公司。在寻找口语教育实用化、差异化的路上，我不断改变策略和方向，在教学过程中，不断实践，希望每个孩子都能够收获更好的学习效果。我希望孩子们不仅能说一口标准的普通话，还能具备朗诵、朗读的能力和艺术感染力，具备高超的沟通能力和口语传播技巧，在语商、智商、情商三个维度上都能够得到同步提高。从开始的2位学员到如今拥有34个班级的规模，看着孩子们从内向害羞，到能够在各自学校、各大比赛以及生活中展露他们的语言能力，作为老师，我见证了他们的成长。

 职场心路：职业寄语

"用心、走心、细心"，这是我一路走来的自我要求。不论是在学校，还是在自己的工作岗位上，我始终会全力以赴去做好每一件事情。我是一个非常幸运的人，因为我把自己的爱好变成了事业。我将持续保持这份热情和热爱，迎接不同寻常的考验。同时，我也真诚地期待在校的学弟学妹们，都能够找到属于自己的那条"热爱之路"，走出一段属于自己的"精彩人生"！

（供稿单位：师范学院）

73. 逆境中成长的工业建筑设计师

姓　　名： 刘威
职业岗位： 铭扬工程设计集团有限公司建筑设计师
所学专业： 建筑设计技术
毕业时间： 2011年7月

设计创造价值，

一笔一画勾勒图纸，

一砖一瓦营造建筑，

一步一履实现价值。

从白纸到蓝图，用笔尖绘出万丈高楼，为城市建设添彩。我叫刘威，是一名建筑设计师，来自风景秀丽的丽水遂昌，2011年7月毕业于金华职业技术学院建筑设计技术专业，目前就职于铭扬工程设计集团有限公司，担任建筑方案所所长。工作期间完成了多项规模大且影响力强的设计项目，并考取了二级注册建筑师，负责的项目获得河南省优秀勘察设计作品二等奖。2020年转型专注于工业地产设计，现已完成15个工业产业园区的规划及建筑方案设计。

 ## 高中时期：职业萌芽

耳濡目染，播下建筑设计师的种子

我的高中生活很平淡，每天埋头苦读，重复着同样的程序，但回想起来，那是一段印痕深刻的青春岁月。与大多数同学不同的是，我来自大山，时常需要回家帮忙干农活。干农活虽然辛苦，却在潜移默化中培养了我对建筑的兴趣。

记得那时家里经济条件不好，为改善生活条件，父母计划养猪，于是请了村里的一些亲戚朋友，自己动手建造猪圈，我也加入了其中。混三合土、夯生土墙、搭木屋架、盖小青瓦，大家忙得不亦乐乎，最后一栋简易而又生态的猪舍就展现在了大家面前。接着整饬场地，那时候水泥很贵，没钱做水泥地，于是父母又带着我从小溪里挖来一些鹅卵石铺路，从山上砍来竹子做篱笆，还顺便挖来一些小树，种在院子里。看着落成的猪舍、富有生机的院子，我心里顿生满足感和成就感。我深刻感受到，通过自己的劳作，可以建造遮风避雨的地方，创造美好的生活环境。

我喜欢上建筑行业也受家人的影响，因为有好几位亲戚从事建筑行业，耳濡目染之中，我也对建筑行业越发感兴趣。对我职业启蒙影响最大的属我表哥，他常年在外承接建筑工程，逢年过节来看我时总会给我带礼物，给我讲工地上的一些事情，鼓励我从事这个行业。看着他生活条件迅速改善，我稚嫩的心也被深深打动，以至于高考所有的志愿，我都填报了建筑类专业。

 高职时期：职业启航

潜心学习，幸得伯乐

那时的建筑行业发展势头迅猛，怀揣着对建筑行业的热爱和向往，以及在未来大展拳脚的憧憬，我进入了金华职业技术学院，学习建筑设计技术专业。大学生活是一段充满挑战、创造与自我发现的旅程，这段经历不仅提升了我的专业技能，无形中也塑造了我的审美意识，更结识了一群同甘共苦的老师和队友。

金华职业技术学院是我建筑设计师生涯的启蒙地。我印象中，学校非常重视基础，强化理论与实践的结合，师资力量也很强，当时专业教师中就有三位是一级注册建筑师。我感受最深、收获最大的是加入了专业老师们设立的学习兴趣小组、教师工作室以及CAD制图社团。在工作室里，我跟着专业老师体验了设计的全流程，从项目的洽谈到草案设计，从方案修改到现场汇报，从图纸出图到项目建成，工作室的老师手把手教我们，带我们，这让我迅速成长起来，让我第一次感受到靠自己的努力是可以实现自身价值的。深夜和同学一起画图、跟着老师参与真实项目的设计……三年的勤学苦练、学用结合让我练就了扎实的绘图、设计等基本功。

对于学建筑设计的学生来说，软件的学习是至关重要的，我们需要学习使用基础的CAD、SketchUp，以及升级的3DMAX和Photoshop等软件。但由于我家庭经济条件一般，买不起配置较高的电脑，老师见我学习刻苦，专门为我配了一台电脑，且项目完成后还给我们发放生活费，那是我第一次靠专业劳动获得收入，这段经历至今记忆犹新。

工作时期： 职业实践

抓住机遇，团队奋进争取佳绩

因大学期间积累了设计实战经验，在老师的推荐下，我顺利进入了金华的一家知名设计公司——浙江华宇工程设计集团有限公司工作。当时是建筑行业发展的"黄金时期"，我有幸抓住了这个机遇，参与了一些重大项目的设计工作。在这个过程中，我与一些资深建筑师一起共事，他们的经验和洞察力对我产生了深远的影响。他们教会了我如何从不同的角度看待问题，并提出创新和实用的设计方案。

积土而为山，乘之而后高。为了不断提升自己的专业水平，我始终保持学习的状态。我积极提升自身学历，继续完成本科学习，获得本科文凭，同时积极参加建筑设计相关的各类研讨会和课程培训，了解最新的设计理念和技术，通过自身努力，考取了二级注册建筑师。这些研究和学习经历帮助我拓宽了视野，激发了我的创造力和思考能力。

通过自身不懈努力，2020年我加入铭扬工程设计集团有限公司，并任建筑方案所所长。正当我想一展身手的时候，却迎来了行业发展的波动，这时的建筑行业已经开始出现发展迟滞的现象，设计行业首当其冲。作为团队负责人，我深切感受到了谋求发展的巨大压力。团队原先主要从事住宅类建筑产品的设计工作，但随着房地产市场的变革，住宅设计项目遇到了前所未有的压力，业务量萎缩严重。在这样的行情下，我不气馁，带领团队成员开始了第二次创业摸索。我们一起开展调研进而分析行业数据，开展考察学习进而提升专业技能，进行尝试设计进而摸清设计重难点，同时借助公司发展优势，最后确定了工业地产方向作为今后设计方向的突破点，在设计行业迟滞发展的环境下，闯出了一条新路。

经过多年的努力，我们先后完成了众多工业地产设计项目，与温州置信实业有限公司、康超集团有限公司、浙江环宇科技有限公司等携手共进，先后在金华开发区、武义、磐安、青田等地打造新型工业产业园，同时创新工作领域，从前期产品定位到中间的产品设计直到后期成本控制，形成整套的工业地产设计经验，代表性项目有：环宇科技芯城、金华市立春科创园、青田起步科创园、武义冠威产业园等，在工业地产设计方向为"铭扬"亮出了一面旗帜。虽然行业发展仍会波动，工业地产项目方向也会有饱和的一天，但有了这次探索实践，等到下一个风口，我们依然有信心找到另外的突破方向。

代表性建筑设计作品

◉ 职场心路：职业寄语

"铭刻匠心、扬帆天下"，秉承一以贯之的信念，我作为一名建筑设计师的使命是创造美好的建筑产品，为人们提供舒适的居住环境，我和我的团队正在工作中努力践行着这个使命。无论是在城市规划中设计可持续发展建筑，或是在社区建设中为普通居民打造美丽家园，还是在工业生产中提供适宜的建筑产品，我们心甘情愿用自身特长为社会进步贡献绵薄之力。

（供稿单位：建筑工程学院）

74.努力让建筑开出绚丽之花的设计人

姓　　名：葛思坦
职业岗位：金华市建筑设计院有限公司建筑设计师

所学专业：建筑设计技术

毕业时间：2012年7月

我是穿梭于现实与梦想之间的织梦者，

以笔为梭，

以纸为帛，

精心编织着空间与时间的交响曲。

我叫葛思坦，是金华职业技术学院建筑设计技术专业2012届毕业生，现任金华市建筑设计院有限公司总经理助理、金华市勘察设计咨询协会副秘书长等职务，曾获得浙江省优秀勘察设计综合类三等奖、金华市住房和城乡建设局颁发的2022年度"最美建设人"、金华市公共卫生保障中心授予的2024年建设工程双龙杯优质工程奖等荣誉。

毕业以来，我一直从事建筑设计相关工作，凭着对建筑设计的热爱与执着，摸爬滚打了十余年，不断超越自我，为成就更好的自己不懈努力。

 高中时期：职业萌芽

梦想启航·悄然生根

还记得高中那时的我，没有明确的目标与规划，对未来充满了迷茫。我对于课业学习也提不起兴趣，学习对我来说更像是一项不得不完成的任务。我的目光时常游离于窗外，脑袋里经常有天马行空的想法，成绩也因此徘徊在中下游。

然而，一次偶然的机会，彻底改变了我的人生轨迹，为我的未来发展指明了方向。学校组织了一场建筑设计展览，当我踏入那个充满创意与灵感的展厅，每一个模型、每一幅设计图纸仿佛有魔力一般，吸引着我驻足不前，仿佛与我那天马行空的想法不谋而合。那些错落有致的建筑，不仅承载着设计的巧思，更蕴含着对空间、光影、人与环境和谐共生的深刻理解。那一刻，我仿佛找到了心灵的共鸣，建筑设计这个专业如同一颗种子，在我心中悄然生根发芽。

之后，我开始主动探索建筑设计的书籍、视频，并且利用课余时间在网络上学习CAD、SketchUp、Rhinoceros 3D等设计软件，幻想着自己有一天也能用它们独立完成一个大项目。于是高考后，我毅然报考了金华职业技术学院建筑设计技术专业。

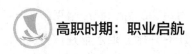 **高职时期：职业启航**

滋养梦想·苗壮生长

高职学习的那段时光里，每一天都像是与自我的一场深刻对话。入学不久，我便向老师表达了自己想要参与完成建筑设计类项目的想法，老师也很支持我，邀请我加入他的工作室。记得初次踏入老师的建筑设计工作室，满眼的图纸、模型，让我既兴奋又紧张。我很快便跟着老师投身于一个充满挑战的项目中，那是为武义某小镇规划一座集文化、休闲于一体的社区中心，但项目的推进远比想象中艰难。时间紧迫、技术难题、预算限制……我们需要全面地考虑各种可能遇到的问题。我埋头于堆积如山的资料中，从概念构思到细部设计，每一步都认真细致地按照老师要求去完成。设计方案的反复修改、技术难题的不断突破，甚至团队成员间的激烈争吵，使我深刻感受到了建筑设计的魅力——它不仅是艺术的创造，更是科学与人文的完美结合。

终于，当设计方案经过层层审批，破土动工的那一刻，我心中的激动难以言表。我站在那片即将被赋予新生命的土地上，望着工人们忙碌的身影，想象着未来这里将成为人们欢聚、交流的场所，一种前所未有的成就感油然而生，或许这就是让我一直从事在建筑设计领域的原因吧！

这段经历，不仅让我在专业技能上有了质的飞跃，更重要的是，它教会了我坚持与勇气，让我明白每一个伟大的建筑背后，都可能藏着无数次的尝试与失败，以及那份对美好不懈追求的信念。这份成就感，将成为我未来职业生涯中最宝贵的财富，激励我在未来的道路上继续前行，创造更多可能。

 工作时期：职业实践

磨砺绽放·绚丽之花

大学一毕业，我进入金华市建筑设计院实习，与我共事的同事，几乎都是本科毕业，甚至还有硕士、博士。建筑设计企业普遍看重高学历，如同济大学、浙江大学及浙江工业大学等重点高校毕业生往往是企业用人的首选。

那我要如何从中脱颖而出，用自己的优势打破学历壁垒呢？回想实习期间的那段经历，虽然很痛苦，但是我不断告诉自己，有苦也要硬吃，再苦再累也要积累实战经验。入职后，我首个工作任务就是为面积6万平方米的永康水泥厂房做设计图。熬夜赶工的那一个个夜晚，我无数次鼓励自己，在前辈们的帮助下，用储备的知识和经验克服了一个又一个技术上的难题。看着自己绘制出来的设计图，所有汗水与泪水都是值得的。也许是因为我的实习实战经验并不亚于同批的高学历毕业生，实习结束后，公司也让我顺利转为正式员工。

积累了一定的建筑设计实战经验后，2018年，我开始尝试自主创业，成立了一家小型建筑设计公司。那时的我对于独立设计已经游刃有余，但要拓展业务，独立承接项目，困难还是非常大的。经过一段时间努力，虽公司业务小有起色，但业务量始终有限，仅能维持公司日常开支。可我也不后悔，始终将创办公司作为职业生涯中的一次历练，唯有亲身感受过，才知道行业中的各种色彩。

于是，在2020年我放弃创业，再次回归建筑设计院，担任总经理助理一职。创业历练让我更懂得企业经营者的不易，更容易听取同事们的意见和建议。

我也深知设计需要创新发展，在工作当中注重创新理念的深入贯彻，力求做到极致。担任总经理助理后不久，疫情蔓延，防控局势紧张，我们团队接到金华市卫生健康委员会的协助通知，共同完成方舱医院的设计建设任务。如何在最短的时间以最高的质量完成这一任务，是我们团队面临的最大挑战。团队的力量在这一刻彰显得淋漓尽致，相互间的鼓励成为当下最鼓舞人心的动力，努力抓住每一分钟，倾尽自己所学，从设计到审稿再到建设和最终投用，凝聚了每一个人的不懈努力，那一刻的使命感和成就感不言而喻，也再一次坚定了我始终要走建筑设计这条路的决心。

2024年，我有幸成为金华市勘察设计咨询协会副秘书长，我的责任更重了。"如何推动行业发展"，成为我必须思考的问题。我也因此加强国内外先进技术的学习，组织参与相关课题论证，力求形成有效的成果应用到当前的建筑设计行业当中。

 职场心路：职业寄语

匠心筑梦·初心如磐

13年的工作生涯，从建筑设计师到公司负责人，再到总经理助理和行业协会副秘书长，身份上虽发生了转变，但我对于建筑设计的那一份热情始终未变。设计带给我的是一次又一次的尝试、论证，是那一幢幢高耸的建筑在向我诉说："你是最棒的！"我会将朝着这条路一直努力走下去。

每一份图纸背后承载的不仅是砖石与钢筋的重量，更是梦想与创意的飞翔。回望求学路，那些熬夜推敲方案的夜晚，都将化作未来职业生涯中宝贵的财富。不忘初心，勇于创新，用专业的力量点亮城市的每一个角落，最终在世界这个广阔的舞台上，大放异彩，成就非凡！

（供稿单位：建筑工程学院）

---

75. 别人在看，而我在观察

姓　　名：孙洪

职业岗位：吉祥佳美科技股份有限公司总经理

所学专业：楼宇智能化工程技术

毕业时间：2010年7月

花半秒钟就看透事物本质的人，

和花一辈子都看不清事物本质的人，

注定是截然不同的人生。

　　我叫孙洪，一个很简单的名字，姓名源自我父母的姓氏组合。虽然传承了他们的姓氏，却没有遗传到他们优秀的基因。从小到大我都是普普通通，最高光的时刻，可能也只是当过课代表吧。

　　1989年的儿童节，我在温州的一个小县城里降生。我的父母是从事百货日用品批发生意的，所以我童年的寒暑假基本都是在父母的店里帮忙，干过收银员、仓库调度员、大门迎宾……这段经历对我日后的工作有很大帮助。

 高中时期：职业萌芽

　　我高中就读于浙江省乐清市第一中学，这所学校的前身为乐清私立中学，简称"乐中"。我的高中班主任方春老师时常会跟我们说："学习中要不断地大胆假设，然后小心地验证。"这句话让我记忆犹新，因为不管是在学习中，还是在生活、工作中，我总会有很多天马行空的想法。对于这些想法我一般会先分析可行性，然后立马着手去实践。

高职时期：职业启航

高考填报志愿时，我选择了楼宇智能化工程技术专业，因为我认为大学专业的学习对我未来的工作非常有用。

大学期间，我最喜欢上实践类的课程，如电箱接线、CAD制图学习、安防线路布线等，我觉得在实践课中学到的知识更为直接。记得一次实践手工课，课程内容是让我们把一块铁手工打磨，制成一把铁锤。通过一个星期的课程，我从第一天的不敢置信，到最后看着自己亲手制作的铁锤，成就感满满。这堂实践课让我意识到，人生中可能会遇到很多看似不可能完成的任务，但是通过努力完成后，其实也没有那么困难。

2010年初，我进入大三的实习期。也是机缘巧合，那一年的世界博览会在上海举办，各街道改造如火如荼地进行着，需要大量的装修材料。铝塑复合板（又称铝塑板）作为一款当时的新型装饰材料，以其经济性、可选色彩的多样性、便捷的施工方法、优良的加工性能、绝佳的防火性，迅速受到人们的青睐。

我的舅舅看到了商机，邀请我一起到上海浦东创业，专攻铝塑板这一块业务。当时我想也是个机会，因为幕墙装修系统和我所学楼宇智能化工程技术专业主要都是和房地产打交道，我可以两个行业都学着做，让它们相辅相成。

 工作时期：职业实践

2011年，我们成立了上海吉光装饰材料有限公司，我以小股东的身份进入公司。然而，天有不测风云，当我们选好场地，装修完毕，员工都到位的时候，我舅舅因个人原因要退出公司，这下我慌了神。

我第一次入股钱都是家里帮忙凑的，箭在弦上，如果放弃，前期所有的投入都会化为乌有。最后，我们采取了折中的办法，舅舅帮我和供应商做了担保，帮忙铺了300万元的材料款作为启动资金，我自己也贷款180万元用作平时的周转。

当时我大概估算了一下，公司一年的开支费用在100万元出头，所以如果两年内我创业不成功，公司将面临倒闭，大学刚毕业，我就会负债近500万元。

那时压力特别大，刚接手公司的头两个月，我几乎每天做噩梦。梦里不是搞错了客户的订单就是碰上了产品的客诉问题。每天12个小时的高强度工作，没有周末和节假日。我要兼顾财务总监、销售总监的职责，忙不过来的时候，我甚至要到仓库帮忙一起发货。

学业上是"书山有路勤为径"，商场亦是如此。经过一段时间的摸索，走了很多弯路，交了很多"学费"，但是我坚信诚实守信是经商的唯一出路。我努力提高品控，加强成本优势，把节约出来的利润让给客户，供应商的预付款按时支付，中间人的佣金也是当天支付。

正是秉承"诚信经营、保质保量"的理念，我在创业第一年就取得了良好的业绩，拿下了浦东区域40%左右的市场占有率，此后每年以3%~5%的增速发展，先后拿下"上海世博会中国馆""上海浦东游泳馆""上海浦东机场卫星厅"等多个铝塑板维修项目。

2017年，由于传统行业受到各种因素的冲击，我准备转型产业成立第二家公司——吉祥佳美科技股份有限公司，专注于研发销售铝幕墙系统。目前，公司已有8项软件著作权和专利，并申报了国家高新技术企业认定。针对不同的市场需求，我们把产品做得更加精细化、多样化，不但扩大了市场份额、提高了竞争力，还可以提高产品品质和附加值，提高品牌溢价能力和市场认可度。

 职场心路：职业寄语

不论是学业、投资还是创业，我们要大胆去想，小心去做。走出自己的舒适圈，道理大家都懂，但你要做第一个破圈的人。看清本质，抓住机会，计划不用太完美，行动第一。先行动起来，慢慢优化自己的行动，微调自己的目标，利用敏捷和迭代的思想，快速完善自己。只要你仔细用心地观察，就会发现所有的答案都在生活中。

[供稿单位：信息工程学院（怀卡托国际学院）]

---

76. 扎根基层，是青春该有的模样

姓　　名：赖玲瑾

职业岗位：松阳县新兴镇人民政府办事员

所学专业：会展策划与管理

毕业时间：2022年7月

服务为民，勤勉务实；

政策落实，细致入微；

促进发展，构建和谐乡镇。

　　我叫赖玲瑾，2022年7月毕业于金华职业技术学院旅游学院会展策划与管理专业。我在毕业后参加了"2022年浙江省大学生志愿服务山区、海岛、边远地区计划"，以大学生志愿者的身份服务于丽水市松阳县新兴镇人民政府，成为一名基层干部，先后负责农业统计、低收入帮扶、住户调查监测等工作，同时协助文广旅体和宣传方面的工作。

 高中时期：职业萌芽

雾中拨云　光满心间

　　我出生于丽水市遂昌县，高中时期的我虽然就读于县里唯一一所重点中学——浙江省遂昌县遂昌中学，但成绩并不突出，处于中等水平，和大部分普通高中生一样为了高考每天努力学习，上课、做题、考试、自习，日复一日按照固定的轨道前行。那时的我不知道高中毕业以后要读什么专业，以后要从事哪一行，像是走在漫漫迷雾中，看不清前路。机缘巧合之下，我了解到有一个专业叫"会展策划与管理"，这就像是一束光，拨开了我心中的迷雾。策划各种各样的活动一直是我擅长的事情，我在高中阶段一直担任班里的文艺委员，经常为班级策划各种文艺活动，受到老师和同学们的肯定，我非常享受活动或展览带来的成就感。

　　高考成绩出来后，虽然过了本科线，但深思熟虑后，我还是选择报考了金华职业技术学院旅游学院会展策划与管理专业。我始终坚信，人能够拥有梦想并为之奋斗是一件很酷的事，我愿意为梦想放手一搏！

 高职时期：职业启航

奋楫启航　行稳致远

　　在我的3年大学生活中，对我影响最深远的是老师对我的照拂。令我印象尤为深刻的是，无论是寒暑假还是法定假期，班主任和辅导员依旧经常在班级群里更新信息，了解每个同学的近况。作为资助对象的我，更时常接到老师的电话，告诉我无论是学习还是生活上遇到什么困难，都可以向学院反馈。老师的问候与关心全年无休，给我带来了莫大的温暖，他们的奉献精神给我树立了榜样。因此，每年寒暑假我都会加入到社区志愿者的行列，承担起轮岗执勤、登记信息、为社区居民宣传防诈骗信息等工作，用实际行动帮助他人，诠释青年人的担当与奉献。

返校后，我虽对志愿服务保持着热情，但学业压力和未来发展都让我深感迷茫。班主任看出了我的不安，他不仅在学业上给我提供帮助，更是鼓励我参加志愿服务与职业规划指导，并告诉我"以纯粹初心做平凡事，就是伟大"。在他的鼓励与学院的帮扶下，我又一次投身各类志愿服务活动中，志愿服务时长累计超过400小时，并以出色的表现荣获了"最美社会工作者"等荣誉。假期的社区志愿经历在我心中埋下了一颗服务人民的种子，更让我深刻地理解了志愿服务的深层含义，为我日后参与"两项计划"，扎根基层、服务社会奠定了坚实的基础。我深知，正是这些经历让我更加坚定了自己的信念，愿意将青春和热血奉献给需要的地方，为社会贡献自己的一份力量。

 工作时期：职业实践

服务人民　勇担使命

2022年7月，我顺利毕业。站在人生的又一个十字路口，我陷入了深思：是留在金华寻求一份稳定的工作，还是返回家乡慢慢寻找机会？此时，我得知了大学生志愿服务"两项计划"。从报名到初审、复审、体检、培训，一切流程出乎意料地顺畅。同年9月，我如愿以偿地以大学生志愿者的身份，踏入了丽水市松阳县新兴镇人民政府的大门，成为一名基层干部。

初入职场，我面临着诸多挑战。从校园到职场的身份转换、乡镇工作环境的陌生、业务知识的匮乏，以及与同事、领导间的不熟悉，尤其是面对群众时方言沟通的障碍，成了我最初需要克服的难题。但我从未觉得困难是难以逾越的高山，仅仅用了两个月时间，我凭借遂昌与松阳相邻的地缘优势，逐渐掌握了基本的沟通能力。除此之外，我积极参与各类培训，迅速适应了新的工作岗位，掌握了专业技能，工作逐渐步入正轨。

在做好日常工作的同时，我还充分发挥自己的专业优势，与年轻干部携手，共同运营新兴镇官方抖音号"来自新兴的你"。我们深度挖掘茶文化内涵，推动文旅融合发展，有效提升了镇域内文旅景点的知名度和农特产品的销量。其中，新处峡漂流项目在2023年暑期仅两个月内便接待游客超过3000人次，营业额高达30余万元；庄后土豆更是销往安吉等地，累计销售量达12吨，营销额高达6万元。这一系列举措不仅促进了当地传统文旅项目的宣传推广，还带动了新兴文旅业态的发展，为乡村振兴和共同富裕注入了新的活力。

 职场心路：职业寄语

　　回顾自己的成长之路，我深刻体会到，人生并非一条既定的轨道，而是一片广袤无垠的旷野，未来充满了无限可能。在过去的两年里，我扎根基层、服务群众，以实际行动诠释了新时代青年人的责任与担当，与团队成员紧密合作，取得了显著成效。展望未来，我将继续坚守在基层一线，为实现乡村振兴的宏伟目标贡献自己的青春与智慧。

（供稿单位：文旅学院）

77. 从课堂到讲台：阿语教师的成长之路

姓　　名： 马玲莲
职业岗位： 金华职业技术大学阿拉伯语专业教师
所学专业： 应用阿拉伯语
毕业时间： 2010年7月

人生就是一场马拉松，

无须介意暂时的落后，

坚持到底的人才是最终的胜者。

　　我叫马玲莲，是一名对外阿拉伯语教育博士，副教授，目前在金华职业技术大学从事阿拉伯语专业的教学工作。我曾经在埃及留学12年，完成了博士学业的深造，期间发表了多篇高质量论文，多次参与会议及阿语名著的翻译工作，并受邀参加了埃及电视台CBC的专访。或许你会觉得我一定是一个学习成绩优异的人，其实我只是认准了方向，选择了执着。始终如一，坚持如一，我相信平凡的人也可以在自己的领域做出成绩，成为行业的翘楚。

高中时期：职业萌芽

　　高中阶段我的成绩起初并不好，加之我自身比较内向腼腆，所以在班级里一直默默无闻。我偏科比较明显，不喜欢数理化，总是把大量的时间和精力投入到文科学习中。在学习过程中，我越学越发现自己在文科特别是语言类学习方面的优势，慢慢在心里萌发了学习一门外语、未来从事语言工作的想法。

　　相较于理科，语言类的学习更多要靠日积月累的坚持。我每天都会进行大量阅读，沉浸式的付出也得到了理想的回报，我的语言学科成绩稳步上升，整体学习状态也明显变好。这段经历让我养成了做事专心细致的习惯，也进一步塑造了我沉稳内敛的性格。

　　高考结束填报志愿专业的时候，我选择了自己的优势方向——语言类中的阿拉伯语。阿拉伯语属于小语种，应用阿拉伯语专业也是个小众专业，当时全国开设这个专业的学校也就只有几十所。很多人建议我改学英语或者其他大众一些的语言，但是我坚定所选，并最终考入金华职业技术学院的应用阿拉伯语专业，正式开始了我的漫漫求学路。

 高职（留学）时期：职业启航

　　进入大学后，在我的学习计划和目标中，获取出国留学机会是最重要的一项。当时，国内阿拉伯语学习的基础并不好，要想有提升，必须得去往它的母语国家，"原汤化原食"才是正宗。为了实现这个目标，我早早开始准备，不断积累自己的优势。学校学习氛围浓厚，一直保持着早晚自习的传统，我就雷打不动地坚持早上集中精力背单词，晚上找同桌练口语，共学互助打好语言基础。很快，机会就来了。当老师告知我们有个留学交换生的项目可以报名时，很多同学陷入了犹豫，因为留学时间很长。离乡背井四五年待在一个遥远的异域国度，不确定的因素实在太多，而留在国内发展也并非没有前途。为此，大家纷纷选择了放弃，除了我。我深知既然已经踏上了这条路，那就一定要走到底。我渴望去到没人去过的地方，看一看路上没人看过的风景。

　　获得交换生资格后，我去往了远在八千多公里外的埃及艾因夏姆斯大学进修。留学不是终点，而是一段新征程的开始。在此期间，我没有松懈，我深知自己选择留学的目的不仅是提高听说读写的能力，还要深入了解语言背后的文化。为此，除了专注学校学习外，我还游历了中东地区的许多国家。在游学途中，我把自己当成一个阿拉伯人，打破各种隔阂和当地人交流，学习他们的语言艺术，感受阿拉伯国家和中国的文化差异。在那里，我体验了许多的人生第一次，如第一次知道那里的女性一般只穿黑色的衣服，而男性则一般穿白色；第一次知道那里的火车不但载人，还有鸡有驴以及许多其他的动物；第一次因为想念家乡美食而辗转难眠……离家万里虽然有种种不适，但因为一直以来的追求和目标，我坚持了下来。因为这里的环境的确更适合阿拉伯语学习。交换学习结束后，我选择继续留在埃及深造，加倍努力提升。2020年，作为导师第一个毕业的博士，我有幸收到埃及电视台CBC的采访邀请，并用流利地道的阿拉伯语完成了采访，为我的留学生涯画下了完美的句号。

 ## 工作时期：职业实践

留学归国后，我选择回到母校金华职业技术学院任教，将自己学习阿拉伯语的经验传授给更多的人。熟悉的校园和熟悉的老师，让我这个在异国漂泊了12年的游子感受到了回家的安心。在这里，我专注教学，希望作为老师帮助更多的人学习掌握这一门语言。我用自己的亲身经历向学生证明，语言类专业虽难，但只要坚持就能取得成功；我用曾经留学所见所闻的分享，让学生对阿拉伯文化有更强烈的兴趣和更深入的了解，从陌生走向热爱。任教期间，我也惊喜地发现现在的学生相比以往更加优秀，各个方面的基础条件都很好，看到应用阿拉伯语专业的学生越来越多，素质越来越高，我打心里感到开心，我相信这个小众的语种必将在金华职业技术学院的土壤上茁壮成长。

 ## 职场心路：职业寄语

锲而不舍，金石可镂。坚持的路上注定伴随着荆棘和坎坷，坚持的背后也会有怀疑与挣扎，但正是无数次动摇后的坚定，让坚持可贵，让梦想走近。对于阿拉伯语专业的学习，我始终认为坚持是最重要的。作为一门小众外语，刚开始接触的时候可能会觉得比较难入门，需要一个适应时间，但坚持一段时间找到规律后，你就会发现语言是相通的。我们不是跨入了另外一个角度，而是在同一角度不同方向进行表达。每个人对语言的敏感程度不同，有些人入门只要几个月，有些人却可能要经过一两年，不用过分紧张，制定好计划，一步一个脚印坚持走下去，你就一定能到达梦想的彼岸。

（供稿单位：商学院）

78. 入川助农——做乡村振兴的"羊倌"

姓　　名： 张开荣
职业岗位： 湖州市南浔区善琏镇公共事业服务中心主任
所学专业： 动物防疫与检疫
毕业时间： 2011年7月

湖羊远道入川来，千里迢迢为哪般？
蜀中水草肥且美，更兼天府气候安。
山川秀丽景色好，风土人情亦不凡。
愿助扶贫兴农业，共谋发展赋新篇。

　　我叫张开荣，2011年毕业于金华职业技术学院动物防疫与检疫专业，现任湖州市南浔区善琏镇公共事业服务中心主任，2019—2021年曾作为农业专业技术人才赴四川挂职。

　　2021年初，我荣获"全国脱贫攻坚先进个人"荣誉称号，同年获评首届"全国乡村振兴青年先锋"和被授予"浙江省优秀共产党员"称号。接下来，我想和大家一起分享我的"羊倌"故事。

 高中时期：职业萌芽

　　从小学开始，我就经常看《动物世界》栏目，时常幻想着未来能够与动物们有更多的交流，所以高中时期，虽然我的成绩并不出众，但是我尤其喜欢生物课，它满足了我对大自然的憧憬。

　　高考后，在班主任的启发和父母的鼓励下，我开始尝试着自己进行职业生涯规划。他们给予我充分的自由去探索自己的兴趣和目标，为我后续的专业选择和职业发展奠定了坚实的基础。最终，我结合自己的兴趣选择了金华职业技术学院的动物防疫与检疫专业，从此开始真正近距离地和动物们进行交流。

高职时期：职业启航

入学后，我就埋头学习理论知识，图书馆成了我的第二个家，我也时常因沉浸在书海中而错过宿舍的关门时间，被宿舍阿姨"批评"。

除了传授扎实的理论知识，学校还特别注重实践能力的培养。一次在屠宰场做检疫时，有一位同学不慎割伤了手，当时在场的老师傅对我们说："大家学这个专业不仅是为了保障禽畜健康，也要注意自身安全才行。"这件事，让我深刻理解到了"专业过硬才是真正的'金名片'"的道理。

从老师傅那里，我们学到了课本上没有的经验和技术，也学会了如何将所学转化为实践。此后，每一次跟随老师外出实践，无论是养殖场初步消毒、调整环境条件，还是实施免疫接种，我都全力以赴，用心观察、分析并解决问题。这些实践经历不仅提升了我的专业能力，更让我学会了如何在复杂多变的环境中保持冷静与判断力，为日后的工作打下了坚实的基础。

3年来，我通过自己的努力获得了多次"校级优秀学生奖学金"，还获得了"大北农奖学金"和"金农奖学金"，这是学校对我努力的肯定和认可，也更加坚定了我用所学知识助力农业、服务社会的决心。

工作时期：职业实践

毕业以来，作为一名基层的年轻干部，我始终围绕"三农"工作，扎实推进生态农业全产业链发展和现代化农业发展，助力建设村强、民富、宜居的大美农村。2019年2月春节前，我接到了新任务——以农业专业技术人才身份到四川广安工作，挂职广安区农业农村局龙安柚产业发展办公室副主任，负责协助东西部协作农业扶贫项目建设和农业技术指导工作。

（一）不受欢迎的"门外汉"

还记得，初到广安区白马乡的第一天，我就被赶了出来，不仅因为语言沟通存在障碍，更因为当地饲养员认为我太年轻，根本不懂养羊技术。

直到第七次来到基地门口时，我看到角落里躺着两只死湖羊，还有五六只湖羊奄奄一息，身上流着血。我知道这是母羊流产的前兆，连忙告诉饲养员老叶给母羊打抗生素，再单独关到透风的羊舍里，从而避免了更大的损失。这件事之后，我也凭自己的实力成为饲养员们信赖的"自己人"。

渐渐地，我把湖羊每日食量，饲料用量、粗细大小，不同时期用料比例调整等细节慢慢教给他们，几个饲养员很快活学活用，湖羊存活率也达到了100%。

（二）备受喜爱的"指导员"

养好湖羊并不容易，虽然浙江湖州与四川广安两地在气候上具有相似性，温度、湿度、风向等条件都差不多，但湖羊毕竟是引进品种，在喂养方面也会出现一些问题，如要保证每天定时定量投喂、不能长期喂养同种饲料等，所以我把我的经验和饲养湖羊的方法、标准流程等制作成手册分享给了大家。

2019年6月，第一只小羊羔顺利出生，湖羊终于在广安安下"家"来。之后的一个多月，我每天都会去基地进行技术指导，期间基地也陆续出生了140多只小羊。12月，随着第一批湖羊出栏销售，我这个年轻"羊倌"也变成了大家的"领头羊""座上宾"，我顺势举办了湖羊养殖培训班，为方便指导我还组建了微信群。

（三）"湖羊致富"的"领头羊"

当地的湖羊养殖慢慢走上正轨后，我又陆续参与指导建设了6个湖羊种羊循环生态基地，完成引种6000多只，还指导了75个幸福农场建设和湖羊养殖技术，培训养殖人员200多人，直接带动近5000户贫困户增收，为东西部扶贫协作贡献了"湖州力量"，我也先后获得四川省广安市脱贫攻坚先进个人、浙江省东西部扶贫工作突出贡献奖等荣誉。

2021年，我被授予"全国脱贫攻坚先进个人"荣誉称号，每周都能接到好几个广安老乡的电话和我报喜，虽然帮扶挂职工作结束了，但是对乡亲们的指导工作从未停止。

 职场心路：职业寄语

从电视栏目中的动物走进现实，我以湖羊为媒介，以金职所学为基，踏上了广安这片热土。从养殖户们质疑的"门外汉"到备受欢迎的"指导员"，我带动养殖户们共同致富，成为"湖羊致富"的"领头羊"。

作为新时代的农业人，我们不仅要具备扎实的专业知识，更要有勇于创新、敢于担当的精神。我将继续秉持初心，以湖羊为媒，助力乡村振兴，做一头致力于新农村建设的"湖羊"。

（供稿单位：农学院）

79. 从B站，到阿里，再到……

姓　　名： 路蓉
职业岗位： PayerMax支付公司前端工程师
所学专业： 软件技术
毕业时间： 2016年7月

当你想努力，想变得优秀，
却看不到方向的时候，就低头做事。
尝试多了，你就知道自己该做什么了，
也知道需要进步的地方在哪里。

　　我叫路蓉，曾先后任职于上海哔哩哔哩科技有限公司、阿里巴巴集团，目前是PayerMax支付公司前端工程师。

　　公司主要为全球商户提供全球收单、付款、收款、收付一体等安全便捷的一站式跨境支付服务，我任职的部门主要是做跨境支付相关的前端工作。

 ## 高中时期：职业萌芽

　　我可能是有哥哥的原因，从小就喜欢打游戏、玩电脑，尤其到高中之后，哥哥去了深圳，我有了更多接触不同电子产品的机会，也对网络和电子产品产生了更强烈的兴趣。但是那时候对于开发这种事接触太少，没有想过这也是一种职业。

　　从小到大，我各科成绩一直都不错，但高中时期因为家里的一些事情，我的高考成绩令人遗憾。高考后，我一直在电脑前打游戏，没有什么目标。

　　填志愿时，我漫无目的地搜索各种专业。那时候互联网还不如现在这么发达，但是看到网页上的东西，我觉得自己的心动了，就开始了解这些是怎么做出来的，跟哥哥说了想法后，他表示很支持，觉得我内向，不爱说话，很适合"码农"这个职业，但也有亲戚觉得搞计算机意味着"不务正业"，觉得女孩子最好的就是做护士、教师之类的。

　　然而，青春期的我自然不会听他们的，加上有哥哥的支持，我很快在网上找到了金华职业技术学院。说实话，当时是看到学校的占地面积、规模、校园风景照，即便还没了解专业实力，我的心里就已经确定了金职的软件专业了。

 高职时期：职业启航

我是甘肃人，一个地道的西北人，到金华之后常常因为潮湿的天气、同学的口音感到不适应，但这一切都让我觉得格外新鲜。

开学之后，跟同学聊天时，我才知道很多女同学是被调剂到这个专业的。那时候总有一种刻板印象，就是女生没有男生懂电子产品、懂代码。所以我更加努力，上课的时候争取坐到前排，生怕自己学不好，也怕自己选错专业。

因为性格原因，内向、怕人、不爱说话的我抓住一切机会锻炼自己。学校的各种活动我都积极参加，做志愿者，加入各种社团，提高自己的胆量和表达能力……很感谢学校让我能有这些机会去学习、去感受、去锻炼，这些经历是我工作后的宝贵财富。

学校和职场是两种完全不相同的模式，虽然很多人都口口相传"学校学的知识，在工作之后很难用到"，但我很清楚这绝对是谬论，尤其是软件专业，大学时只要认真学，就能在逻辑思维方面打下非常好的基础，可以说，专业课程没有一科是多余的。

毕业8年了，到现在我都清楚地记得每一科的课程和每一科的老师。因为我有用心认真地去学习。所以当你想努力，想变得优秀，却看不到方向的时候，就低头做事。尝试多了，你就知道自己该做什么了，也知道需要进步的地方在哪里。

 工作时期：职业实践

从工作到现在，我就职过几家不同行业的公司，实习期因为没有工作经验，学历也受限，所以没能进大公司。然而幸运的是，虽然公司不大，但是遇到了几位非常优秀的老程序员前辈。他们沉迷技术，每天都在讨论什么样的技术更好，出了什么新技术，在这样的环境下，我也格外努力地跟他们一起学习，为实习结束能进大公司打下了坚实的基础。

实习结束后我顺利转正，但公司因经营问题，濒临倒闭。所以我就开始了漫长的求职之路。为什么说漫长，因为那时候刚好六七月份，是上海最热的时候，我每天都要面试三、四家公司，快速熟悉了上海的各线地铁。虽然收到了很多小公司的offer，但是不甘心再去小公司的我，下定决心一定要去大厂。最终得偿所愿，我去了心仪的B站。

B站满足了我对工作的很多幻想，像工作环境、办公氛围，更是超出了预期——比如可以带猫上班，可以参加很多二次元活动，吸引年轻人的新奇东西也非常多，包括可以见到一些明星来公司做活动。

我在B站主要做主站的一些工作，像现在PC端很多东西都是由我们部门做的。在这里，我学会了怎么跟别人沟通，怎么更清晰地表达自己的观点。新的技术团队让我获得了更多的见识，有了更清晰的职业规划。团队成员以年轻人居多，平时我们会积极分享技术，设计也都偏年轻化。但做得时间越久，业务越稳定，挑战也就越来越小，到最后工作内容基本是网站维护。但那时候互联网处于鼎盛时期，所以我想要再"跳"出去看看，看看更多的可能性，也看看更多新的行业和新的技术。

在阿里工作的时候，明显比之前的压力大了不少。一个是因为职级和薪资的提升带来的高标准高要求；另一方面就是阿里的加班文化。相信不少人都听说过阿里的"996"——上班时间从早上9点到晚上9点，一周工作6天。从B站舒适的办公时间，瞬间跨越到阿里的"996"，让我一时间比较难接受。

但是既然选择了，就要付出百分百的努力。很快，我便适应了阿里的节奏。其实在去阿里之前，也有通过国企的面试，但那时，我一心只想着努力工作，想掌控自己的人生。对此我一点也不觉得遗憾和后悔，因为每一段经历对我来说都有很多成长。

每天我都在思考自己的职业规划。身边的80后，不说财富自由，也是房车不愁。但对于90后的我来说，要在上海安家，还是一件比较困难的事，虽然互联网红利我吃到了一些，但是依然会觉得吃力。

虽然现在想要入职一个前景比较好的行业很难，但我仍旧想趁年轻多多扩展自己的行业背景，凭借我之前在B站和阿里的工作经历，我跳槽到了跨境支付行业。国内的手机支付已经做得很完善了，但是在境外，很多人依然保留现金支付的习惯，这个行业还有很大的发展空间，所以我毅然地来了现在的公司。

在PayerMax的工作经历，极大地提高了我的数据安全与风险管理的能力。现在我依然在探索学习中，工作中有很多值得我去学习去努力的方面。

 职场心路：职业寄语

我希望学校的学弟、学妹们可以不畏将来，如果要我给学弟、学妹们提建议，我觉得：不论什么专业，自信、积极、逻辑清晰、表达能力还有持续性的学习在职业发展之路上是非常重要的。能够做到这些，即便你的能力暂时有所欠缺，但总有一天会成功，会得到认可。

[供稿单位：信息工程学院（怀卡托工程学院）]

80. 使命必达，我是奋力"奔跑"的人

姓　　名： 吐达阿吉·玉苏甫
职业岗位： 顺丰速运丽水青田片区负责人
所学专业： 物流管理
毕业时间： 2020年7月

陌生的环境、未知的职业道路，我也曾紧张、彷徨，
稳住心、沉下心，
我发现，原来路越走越平坦。

　　我叫吐达阿吉·玉苏甫，金华职业技术学院物流管理专业毕业生，目前是顺丰速运丽水青田片区负责人。我从新疆跨越5000多公里来到浙江求学，毕业后又留在浙江从事物流工作。从一名快递小哥到仓管、主管、运营负责人，再到现在的片区负责人，我始终秉承物流人"使命必达"的初心，奋力"奔跑"，努力将顾客期盼的物品最快、最好地送到他们手中。未来，我希望去往更高的平台，探索更广阔的世界，做一名专业又暖心的数字物流管理人。

中职时期：职业萌芽

　　我出生在新疆喀什的一个普通家庭，父母是农牧民，从小在草原上追风逐马的我一直向往的就是去更广阔的世界看看不同的风景。为此，我专门报考了宁波行知中等职业学校。

　　中职3年，在这座不一样的海滨城市，我不仅看到了以前从没见过的海景、学会了吃海鲜，还坚持德智体美劳全面发展。在埋头学习知识技能的同时，我积极参加学校活动，同时兼任新疆部14建筑班班长、校篮球队队长、校国旗仪仗队队长等多个职务，可以说是一个文体多面手。学习上，我努力进取，曾代表学校参加全市技能竞赛，获得了慈溪市技能大赛CAD项目二等奖、慈溪市手工制图大赛二等奖。工作上，作为班长，我定期组织班级团建活动，增强同学间的感情，促进民汉同学互助共学，发挥同乡优势协

调矛盾，帮助少数民族学生融入校园生活，毕业时我们班级获评"宁波市优秀班集体"荣誉称号；作为校国旗仪仗队队长，我不论严寒或酷暑都按时组织队员练习，只为了在清晨的阳光下将神圣的国旗升向天空；作为校篮球队队长，我带领队员刻苦训练、勇于突破，在2016年的慈溪市中职学校篮球联赛中取得了第二名的好成绩。

无论是学业还是学生工作，我总是尽自己最大的努力去完成。这段经历不仅让我在专业上锤炼了技能，也在为人处世、组织管理等方面收获了诸多受益终生的成长。就是在这个阶段，我发现自己对经营和管理十分感兴趣，所以在后续学习方向上，我选择了金华职业技术学院的物流管理专业。

 ## 高职时期：职业启航

进入金华职业技术学院后，我依旧担任班级班长和学院篮球队队长，依旧学习努力，获奖无数，也一如既往热心组织同学活动。虽然大学生活在某种程度上像是复刻了高中生活。当然，肯定也有许多不一样的发展。例如，作为班长，我在处理班级事务方面变得更加独立和成熟，同学们都很支持我，班级氛围十分融洽温暖；作为学院就创中心部长，在学好专业知识技能的同时，我还提升了自我管理能力和沟通能力，并对职业方向有了更多关注，参加了浙江省大学生职业生涯规划大赛。备赛期间，在指导老师卜晓斌的帮助下，我深入探索自己的职业兴趣和价值观，深入开展实地走访、榜样人物访谈，快速对职场有了更深的了解。经过对文本无数次推倒重来的修改，我最终自信地站上赛场，并成功获得了三等奖。

学校对就业创业非常重视，专门设计了一系列培育课程。大二的时候，我就已经有非常明确的职业方向，选择了"顺丰班"。从那时候起，我跟着校内外的导师专注于提升物流管理能力，大三的时候更是直接到顺丰速运实习了一年。我很感谢学校"顺丰班"的设置，这种培养模式让我在实操中更加聚焦未来职业发展方向的把握和职业素质的养成，同时还收获了很多真实的物流行业相关信息，这对我职业成长帮助很大。毕业后，我非常顺利入职顺丰速运。

 ## 工作时期：职业实践

工作之初，我从快递小哥做起。穿上工作服的我在自己眼里就是个"超人"，总是充满力量。我每天第一个到公司，为了提高工作效率，我主动添加了义乌商贸城三区每个商户的微信。我总能以最快速度完成任务，当得到收送双方满意的反馈时，我成就感满满。此后，我经历了多岗位锻炼，先是转岗到金华做仓储管理工作，负责仓库收货、入库、出库、派送等事务，协调仓库和其他部门有序配合，确保物流顺畅运输。后来我又调到丽水，成为一个网点的主管，承担了更大范围的职责。从网点业务的开拓，到人员招聘及团队建设、突发事务的处理，我沉下心细抠每一个环节，积累沉淀能力。

2023年3月，我来到丽水青田，成为这一片区顺丰速运的负责人。青田的业务规模小，人员规模也小，片区盈利规模不大。这些先天不利的条件给我造成了巨大挑战。无计可施的时候，我就深入青田各区各镇，探索这一地区的乡情社情，意图挖掘业务突破点。终于，功夫不负有心人，我发现这边的大农户会自己订购农产品包材，但小农户因为规模小常因包材成本而苦恼不已。在包材上做文章应该是一条可行之路。为此，我洽谈了包材公司，为小农户提供成本低廉的包材，实现了共赢。后来我还为他们介绍了一些专业的带货主播，帮助他们做大业务。他们的业务多了，向我订购的包材也就更多。片区的收入增长了100万元，人员增加了20余名，并被评为了"经营最给力"片区。作为一名物流人，帮助农户将更多的农产品从"枝头"送到"舌头"，既提高了农民收入，也使消费者享受到了物美价廉的产品，这些都给我带来满足和欢喜。

 职场心路：职业寄语

现在，我还是和少年时一样，渴望去更大的世界看看，去业务规模更大的平台锻炼自己的物流管理能力。特别是随着互联网的发展推动，"越来越快"的物流需要越来越"智慧"的管理，我希望走出舒适圈，扎根更"专"的领域，凝聚更强的优势，更稳健地奔跑在这条物流大道上，书写使命必达的新篇章。

（供稿单位：商学院）

---

81. 从校园到市场的健身达人，以专业筑基引领健身新风尚

姓　　名：郑宇彪
职业岗位： 金华星动游泳、星动健身、i-SPORT健身创始人
所学专业： 体育运营与管理

毕业时间： 2018年7月

深耕健身领域，

以专业筑基创业梦想，

从传统健身服务走向商务交流、技能提升、体型管

理等细分领域，

立志不断开拓创新，

引领健身新风尚。

　　我叫郑宇彪，2018年毕业于金华职业技术学院体育运营与管理专业，曾任体育与运营管理152班班长。在母校学习期间，我考取了国家职业健身教练资格证书、国家社会体育一级指导员证书、4S康复学院产后康复认证、国家游泳救生员认证、国家游泳教练五级认证等资格证书，这些为我后续从事健身行业奠定了基础。目前，我创立了"星动""i-SPORT"2个健身服务品牌，从传统健身服务逐步走向商务交流、技能提升、体型管理等细分领域，在金华地区开设了多家健身服务公司。

 ## 高中时期：职业萌芽

　　从一个胖子到一个运动达人，经历过低谷，在坚持中我突破了自己。

　　刚上高中的时候，我还是父母同学眼中的"小胖子"。高一时，每当我经过操场，看到学校篮球队的学长们在训练奔跑时，那阳光健康的形象都让我羡慕不已。自那以后，我就暗下决心，我也要和他们一样，能够身姿矫健地驰骋在篮球场上。后来，我通过选拔成功进入了学校篮球队。我深知自己还存在很多缺点，例如，体重过大导致跑动还不够敏捷，投篮姿势还不够到位等。为此，我花了整整一个学期的时间先把自己体重减下来。无论刮风下雨，我都投入到训练中，当别的同学在自习的时候我在操场上训练，当别人在周末游玩的时候我还在训练。我的努力最终获得了教练的认可，他给我提出了很多专业的指导，让我的运动能力有了极大的提升。与此同时，班主任也十分欣赏我的毅力，让我当了三年班长，这也培养了我的管理能力和沟通能力。高二时，我获得了"温州市优秀班干部"称号。高三的时候，我偶然间了解到金华职业技术学院有体育运营与管理专业，抱着试试看的态度报考了提前招生。来金职参加提前招生考试的时候，我在志愿者的带领下参观了整个大学。优美的校园环境让我更加坚定了来金职读体管的决心。最终，我以第二名的成绩考上了金华职业技术学院体育运营与管理专业。

高职时期：职业启航

从一个运动达人到一个健身达人，在金职，我找到了自己今后的路。

2015年，我满怀憧憬来到了金华职业技术学院师范学院，学习体育运营与管理专业。从一个对健身懵懂无知的小白，到成为健身达人，大学的学习使我较为全面地了解了运动、人体和社会体育等方面的知识，为我之后开办健身公司奠定了坚实的理论基础。我还学习到了市场营销和运动策划方面的职业知识，也为我后续的创业提供了意想不到的帮助。整整大学三年，我的班主任郭强老师对我影响至深。在他的鼓励下，我参与了班干部竞选并成为班级的班长，体管班的学生大部分是男生，大家都是学体育的，在管理上有很大的难度。但是，在班级管理中郭老师十分信任我，给予了我最大的理解和支持，还会在不同的阶段提醒我们要考相关的职业技能证书，来提升自我的竞争优势。郭老师始终秉持高效严格的管理模式，他以身作则，教会了我什么是自律、什么是负责，从他身上学到的管理模式也让我在后续创业、公司管理中更加游刃有余。在专业学习方面，邵洪波老师给我留下了深刻的印象，他不仅是健身健美的爱好者也是践行者。他教会了我大量关于健身健美的专业知识和技能，也带着我们在学校的健身房里锻炼，还在我创业时期给予了最大程度的帮助和指导，让我的创业过程更加顺利。

 工作时期：职业实践

从健身达人到健身公司创始人，我不断努力耕耘，不断接近自己的梦想。

自2016年起，我便开始在校外兼职做游泳健身教练。2018年毕业后，我正式开始自主创业，先后成立了"星动游泳""星动健身""i-SPORT健身"品牌。经过6年的拼搏，我陆陆续续开办了5家门店，公司现有30来名员工，并拥有长期稳定的客户资源。在健身服务上面，我的创业团队也得到了客户的认可，并吸引了客户投资，共同创建了"i-SPORT"品牌。我希望以"星动""i-SPORT"为起点，将"同行做的叫义务，同行没做的叫服务"的品牌理念提供给更多的健身体验者，把我们门店"专业、服务、情绪价值、资源嫁接"4个核心更好地提供给客户，以健身为主体，构建了一个人脉资源平台。把经营产品改为经营人，以专业为基础，把服务无限放大。

人们总说创业是艰辛的，6年的创业经历确实让我感受到了辛苦和不易，每天早起晚归的生活已经成了我的常态。我深知一个人在社会上并不是孤立的个体，自己的成功离不开母校对自己的帮助和支持。我始终怀揣感恩之心，感谢母校所传授的专业知识、所给予的各类资源以及老师同学的无私帮助。这些年来，我也积极回馈母校，金华星动健身也成了金华职业技术学院体育运营与管理专业的实习基地和校友活动基地，为全校师生提供健身体验以及大学生就业创业指导服务，多方位助力母校发展。

 职场心路：职业寄语

　　创业就是不知疲倦地翻越每一个山丘，在这过程中所领略的风景和经历的困境，都将会成为人生的瑰宝。身为学长，看着母校一批又一批的学弟学妹涌入社会，我的公司大门始终向他们敞开。我也想对学弟学妹们提几点希望：首先是要有自信，我相信经过在金职三年的学习，你们会有能力也有信心做好每一件事情；其次是需要摆正心态，在创业的道路上，并不是每次付出都能获得回报，并不是每滴汗水都能得到酬劳，并不是每次努力都能被成功拥抱，我们能做的就是百折不挠；第三，在学校学习的三年里一定要筑牢专业知识的基础，丰满自己的羽翼。创业意味着你在为自己的生命做主场，为自己的才能搭建舞台。无论各行各业，只有无惧困苦、奋力拼搏之人才能经受住社会风雨的击打，成为社会和国家所需要的新时代青年！

（供稿单位：师范学院）

82. 在"暗物质"世界跋涉追光的"解码人"

姓　　名：朱秀秀
职业岗位：中国科学院杭州医学研究所博士后
所学专业：绿色食品生产与检验
毕业时间：2013年7月

从绿色食品生产与检验专业起步，
在学术与科研的道路上披荆斩棘，
在生物医学工程领域持续探索，
用行动诠释对科学的执着追求。

我叫朱秀秀，2010年就读于金华职业技术学院绿色食品生产与检验专业，2023年获得了生物医学工程博士学位，2024年进入中国科学院杭州医学研究所博士后工作站。发表SCI论文4篇、国内核心期刊论文1篇，参与多项国家、市级项目实施工作，申请国内发明专利2项，获得中国博士后科学基金面上资助1项。目前在中国科学院杭州医学研究所，从事核酸分子医学领域的科学研究工作。

 ## 高中时期：职业萌芽

高二时，随着数学与物理科目难度上升，我的成绩开始下滑，深思熟虑后，决定放弃民办本科，选择职业教育。

我成长在衢州市一个普通的农村家庭，父母都是朴实的农民。我高中就读于衢州市高级中学，高一阶段，担任英语课代表，学习成绩名列前茅，英语作文曾荣获国家二等奖，语文、英语、生物、化学这几门课对我来说难度不大。高二阶段，我在数学和物理这两门课程的学习上明显感觉到了吃力，成绩也开始从班级前列滑落至中游。面对这一变化，我开始审视自己未来的职业规划。考虑到家庭经济状况、学习情况和自身兴趣，我放弃了去民办三本院校的机会，转而选择金华职业技术学院绿色食品生产与检验专业。那个时候的我，对职业生涯的认知比较简单，想着自己能拥有一技之长，将来能获得一份稳定的收入，从而减轻家庭负担。这一选择，不仅是对家庭责任的承担，更是对自我潜能的一次勇敢探索。我憧憬着在食品生产与检验的实践学习中，不断提升技能，成为一名出色的技术人员。

 ## 高职时期：职业启航

在职业目标实现的过程中，我意识到学历的受限，于是及时转换跑道，果断抓住提升学历的机会，为自己的未来开辟新的可能。

在金华职业技术学院的3年，我的人生变得有无限可能，我往返于课堂和图书馆之间，钻研专业知识。在大二暑假，我开启了职业体验的初次尝试，前往舟山，到浙江海士德食品有限公司进行实习，从事出口海产品的微生物检测工作。这段实践经历不仅增强了我的实践能力，也促使我对未来职业规划进行更深入的思索。很快，大三学年接近尾声，我踊跃参加秋招，并幸运地收到了浙江森宇药业有限公司的录用通知。但是，家人建议我尝试不同的工作领域，于是我进入衢州市质控中心，专注于食品检测方面的工作。

在质控中心的日子里，我深刻感受到体制内工作的严谨与挑战，同时，专科学历也使我的职业发展受到了限制。处于这样的现实之下，我内心展开了激烈的思想斗争，萌生出辞职提升学历的想法，但不敢和父母诉说。

正当我在失落与困惑中挣扎时，专升本考试报名的消息宛如一道闪电，劈开了我眼前的迷雾。我毫不犹豫地把握住这个契机，立刻准备学习资料，立志为自己的未来再拼一回。白天，我在单位兢兢业业地完成检测任务；夜晚，我回到那狭小却承载梦想的合租屋，挑灯夜战，迎难而上，挑战一直畏惧的高等数学课程。

这段经历让我明白了一个道理，当生活为你重新铺设跑道时，只要全力以赴，每一次努力都不会白费。就这样，我成功考入杭州师范大学生物技术专业。

 学历晋升：职业深造

本研时期

一次演讲会，如同一把钥匙，悄然为我打开了通往科研领域的大门，让我对科研产生了前所未有的兴趣和向往。

开学典礼上，师姐分享着科研的乐趣，如数家珍般地介绍自己的成果，这仿佛是一把钥匙，重新开启了我儿时想成为科学家的梦想之门，让我重燃对生物化学领域的浓厚兴趣，我迫不及待地想揭开它们的神秘面纱，解密生命奥秘。我意识到，无论路途多远，重拾初心，永远不晚。

本科阶段，有幸师从张弦老师。在他的悉心指导下，我设计和完成了整个分子克隆实验，将人为设计的载体转入模式生物烟草中来进行相关科学研究，并完成了我的本科学位论文。初次考研失败后，我毅然决定再战。在一家生物科技有限公司从事核酸提取试剂盒研发工作期间，我仍然坚持认真学习，虽然未能如愿进入浙江大学，但命运却以另一种方式给予我回报。我成功上岸浙江理工大学，并结识了肿瘤免疫治疗领域的杰出科学家钱程教授。

在钱程教授的引领下，我深入学习对人的T细胞进行改造的方法，以及如何在体外评估其功能并将其转化到临床阶段，从而为晚期癌症病人带来福祉。在重庆大学攻读博士学位期间，我有幸参与钱程教授所申请的国家科技部重点研发计划项目——恶性肿瘤免疫治疗关键技术研究，主攻提高实体瘤的免疫治疗，聚焦肿瘤缺氧微环境调控下的缺氧诱导型CAR-T细胞研究研究成果已转化为专利产品，并在浙江大学第一附属医院对直肠癌患者进行针对性试验（临床试验号：NCT05396300），治疗效果明显。同时，我也在国外著名期刊《Cancer Research》（IF=12.5）上发表了相关科研论文。

博士后时期

从重庆大学博士毕业后，怀揣着对科研事业的无限热爱与追求，我选择继续从事博士后研究，矢志用科学改变世界，造福未来。我成功进入中国科学院杭州医学研究所谭蔚泓院士的课题组进行历练。谭院士长期深耕生物化学领域，致力于生化分析和分子医学的教育及研究工作，在分子医学领域成果斐然。依托谭院士课题组成熟的核酸适体筛选平台及其优秀团队，我满怀信心，将通过跨学科融合的创新路径，不断探索并产出更为卓越的科研成果，为"健康中国"战略的深入实施贡献智慧与力量。

 职场心路：职业寄语

从专科生到博士后，历经13个春秋，我熬过了无数个泪水浸润的夜晚，一次次击退迷茫与困惑。一路走来，不敢有丝毫的懈怠，我庆幸自己的每一次抉择，感恩自己从未动摇的坚守，始终秉持"面对挑战永不言败，面对收获超越自我"的信念。未来我将继续追寻前辈们的脚步，力争做一个有担当、有作为的科学家。

探寻生命奥秘，做"暗物质"世界跋涉追光的"解码人"，希望我的追光故事能够成为每一位追梦者信念的灯塔，引领他们冲破梦想的重重迷雾，勇往直前。

（供稿单位：农学院）

---

83. 一名古色古香的古建筑营造工匠

姓　　名：黄郑强
职业岗位：临海市古建筑工程有限公司项目负责人
所学专业：古建筑工程技术
毕业时间：2016年7月

泥瓦皆匠心，土木皆深情，

沉浸于古建修复与营造，

潜心于传统建筑之钻研，

古建焕发的生命力，

始终激励着我执着向前。

我叫黄郑强，目前是临海市古建筑工程有限公司项目负责人，有人喜欢叫我"包工头"，我却更喜欢他们叫我"营造师"，我的主要工作就是把图纸上的榫卯结构还原到现场施工中。很多人会问，这份工作一定很辛苦、很枯燥、很艰难吧？其实并没有。筑榫卯结构的古建筑就像搭建一个大型积木，一块一块拆卸下来，再一点一点组装回去。只要耐得住寂寞，接近它、了解它，再加入年轻人的思维与活力，就可以让这个大型"玩具"变得很有意思，也很有意义！

 ## 高中时期：职业萌芽

我高中就读于临海市第六中学，成绩比上不足比下有余。当时我就在想，往后的路该怎么走，该怎么规划？高一暑假，一个偶然的机会，我接触到了黄大树的古建筑木工加工厂，里面的雕刻作品深深地吸引了我，小木作、大木作，也让我眼睛一亮，从此，我心里便埋下了从事古建筑工作的种子。

 ## 高职时期：职业启航

我的高考成绩当时能被台州职业技术学院录取，但是不能进入想要的专业。后来经过了解，得知当时省内只有金华职业技术学院有古建筑专业，于是我就毅然决然地报名了金华职业技术学院的成人教育。历经艰辛，我终于成为金华职业技术学院古建筑专业的一个插班生。当时的古建筑专业就只有一个班，而且只有14名学生。我想以后就业机会肯定比别的专业大得多，学习的动力就更足。

古建班课程的设置很丰富，包括造价、设计、画图（CAD、3DMAX）、测绘等多个方面，其中测绘课程让我记忆最为深刻。为了让我们能够更深入地了解中国传统建筑的魅力与构造原理，老师特地组织我们前往寺平古村进行实地考察和学习。到达目的地后，大家在老师的指导下，分组对古村内的代表性建筑进行了细致的测量与记录；回到学校后，大家根据现场收集的数据，使用专业绘图软件或手工绘制的方式，将古村建筑的平面布局精确地呈现在纸上；最后在老师的帮助下，按一定比例制作出精美的建筑模型。在制作过程中，特别注重还原每一个结构部位的真实感。当一个完整的模型呈现在眼前时，成就感油然而生。这样的实践活动不仅锻炼了我们的动手能力和团队协作精神，也让我对中国传统建筑之美有了更深刻的认识，更坚定了从事古建筑行业的决心。

古建修复营造师要将图纸上的榫卯结构，还原到现场施工中，让古建筑结构更好地呈现出来。作为当代年轻匠人，希望能够有更多机会去接触古建筑，维修古建筑，传播古建筑，让更多的人去认识古建筑的美好之处。

 工作时期：职业实践

从金华职业技术学院毕业后，我回到汇溪镇，拜师年近半百的黄红飞师傅。师傅领进门后，"修行"的第一站是广东汕尾——去修建陆河观天寺。"年轻人，可能就是来体验一下，能待个几天，就不错了。"一开始，大家可能对我都没有太高的期待值，心里也是这样想的。毕竟在古建行业，老师傅不稀罕，但像我这样的95后还是比较罕见的。

到工地后，我拎着刚置办的行头，怀着满满的期待与好奇，跟着大部队出发，但这份好心情很快就烟消云散。到达目的地已是凌晨1时，等来的竟是这样的场景——深山老林，没电没水没信号。"我要选这样的地方工作吗？"当时自己心里也是犯嘀咕的，但也很快给自己做好了心理建设。作为学徒，我起得比谁都早，根据图纸建模、配合师傅放样。在进行桩基工程时，由于大型机械设备不方便进山，我就以人工开挖的方式打到10米多深的硬地，钻出来的时候带着满满一身泥。除了工作上肯吃苦，生活中也常常主动去河边挑水，一桶接一桶直到大水缸装满水为止。

就这样，施工半年间，我除了和工友交流，断绝了与外界的联系。有一天，我跑了十几里山路，终于找到微弱的信号，发了半年来唯一的微信朋友圈："一切是那么枯燥，只有满天的星星，但自己选的路，跪着也要走完。"现在，我每到一处工地，都适应得非常快，面对不同年代、不同风格的建筑，很快就能开始一场新的学习。

项目负责期，这些年我跟着师傅东奔西走，先后参与修复了浙江杭州永福寺、上天竺法喜讲寺等十多处古建筑，逐渐成长为可以独当一面的项目领班。从2020年开始，我就独立带队进场营造，湖州法华寺、长兴大雄教寺，都留下了我们团队的足迹。现在，我有了一支近30人的古建修复营造小团队，开始自己承接仿古建筑维修，参与修复了浙江省省级文物保护单位温岭市三池窟大寨屋屋面维修与温岭市市级文物保护单位蔡家祠堂迁建工程，带队修复了临海市市级文物保护单位太平天国台门。通过自己的双手，将古建筑修复如初，那种成就感难以言喻。

经过多年的积累，我渐渐熟悉了泥工、瓦工、木工、雕刻工等技能，参与的工程遍布全国各地。渐渐地，有人称我是古建修复的行家，但我更愿意用"小学生"来形容自己。虽然每个工种我都略知一二，但还说不上精通，学得越多，就越发现自己未曾涉猎的领域还很多，需要不断加强各领域的学习。

 职场心路：职业寄语

其实现在回想起来，大学期间没有好好学习CAD还是挺后悔的。CAD技术可以精准地记录古建筑的结构、形态和材料，对古建筑开展精细的分析、修复及重新规划设计。现在，我需要花更多的时间在这方面的学习上。另外，以前我总认为古建修复时，木工才是最重要的，后来才知道木作、油漆作、裱糊作、搭材作、石作、彩画作、土作、瓦作——"古建八大作"缺一不可。中国古建筑就好比一部沉甸甸的书，它是有生命力和灵魂的，我们要赋予它们新的生机。修复古建不只是门精细的手艺活，也需要有包括建筑学、材料学等领域丰富的专业知识和自身较高的文化修养。古建传承的不仅是技艺，更是文化精髓和人文脉络。我和大部分年轻人一样，也喜欢用手机去记录、去分享。年轻人要赋予古建行业新气象，我想借助网络平台，传递更多行业声音，也希望自己能为古建筑带去更多人气与关注。

（供稿单位：设计学院）

---

84. 初心如磐，我的造价师进阶之路

姓　　名：胡晓晴

职业岗位：浙江富力诚欣工程顾问有限公司全过程
　　　　　　咨询部副经理

所学专业：市政工程技术

毕业时间：2014年7月

从迷茫到找到热爱，

这个过程叫"探索"，

我在所学专业中找到了职业方向，

用坚定的目标笃定前行之路，

成就精彩的"造价"人生。

　　我叫胡晓晴，2014年毕业于金华职业技术学院市政工程技术专业，现任职于浙江富力诚欣工程顾问有限公司，担任全过程咨询部副经理。作为全过程咨询项目的负责人，我负责为建设项目全生命周期提供组织、管理、经济和技术等全过程工程咨询服务。我已考取了一级造价工程师、一级建造师、监理工程师、咨询工程师等多个国家注册证书。

 高中时期：职业萌芽

一次选择，开启人生的崭新篇章

　　高中时期，我就读于浙江省桐乡第一中学，父母对我抱着极高的期望，但尽管我学习十分努力，可高考还是没能如愿考上本科。我十分感谢父母对我的鼓励："分数有高低，人生无高下。"于是在复读和读高职之间，我选择了职业教育。没想到，那次的抉择却让我走向全新的世界。

　　因为我对数字很敏感，也喜欢计算，加上从事建筑行业的亲戚推荐，在高考志愿填报时，我选择了金华职业技术学院工程造价专业。然而，事与愿违，我被调剂到市政工程技术专业。接到入学通知书后，我就上网查找资料，试图去找到答案：市政工程技术专业需要学些什么，未来能去哪里就业？"市政工程技术专业，找不到工作就要去修下水道。"看到网上这一条评论，吓坏我了。那时，我就暗暗下定决心，开学后就要去转专业。

 高职时期：职业启航

三年的笃行，从普通到卓越的成长蝶变

　　2011年的秋天，橙黄橘绿，桂花飘香，金职校园美如画，而我却无心欣赏。报到第一天，班主任杨建宏老师让我签到，我坚决不签字，强烈要求转到工程造价专业。班主

任无奈之下对我说："转专业要看成绩，你这学期要是能考班级前几名，就有机会。"之后，我就奔着"转专业"的目标，开始了刻苦努力的求学之路。

经过一学期的努力，我没有辜负自己，第一学期专业课总成绩排名第一，但我却放弃了转专业的念头。因为，通过一学期的专业学习，我对市政工程技术专业有了新的认识。在专业探索的过程中，我发现市政工程技术专业未来也可以往工程造价方向发展，市政、水利、交通、园林等工程项目也需要预决算。加之一学期相处，我和班级同学、专业老师建立了深厚的感情，于是放弃了转专业的机会。但那时，我心里已是笃定目标，未来要成为市政行业领域的造价专业技术人才。

目标一旦明确，学习动力更足，随后我就加入了学院的测量竞赛队。我吃苦耐劳，做事细心严谨，又能服从管理，因此成功入选为2013年浙江省高职高专院校技能大赛数字测图竞赛集训队成员。职业院校技能比赛的内容对接企业岗位标准，竞赛标准远超出课堂要求。竞赛训练是一段艰难却充实的旅程，白天我们到户外进行测量训练，晚上则进行内业画图学习。3个月下来，我的测量专业知识和技能得到了很大的提升。最终，我和马学云、费伟峰、施蓉蓉等同学组成的代表队获得了省赛二等奖的成绩。这段经历，让我领悟到一个道理——日拱一卒的坚持，才是打开梦想之门的钥匙。虽然之后从事的造价行业并不直接需要用到测量技能，但工作之后，我发现懂施工才能更懂造价。

都说最好的学习方式就是实践，我深以为然。我十分珍惜大学期间寒暑假去公司实习的机会。在家人的推荐下，大二暑假我进入浙江富力诚欣工程顾问有限公司实习，开始接触造价岗位。"工程利润不是干出来的，是算出来的，让有限的建设资金发挥最大的效益，这是造价师的使命。"公司董事长的一席话让我明白了一名优秀造价师在工程建设中的重要性，也激励着我一步一个脚印迈向工程造价师这个行业。实习期间，我虚心好学，勤于跟着师傅下工地踏勘，认真做学习笔记，期间我便掌握了初步设计概算、施工图预算、竣工结算等技能。

大学，不仅是学习的殿堂，更是成长的舞台。我是班级的学习委员，也是建工学院第三届职业生涯规划中心（就业服务中心）董事，有更多机会跟着学工办老师参与组织各种活动，这大大提高了我的组织、管理能力和团队沟通交流能力等。此外，我还积极参加各类志愿服务活动，如去山区支教等。

大学期间，我不断向前、向上，知行并举，演绎了属于自己的精彩人生。我获评了校"百名优秀学生""优秀团员"等荣誉称号，并获得了国家奖学金、校一等奖学金、专业奖学金等20余项奖励。2014年，我还被评为"浙江省优秀毕业生"。

工作时期：职业实践

十年磨一剑：从预算员到造价师的进阶

大学期间的实习经历，丰厚了个人简历，2014年7月，我正式成为浙江富力诚欣工程顾问有限公司造价咨询部职员，从事市政、交通运输、水利、土木工程、园林等概算审核、控制价编制、跟踪审计、审计等业务的工作。工作初期，为了做好工程项目的造价控制，我经常跑工地，常常尘土里滚一身泥，拿着图纸去对比施工现场，熟悉项目资料，也常常加班加点到深夜。

经过5年的磨炼，2019年我被提拔为部门副经理，负责为建设项目全生命周期提供组织、管理、经济和技术等各有关方面的全过程咨询服务。让我自豪的是，在此期间我出色完成了桐乡市濮院镇滨河大道工程项目的全过程咨询，大大提升了专业技能，在与施工单位办理竣工结算时，我对有争议的计价或计量问题提出了专业的处理意见，并得到了对方的接纳。该项目获评嘉兴市房屋建筑和市政基础设施工程南湖杯（优质工程）奖。同年，我荣获了桐乡市住房和城乡建设局授予的"优秀共产党员"称号。随后多次获得公司"优秀员工""优秀中层"的荣誉。

11年职场历练，我的专业技术更加娴熟了，专业知识运用也更加灵活了。期间，我获取了多个国家级注册证书：土木工程专业一级造价工程师、土木建筑工程专业监理工程师、交通运输工程专业一级造价工程师、市政公用工程一级建造师、安装工程一级造价工程师、交通运输工程监理工程师、咨询工程师（投资）……我的同事，笑称我是"证书收割机"。条条大路通罗马，高职生也有提升学历的通道。我报读大连理工大学水利水电工程的函授本科，并顺利毕业。2022年，我又大胆报考非全日制硕士研究生。重新拾起英语，真的是挺难的一件事，但我依然迎难而上，白天上班，晚上在图书馆学习。经过连续两年的坚持，2023年我顺利通过了统考，并先后到浙江大学、上海交通大学、同济大学参加面试。在面试中，我十分坦然地告诉面试官，我是"高职"出身，且从没有后悔过选择读"高职"，因为那三年的经历塑造了一个全新的我，让我找到了努力的方向。最终，我被浙江大学工程管理专业录取。

 职场心路：职业寄语

人生不是轨道，而是旷野。人生的旅程充满了各种不确定性和变化，面对瞬息万变的环境，我们应不断提升自己的学习能力，提升自己的综合能力。我长期奋战在造价工作的第一线，以初心铸就有价人生，我相信只要坚守初心、坚持学习，方能守得云开见月明，永远迎着光走，试炼的尽头是花开万里。

（供稿单位：建筑工程学院）

85. 我是"桥梁医生"，用专业守护道桥安全

姓　　名：陈用标

职业岗位：深圳市科振建设工程检测有限公司项目经理

所学专业：市政工程技术

毕业时间：2016年7月

跨越八载春秋，

在岁月的长河中，

我深耕桥梁检测领域。

每一座桥梁下，

都回荡着沉稳的脚步声，

每一次数据的精准采集，

都是对公共安全承诺的铿锵回响。

在中国，现代桥梁总数已经超过100万座。一座桥从设计到施工再到竣工，仅仅是它生命周期的开始，桥梁的使用寿命一般为100~120年。在漫长的岁月中，桥梁亦如人，也会"生病"，也需要看"医生"，这就需要"桥梁医生"——桥梁检测师。

我叫陈用标，2016年7月毕业于金华职业技术学院市政工程技术专业。大学毕业后，我投身道路与桥梁检测行业，成为一名桥梁检测师。9年如一日，无论严寒酷暑，还是风餐露宿，我都坚持做一件事：为大桥"巡诊搭脉"，守护桥梁安全。

如果你想了解桥梁检测师的工作内容，又或是想从事道路、桥梁相关的检测工作，我愿意为你分享我与桥梁的故事。

高中时期：职业萌芽

梦想启航——高中时代的选择与成长

我来自中国廊桥之乡——温州泰顺。泰顺因辖内群峦叠嶂，溪流纵横，交通不便，先民们便逢山开路，遇水架桥，从而创造出了融生活与交通于一体的独特廊桥文化。一座座桥不仅给人们提供了便利，也是我孩提时代嬉戏的场所。每当夕阳西下，或是晨光初照，我总爱在那座座桥梁上奔跑嬉戏，它们见证了我无忧无虑的童年时光和纯真的欢笑。这份与桥梁不解的情缘，悄然在我心中种下了对桥梁结构、安全与稳固性的好奇与向往的种子。

高中我就读于泰顺县第七中学，那份童年的记忆逐渐转化为对桥梁专业的浓厚兴趣。我意识到，每一座桥梁背后都蕴含着工程师们的智慧与汗水，它们的安全运行关乎着无数人的安全与便利。学业成绩一般的我，看到金华职业技术学院有自主招生（提前招生）的报考机会，就报考了和桥梁相关的市政工程技术专业，并通过学校的综合素质测评考试，最终被顺利录取。

一次选择，选择一生。这一次的选择，也让我的人生轨迹发生了改变。

 高职时期：职业启航

技能锤炼——竞赛室与实习的双重历练

进入大学后，在班主任王文亮老师的影响下，我对本专业的未来展开了探索，了解了学习市政工程技术专业未来能做什么，去哪里就业等。当清晰专业所学后，我便知道了努力的方向，迅速规划了大学时期的个人发展方向，并积极展开行动。

大学里，我的业余时间几乎都用在了精进专业知识上。如果问我大学里最大的收获或者是最难忘的经历，那就是认识了赵孝平老师，他是大学生结构设计竞赛的指导教师。或是我的坚毅，又或是我做事的专注，赵老师慧眼识珠看中了我，选我为他竞赛室的一员，从此一步步带我走向学科技能竞赛的道路。

大学期间，我两次参加了浙江省大学生结构设计竞赛。最令我难忘的是备战2014年浙江省第十三届结构设计竞赛的过程。对我来说，这是我人生中第一场高难度的大赛，路途崎岖布满荆棘，处处充满挑战。竞赛团队成员常常通宵熬夜奋战在模型室，只为攻克结构上的技术难题。当时，我特别执着，当天的问题当天一定要解决，如果没有解决，我就拿着凉席睡在桃李2号楼的模型室里。有一晚，已是深夜，我突然想到了一个新的构件，马上联系了赵孝平老师，老师带着我们马上将创意付诸模型中进行验证，几小时后新的模型制作完成，并在加载测试之后大获成功。当我们抬头长舒一口气时，发现天已经泛出鱼肚白了。在赵老师的带领下，我研究建筑结构模型，研究建筑力学，让建筑以最轻盈的状态承受最大的荷载，这件事，我一做就是两年。

大学生结构设计竞赛被教育部列为九大学科竞赛之一，竞赛影响力大、竞技水平高，被誉为土木工程皇冠上的明珠。竞赛要求以最轻的模型承受最重的荷载，竞技过程异常激烈，十秒的加载，考验着指导老师、参赛队员们半年甚至一两年的心血和努力。回忆这段经历，我感慨万千，大赛磨炼了我的意志，提升了我的研究能力、团队沟通和协作能力，更是极大提升了我的力学分析能力和水平，也为我现在的道桥检测工作奠定了扎实的基础。

大学期间，我还跟着王文亮老师参与了社会服务工作，包括东阳市农村公路检测、诸永高速桥梁荷载试验，以及其他零散的桥梁检测项目。这些专业实践巩固了我的专业知识，坚定了我的职业选择。

 工作时期：职业实践

责任使命——桥梁检测工作的实践与体验

毕业，又是人生的一次转折、一次重要的决策。

随着社会的发展，国家新建设项目会渐渐变少，但已建成的建筑工程都需要定期检测，特别是道路桥梁的检测任重道远。修桥，功在当代，利在千秋，而加固整治桥梁是一件挽救桥梁"生命"的大事、要事。

桥梁检测内容广泛，工作细致，主要包括结构检查与荷载试验两大方面。检测过程须高度专注、细心，不遗漏任何安全隐患，这对检测人员的专业技能和责任心提出了更高要求。同时，检测环境复杂多变，如高空作业、水下检测等，增加了作业难度和风险。然而，这些都不能让我退缩，因为我有扎实的专业技能与勤奋刻苦的精神。

记得有一次，我们团队承接了一个极具挑战性的桥梁检测项目。桥梁年代久远，结构复杂，且位于交通要道，检测工作必须在不影响正常通行的前提下进行。面对这样高难度任务，我们制定了详尽的检测计划，投入了大量的资源和技术力量。然而，在检测过程中，我们还是遇到了意想不到的困难：桥梁的某些部位隐蔽且难以接近，传统的检测方法无法有效实施；桥梁老化严重，一些潜在的病害难以通过表面观察发现。

面对这些困难，我组织团队成员多次进行头脑风暴，尝试从不同的角度寻找解决方案；积极寻求外部专家的支持，与他们共同探讨技术难题。不久，我们终于找到了突破口，利用无人机搭载高清摄像头和红外热成像仪等先进设备，对桥梁的隐蔽部位进行全面扫描；引入无损检测技术，对桥梁的内部结构进行深入分析。这些新技术和新方法的运用，不仅能提高检测效率，还帮我们发现多处潜在的病害。当如期完成检测任务时，我们开心地笑了。

　　这样的经历，不仅提升了我的专业技能和应变能力，更重要的是使我学会如何在逆境中寻找机遇和突破。我更加坚信，只要我们不放弃、不气馁，就一定能够克服一切困难，实现自己的目标和梦想。

　　作为一名道桥检测行业的老兵，9年来，我检测过的桥梁数量已经记不清。但精进专业技能是永恒的主题，坚持学习才能永立行业潮头。为此，我积极参加各类证书考试，先后获得公路水运试验助理检测师（桥梁隧道工程专业）、公路水运试验检测师（道路工程专业）等国家注册证书。

 职场心路：职业寄语

　　每当夜幕降临，我站在灯火阑珊的桥面上，望着脚下川流不息的车流与远处万家灯火的温馨，心中便涌动着难以言喻的自豪与满足。这份工作，让我深刻体会到了"责任"二字的重量，我也期待着能有更多的学弟学妹们加入我们的行列，共同为桥梁的安全事业贡献自己的力量。我相信，只要我们携手并进、共同努力，就一定能够守护好每一座桥梁的安全与稳定，为构建更加美好的城市未来贡献我们的智慧与汗水。让我们携手前行，在桥梁的见证下，共同书写属于这个时代的辉煌篇章。

（供稿单位：建筑工程学院）

---

86. 职来职往，用心真诚是我的投资顾问金名片

姓　　名：项奕
职业岗位： 中国银河证券股份有限公司义乌稠州北路证券营业部投资顾问
所学专业： 金融管理

毕业时间：2012年7月

在浩瀚的职业海洋中，
每一位奋斗者都在寻找属于自己的那片星空。
用一颗真诚和热情的心，
面对挑战，
拥抱变化。
每一次选择，
都源于对自我的深刻认知和对未来的坚定信念。

  我叫项奕，是一名证券公司的投资顾问，我的工作主要是全面了解客户的财务状况和需求，帮助客户确定理财目标，为客户量身定制投资方案。我在初入职2年内就成功营销拓展了2亿元高净值客户，3年内被评选为银河证券优秀客户经理，还曾获邀在义乌电视台商贸频道《股事财经》栏目中担任嘉宾，负责为观众解读财经新闻，提供理财建议。从业16年，从一个初出茅庐的职业菜鸟成长为备受信赖的投资专家，你是否好奇我的逆袭之旅呢？那就请和我一起走进我的职业故事吧。

 ## 高中时期：职业萌芽

  从小我就是一个"社牛"，非常喜欢跟人聊天交流，也很容易就能与别人打成一片。当我问起我的朋友们为什么能这么接纳和包容我的时候，他们总会给出相同的答案，那就是真诚。我待人待事总是无限真诚，这份秉性让他们很难与我保持距离。高中住校期间，我不再需要每天学校和家两点一线来回，脱离了父母家人的管束，我成长得更加独立，学习上也变得更有主见，很多大事我甚至都自行决定了。其中，最重要的当数高二时的文理分科。当拿到学科意向书后，我几乎是仅凭自己的兴趣爱好就不假思索地写下了"理科"二字，跨过了高中阶段最要紧的一个分水岭。现在想来其实是有点鲁莽的，当时既没有思考未来自己想要从事的职业，也没有跟家人商量研究，就轻率地下了一个可能关乎一生的决定。所幸，我误打误撞的选择最后顺利帮我进入了金融管理专业。

 ## 高职时期：职业启航

  到金华职业技术学院上大学是我生平第一次离家远行，但我适应得很快，没有发酵出太多的乡愁，生活得如鱼得水。但在学习上我还是遭遇了一些迷惘，因为大学不像高中，没有人告诉你具体要做什么。这对从小习惯了被老师安排得明明白白的我来说，一下子就找不到重心了。虽然我每天都能认认真真去上课，去完成学业任务，但总是少了点目标和方向。

好在这个时候，我的老师和家人发挥了重要作用，给予了我莫大的支持。大一快结束的时候，班主任贾焱老师召开了一次令我记忆深刻的班会，她提醒大家："时间不多了，从学校到社会你们只有一年半的时间了，你们准备好了吗？"这句话让我深受震动，内心升腾起无比的紧迫感。我第一次意识到自己距离工作已经这么近，我必须尽快确立一个职业目标。那个暑假，我们全家人围坐在一起，帮我分析学习现状，探讨未来的就业方向，鼓励我立足所学的专业，以金融行业客户经理为目标去努力。特别是我在金融行业工作的叔叔，以过来人的经验叮嘱我："你要想在金融行业工作，一定要有过硬的专业知识，这是立身之本。"于是，从大二开始我拿出了十足的劲头去学习，不仅上课更加认真听讲，还自觉利用课余时间努力学习、努力考证，积极参加各类专业技能竞赛，全面地提高自己的专业知识。毕业的时候，我已经取得了证券从业资格证书、银行从业资格证书、保险从业资格证书等。在后来的求职过程中，这些积累顺利地帮助我敲开了证券公司的大门。

除了专业学习，大学里另外一件让我觉得特别值得的事情，就是在大一的时候加入了学院外联部。我觉得这是拓展我的外联能力、提高社会交际水平的一个重要经历，至今仍令我倍觉受益。外联部的工作主要是去找各种各样的商家拉赞助。我印象很深的是，有一次我们上门去一家公司拉赞助，但是对方态度不是非常友善，一直不让我们进门。我当时不知道哪里来的执着和勇气，想尽办法联系上这家公司的老板去做工作。这一段小插曲给了我极大的鼓舞，让我进一步发现了自己善于和别人打交道的特长，从中我也获得了很多成就感。

⚙ 工作时期：职业实践

毕业以后，我顺利入职证券公司。入职没多久，正好赶上"牛市"，借着金融市场的利好，我的事业一帆风顺，短期内就积累了优质的客户资源。当然，这个过程也并不是一蹴而就的。作为一个刚入职场的"菜鸟"，我要资源没资源，要经验没经验，一开始根本没有客户上门。为了改变被动局面，我选择主动出击，发挥我"社牛"的聊天功力，去结识各种不同的人。终于，凭借着真诚、勤快和专业，我逐渐赢得了口碑，也积累起了自己的客户资源。

2014年，我遇到了人生中的第一个"千万元级"的大客户李先生（化名），当时他正在考虑为自己的投资业务换一家服务更好的证券公司。我经人介绍与他联系上的时候，李先生并不看好脸庞稚嫩且还怀胎7个月的我。于是我一遍一遍地耐心沟通，带他一趟趟地往返于两家证券公司之间，从未有过一丝的不耐烦和一点点的推脱。最终，我仅仅花了一周的时间就完成了原本需要一个月才能走完的流程，帮助李先生顺利办理完所有业务。李先生被我的真诚和用心所感动，直到今天他依然是我最重要的客户之一。

投资顾问讲到底也是一个服务岗位，有时候一点小小的疏漏可能就会导致顾客不满，我为此曾经一度有过离开这个行业的念头。记得新冠疫情期间，有个怀孕的客户需要到营业厅办理业务。我提前详细告知了办理业务的具体流程，以为万无一失了。可当她到现场录制视频发现需要摘下口罩拍摄时，非常不能理解，生气地当场打电话对我破口大骂。当时的我真是感到万分委屈，虽然最后经过耐心解释，事情得到了妥善解决，但这件事情对我还是冲击很大。我开始怀疑自己是不是不适合这个行业，不想再耗费心力去维护客户关系。有一天实在忍不住了，我找到叔叔哭诉，谁料叔叔静静听完我的一通发脾气后，对我说了句"你要站在客户的角度看事情"。这句话让我醍醐灌顶，我突然就和客户共情了，理解了一位孕妈妈的恐慌，也真正释怀了她的激动生气。后来，我本想再次联系她，为服务不周道歉，结果没想到却先等来了她的赔礼道歉。那个时刻，我真正意识到，当你用真诚的心去贴近客户，客户也将会以同样的真诚回应你。工作关系一定程度上其实也就是人心与人心的交流。

 职场心路：职业寄语

东边日出西边雨，每一条职业之路可能都是如此气象万千，有时候让人豪情万丈，有时候又会让人黯然神伤。但我的经历告诉我，不管是坦荡如砥，还是波澜横生，都应用心、真诚地去对待你的职业，去履行你的工作职责。首先，要热爱你的专业，因为它是你职业生涯的基石。其次，要保持真诚，无论是与人交往还是面对工作，真诚总能赢得人心。再者，勇于挑战自我，不断学习和提升，因为机会总是留给有准备的人。最后，保持耐心和毅力，职业道路不可能一帆风顺，但坚持下去，你一定会看到不一样的风景。希望你们都能在职场上找到自己的位置，绽放光彩！

（供稿单位：商学院）

87. 从"倒数第一"到全国职教优秀指导教师

姓　　名：戚新冲
职业岗位：宁波行知中等职业学校教师
所学专业：酒店管理
毕业时间：2012年7月

培育服务精英，
精研技艺。
拓宽国际视野，
强调教育创新，
促进团队协作。

　　我叫戚新冲，2012年毕业于金华职业技术学院酒店管理专业，目前就职于宁波行知中等职业学校，任酒店专业专任教师，担任宁波市酒店专业教研大组组长，兼任宁波市旅游协会副秘书长等职，曾获得"宁波市青年工匠""宁波市技术能手""杭州市技术能手""全国职业院校技能大赛优秀指导教师"等荣誉称号。

 中职时期：职业萌芽

梦想扬帆的坚毅与期待

　　由于中考的失利，我进入了宁波行知中等职业学校，迷茫地选择了酒店专业。

　　中职时，我的成绩并不好，我现在总是会戏称那时的自己为"倒数第一"。刚上中职的我对酒店行业知之甚少，但一次偶然的机会，我看到了金华职业技术学院酒店管理专业的招生宣传手册，宣传册上那个身穿西装，衣领处挂有金钥匙的酒店大副一下子就吸引了我。金钥匙的服务理念是用微笑、耐心、爱心、专业和敬业，为来自五湖四海的客人提供家一般的专业服务，同时，做酒店服务行业还可以接触不同的人和事，我的内心充满了对酒店行业的向往和期待。与周围许多同学不同，从那一刻开始我就决定了要把这份期待变成现实，从那一刻开始我就明确了自己的职业目标。中职期间，酒店专业的学习对我来说是一幅未被展开的画卷，我渴望未来的自己能在这个专业深耕。因此，我从零开始，努力学习酒店专业的理论知识和实践技能，最终如愿被金华职业技术学院酒店管理专业录取。

 高职时期：职业启航

国宴舞台的历练与闪耀

我爱金华职业技术学院，因为这里不仅有专业知识丰富的老师，平时还特别重视实习实践，特别是世博会的国宴接待经历，让我一生难忘。

进入金华职业技术学院后的我，每天都在努力地学习专业知识。一次偶然的机会，得知上海某酒店正招募志愿者，我毫不犹豫地报了名。通过层层筛选，专业技能扎实、自信阳光的我成功入选。在校内培训时，老师就常说，选择酒店专业，要适应紧张的时间分配，保证合理的服务安排，学会突发状况的妥善处理。在之后每一天培训中，学院为我们提供了最专业的训练场地、最负责的指导老师。我们在学习演练的过程中，不仅保证过程的流畅完整，同样注重每一处细节的打磨锤炼。尽管每日的训练让我倍感疲惫，但老师们无时无刻的悉心指导和无微不至的关怀，让我在高压环境下也觉得内心有股暖流在涌动。之后，我和共同入选的伙伴们一起乘坐大巴前往了上海国际会议中心。抵达之时，我才恍然大悟，自己即将参与的竟然是上海世博会欢迎晚宴——一场国宴级别的盛事，服务对象包括来自四十多个国家的元首及政府首脑。这对于一名酒店专业的学生而言，无疑是职业生涯中最顶尖的宴会服务体验，我顿时感到巨大的压力。

我深知压力就是动力，外交场合的每一个细节都至关重要。在晚宴上，我代表的不再是我自己，更是中国青年的形象。因此，我力求完美，精益求精。终于，那个时刻到来了，我站在国家领导人的身后，为其提供细致入微的服务。那一刻，所有的疲惫仿佛都烟消云散，取而代之的是无比的自豪与荣耀，我为自己职业酒店人的身份感到无比骄傲，更为自己当初选择就读酒店管理专业而感到万分庆幸。

正是这次国宴服务的卓越表现，为我赢得了前所未有的认可。当时的酒店老总开设特例，招聘我为实习主管。也正是那次国宴接待任务出色完成，加上我平时工作认真刻苦，专业能力较强的表现，在毕业前夕，我被破格录取为上海国际会议中心的人事主管，负责日常的人事招聘工作，这也成为当时酒店专业的一段"神话"。

工作时期：职业实践

转身杏坛的磨砺与坚定

在上海国际会议中心工作的2年让我成长了很多，我不仅被外派到山西国际会议中心学习，同时也再次担任重要任务——2014年亚洲相互协作与信任措施会议峰会接待。这次国宴我经历了国宴从筹备到举行的全过程。但不同的是，这次我从前台转向后台，成了筛选志愿者的那个人。也正是这次经历，我萌生了想要培养更多优秀的酒店专业人才的愿望。于是，我回到高中母校担任教师，开启了育"才"模式。

成为教师的我主要负责带领学生参加技能竞赛。但起初竞赛并不顺利，团队首次参赛便遭遇失利，然而我凭借着一股不屈不挠的精神，带领团队逐步攀升。2020年，我率领的队伍首次闯入全国大赛，虽因微小差距错失一等奖，但仍获得二等奖第一名，这足以证明我们的实力与潜力。这次经历激发了我与学生们更强的斗志，我们誓要再次问鼎国赛。面对比赛规则的频繁变动与激烈竞争，我与学生并肩作战，历经6轮比拼，最终在宁波市脱颖而出。然而，国赛之路再添波折，宁波市名额被取消，我们不得不转战高手云集的省赛。面对困难，我迅速调整策略，带领团队以绝对优势赢得省赛冠军，斩获国赛入场券。

至今，我已指导学生在国家级比赛中斩获2金、1银、1铜，在浙江省职业能力大赛中斩获3金、3银，以及在宁波市各类比赛中取得18金、10银、19铜的辉煌战绩。2021年，我更是获得全国职业院校技能大赛优秀指导教师的殊荣。在我的教学生涯中，带赛工作占据了大量时间，但我乐此不疲，总是与学生们在实训室中共同度过宝贵时光。

我深知人才培养需注重梯队建设，因此我建立了跨年级的训练体系，与师生共同探讨解决训练难题。我不断学习最新的培训理念与技巧，与各界同行广泛交流，这不仅提升了我的教学能力，也深化了我对酒店行业的理解。

 职场心路：职业寄语

大学期间，教师出类拔萃的专业能力、学院与时俱进的培养方式，让我对酒店服务行业有了更深入的理解。提灯引路、育梦成光也成了我的梦想。展望未来，我满怀信心与期待，将继续以满腔的热情与不懈的努力，为职业技能教育贡献自己的力量，做学生们成长道路上的坚实引路人。我深知责任重大，愿以踏实的步伐，引领更多学生走向梦想的彼岸。

（供稿单位：文旅学院）

88. 用造价专业技能谱写精彩职场路

姓　　名： 余灿元

职业岗位： 浙江宏誉工程咨询有限公司预算部主任

所学专业： 工程造价

毕业时间： 2016年7月

勤学苦练，以技立身，

在平凡的工作岗位上，创造不平凡的业绩，

懂设计、会施工、精预算，

用高超的专业技能成就精彩的职业人生。

我叫余灿元，2013年9月进入金华职业技术学院建筑工程学院工程造价专业学习，获得国家级、省级技能竞赛十余项，被评为浙江省优秀毕业生、校第七届"十佳大学生"。毕业后一直从事建筑工程造价咨询工作，现为浙江宏誉工程咨询有限公司预算部主任，国家注册一级造价工程师、浙江省金牌造价工程师。

回想高中时对未来充满迷茫，进入大学后定位工程造价师的梦想，毕业后持续8年在工程造价领域中的拼搏奋斗，不断地磨砺专业技能，用专业技能书写造价人的精彩人生，想到这些，我的内心就会升起满满的自豪感。

 高中时期：职业萌芽

倾听内心，找到真实的自我

在那段被阳光轻抚、书页翻动声此起彼伏的高中时光里，我仿佛经历了一场蜕变，从一个青涩少年成长为坚韧、有梦想的青年。这段旅程，不仅是关于知识的积累，更是自我认知与成长的深刻实践。

踏入高中的那一刻，面对繁重的课业负担与激烈的竞争环境，我不知所措。因英语偏科造成成绩的不理想，像是一记警钟时不时敲打着我。我开始反思自己的学习方法，尝试着制定计划，合理安排时间，终于找到了属于自己的学习节奏，成绩有了显著提升，尤其是数学给予了我极大的信心。

高考结束后，我对未来依然迷茫。此时，金华职业技术学院负责安徽省片区招生工作的吴乐央老师，来到我所在的高中进行招生宣传，她为我们介绍金华职业技术学院的专业设置与招生政策。宣讲会上第一次听到"职业规划"这个词，我听得如痴如醉，思绪已不自觉飞到那个远在金华的高校，内心有了自己的想法。结合个人兴趣与特长，我毅然选择了金华职业技术学院，选择了工程造价专业。

 高职时期：职业启航

精进工程造价专业技能

2013年9月，我离开家乡如愿来到金华求学，深知"知识改变命运，学习成就未来"的道理。秉怀着一颗谦逊好学的心，我钻研专业知识，经营CAD社团与工程造价社团，备战技能大赛，充实我的大学生活。

第一学期的期末考试结束后，我获得了专业第一名的好成绩，内心无比欣喜。此时，我对大学生职业发展与规划课程产生了浓重兴趣，也喜欢建筑制造与构图等专业课程，借助职业生涯规划工具来构造自我、认知专业培养目标与定位、确立职业方向等，我感觉自己选对了工程造价专业。兴趣是最好的老师，后来的我在学业上更加刻苦，成绩一直名列前茅，多次获得校优秀一等奖学金、国家励志奖学金等。

专业课上吴育萍老师曾说过：想要成为一名优秀的造价师，理论学习是基础，而实操技能更是关键。那如何提升实操技能呢？我觉得建筑工程学院CAD社团与工程造价社团是专业技能实践的最佳舞台。于是，我加入了BIM社团，从基础的计量计价软件学起，经过无数个日夜的埋头苦干，收获满满。

技能大赛是提高专业水平的重要平台，因此我千方百计挤进各类大赛的行列，只要造价学生可参加的比赛我都想试一试。大一暑假，我就开始备战工程造价技能大赛。我夜以继日地测算、练习，自学各种建模、算量、计价软件，百炼成金，功夫不负有心人，最终取得了第八届全国广联达杯BIM算量大赛全国总冠军、浙江省工程造价技能大赛一等奖，创造了建筑工程学院工程造价专业历史最佳成绩。从此我一发不可收，参加了七项省级以上技能大赛，均获得了好成绩。

工作时期：职业实践

磨砺造价人的职业技能

大学毕业后，我怀揣造价行业的无限憧憬与自信，踏入充满挑战与机遇的新世界。不同于许多初入职场者的迷茫与不安，我心中有着清晰的职业目标——用专业技能成就一番事业，让自己的职业生涯绽放光彩。

在浙江宏誉工程咨询有限公司，我从基层做起，仅用一年时间就成为技术骨干。我深知理论与实践的差距，于是，我关注项目的每一个细节中，从基础的数据分析到复杂的成本控制，每一步都力求精准无误。

参加工作后，我依然热衷于参加职业技能大赛，希望通过大赛来增强自己的核心竞争力。在浙江省第四届工程造价技能大赛中，我作为金华市代表队的一员，经历了初赛、预赛等层层选拔，最终站上了决赛舞台。决赛中我沉着冷静，细心展示，最终荣获"浙江省金牌造价工程师"的荣誉称号。瞧着这个奖牌，我内心仍然激动不已：我用行动向自己、向家人证明了我选的路是正确的，也向社会证明了平凡岗位也能成就不平凡的人生，学技能一样有前途！

短短几年间，我荣获了浙江省工程造价技能竞赛决赛三等奖、"浙江省优秀造价从业者""金华市拔尖造价从业人员""金华市造价行业先进个人"等荣誉。

过硬的专业能力和执着的敬业精神使我迅速成长。我很快就成为团队中不可或缺的一员，也赢得了同事们的广泛赞誉，不久被提拔为预算部主任。

作为公司中层干部，我主动承担起项目管理的重任，学习如何高效协调团队，如何在保证质量的同时优化成本，以及如何在激烈的市场竞争中为公司争取最大的利益。

我常常与同事们分享工程造价改革项目的编制思路，创新实践造价新技术。记得2020年7月，国家住房和城乡建设部办公厅发布了《工程造价改革工作方案》，金华职业技术学院学士苑9号学生公寓改建项目被选中为全国造价改革试点项目，我很荣幸作为金华市工程造价改革课题组的一员。这是一次全新的尝试。我与团队成员一丝不苟地测算各项实际成本、管理成本、财务成本等各项费用，打破传统计价模式，取消定额，采用市场询价的模式编制招投标控制价，通过巧用模型、配套制度保障市场化竞争。我根据市场交易习惯，大胆提出优化清单子目建议，如合并混凝土浇捣子目、模板清单子目，垂直运输采用租赁模式进行计价等。在这个过程中，我尽职尽责的工作精神和出色的工作表现得到了金华市工程造价改革试点工作专家组的一致好评。

如今，我还被聘任为品茗胜算造价计控软件应用专家、金华市招投标与造价行业建筑组专家、金华市工程造价纠纷红色调解员、校职业生涯企业导师等，每一个头衔背后都是一份沉甸甸的责任。

 职场心路：职业寄语

业精于勤，行成于思。回望来时路，我从一名青涩的毕业生，逐步成长为造价行业的技术骨干。我的成长是对"匠心铸就梦想，技能成就人生"的最好诠释，面临的每次挑战、实现的每次突破，都是向着更加辉煌的职业人生迈进的坚实步伐。未来我将继续奋战在工程造价一线，继续书写技能成才、技能报国的成长故事。

（供稿单位：建筑工程学院）

89. 扎根基层海岛，深耕党建的00后女孩

姓　　名：宋佳楠
职业岗位：浙江舟山绿色石化基地管理委员会工作人员
所学专业：报关与国际货运
毕业时间：2022年7月

从校园到海岛，跨界逐梦，深耕党建，
只要脚踏实地、不畏艰难困苦，
便可在基层工作中绽放出最耀眼的光芒。

我叫宋佳楠，是一名来自浙江宁波的00后女孩，2019—2022年就读于金华职业技术学院报关与国际货运专业191班，现在是浙江舟山绿色石化基地项目建设临时党委的一员，主要负责基层党建工作。初看起来，我所学的专业和从事的职业似乎风马牛不相及，但了解我的故事之后，你也许会发现条条大路通罗马，人生路上走的每一步都算数，把自己从固有的"套子"里解放出来，更可见天地广阔、乾坤自在。

中职时期：职业萌芽

我在中职时期就选择了外贸类商贸专业，之所以选这个专业是因为觉得它听起来很有趣，能让我接触到不同的文化和商业知识。在学校里，我努力学习商务英语函电、外贸实务等课程。但万事开头难，一开始，专业课的学习并不那么轻松。为了提高学习适应力，我努力调整学习方法，利用课余时间大量阅读商业案例，积极参加学校的模拟贸易活动，了解实际贸易中的操作过程，从而加深对专业知识的理解。随着时间的推移，我逐渐找到了学习的节奏，不仅能够熟练地撰写商务英语函电，对外贸实务也有了更深入的理解。

学习状态管理的成功不仅让我在心中根植下一个信念——只要付出努力，就一定能够克服困难，也让我的班主任老师发现了我的闪光点。她不断鼓励我建立自信、拓宽社交圈子，积极参与班级和学校的活动。在她的培育和鼓励下，我成为班级的学习委员，不仅协助老师组织班级事务，还积极参与合唱比赛、演讲比赛等活动。这些经历不仅锻炼了我的组织能力，也让我变得更加自信。中职的三年，是我梦想启航的地方，这三年的磨炼，奠定了我走向远方的基础。

 高职时期：职业启航

刚进入金华职业技术学院时，我也有些许的迷茫，但我深知无论未来做什么，都需要有过硬的专业知识为支撑。因此，我一边努力学习，一边探寻自己未来的路。在校的三年时间里，我的综测成绩一直保持在班级前列，还参加了许多活动以及竞赛，取得了不错的成绩。获得两年校级奖学金后，我在大二拿到了浙江省省政府奖学金，在专业技能比赛中也获得了第七届全国职业院校"IECC"关务技能竞赛通关知识项赛个人三等奖。虽然没有做到事事第一，但我也算有所成就。

学而优则"仕"，课余时间我也没有闲着，而是一如既往选择继续充电。入校第一次班会竞选班委，我成功延续了中职时的职位——学习委员。竞选这个职位，为的是在鞭策自己好好学习的同时，也能当好老师与同学们之间沟通的桥梁，帮班级做更多的事。同时，我还参加了院学生会学习部干事的竞选并成功入选，在此后换届时，又成功当选学生会学习部负责人。这些经历帮助我建立了强烈的责任感，也让我的大学生活变得更加丰富多彩。我带领部门成功举办了很多大型活动，获得了老师及同学们的一致好评，认识了许多志同道合的朋友，也从中积累了宝贵的领导能力以及团队协作能力。

忙碌的学习与工作之余，我会去做一些志愿服务活动，这是让我获得幸福感和快乐感的一种非常有效的方式。令我印象最深刻的就是在新冠疫情期间，我响应学院号召投入防疫活动，带头参加疫苗接种，并成为校园疫苗接种场地的志愿者。我一站就是一整天，引导同学们有序接种，为完成观察的同学们进行疫苗盖章……虽然志愿活动非常辛苦，但当我看到同学们脸上扬起的笑容时，我的内心欣慰不已。

正是基于团干工作的经验和对志愿服务的热爱，当我偶然看到浙江省高校毕业生"三支一扶"计划时，便有意识地进行了了解。我发现，基层工作者对社会的贡献非常大，很有意义。本着"为人民服务"的原则，我在毕业后便立刻参加了"三支一扶"计划。后来定岗在舟山市岱山县鱼山岛，工作单位为舟山绿色石化基地管理委员会，工作内容为基层党建。

 工作时期：职业实践

初到舟山基地，面对与学校环境大相径庭的工作场景和内容，我陷入了一段适应的挣扎期。岛上板房为居，娱乐匮乏，进出不便，水资源短缺，各方面生活条件都比较艰苦。单位里，70后、80后占据主导，年轻的面孔相对较少。而我，作为党建工作的主要负责人，肩负着组织活动策划、撰写党建材料、管理台账以及接待与讲解等多重职责。那段时间，我每天都感觉压力很大。好在只要付出努力就能战胜困难的信念一直不断鞭策着我：与群众沟通存在语言障碍，我就自学方言直到能顺利交流；党建材料不会写，我就大量翻阅资料积累素材，不断思考总结，直到掌握属于自己的方法……慢慢地，我开始适应岛上的生活，工作也逐渐步入正轨。

在这石化基地度过的将近2年里，我经历了从最初踏入时的迷茫与重重挑战，到如今从容应对、逐渐成长的转变，每一步都见证了我的蜕变与成长。其中最令我难忘和骄傲的便是2023年那场联合多方力量筹备的大型文艺晚会。由于海岛偏僻的环境，我便想着要怎样才能让岛上居民生活得更有色彩。于是，我和我的团队小伙伴便着手筹办了一场文艺会演活动。从创意萌芽到完美落幕，历时两个月，方案几经易稿，最终为岛上的青年才俊与企业员工献上了一场视听盛宴。此外，渔山村红色传承馆的落成，更是我们党建工作成果的一次集中展示，凝聚了团队半年的辛勤与汗水。

通过这2年的实践，我深刻认识到基层工作的复杂性与重要性。我深知基层党建工作要紧密联系群众需求，贴近民心，解决实际问题，而不能流于形式。2024年9月，我的2年任期满了，但我将继续关注基层，保持对现有工作的热爱与专注，持续努力，不断突破自我。

✅ **职场心路：职业寄语**

　　回首往昔，从初来乍到的不适应到如今的坚定与成长，我深知这段经历对我人生的深远影响。它教会了我坚韧不拔，勇于面对困难；它让我学会了在挑战中寻找机遇，在逆境中绽放光芒。对于有志于投身基层工作的学弟学妹们，我衷心建议：做好充分的心理准备，理性看待基层工作的艰辛与挑战；重视个人安全，保持积极心态；认真对待每一项工作，用心感受基层的脉搏与温度。相信只要你们怀揣梦想，脚踏实地，定能在基层的广阔天地中书写属于自己的精彩篇章，为祖国的繁荣与发展贡献自己的青春力量。

（供稿单位：商学院）

90. 用极简的线条勾勒出体验设计师的空间

姓　　名：许方杰
职业岗位：吉利科技集团有限公司体验设计师
所学专业：产品艺术设计
毕业时间：2014年7月

坚持探索、坚持思索、坚持求索，
设计带给了我多元视角的洞察力，
更让我在职业中感受到了"设计与生活互动"的独特魅力。

　　我叫许方杰，目前在吉利科技集团担任体验设计师一职，主要是研究汽车的用户和产品体验，洞察客户需求，优化整车使用体验、用户生态服务、OTA等关键环节体验，跟踪汽车用户体验数据，分析用户反馈，持续改善整体服务体验规范，打造符合品牌特性的高体验产品，以提升品牌市场竞争力。大家都说，设计师是用极简的线勾勒出最具灵性的空间，创造未来。接下来，我将与大家分享一个设计师的成长之路！

高中时期：职业萌芽

我就读于浙江温州的一所普通高中，那时的我算不上是"尖子生"，也算不上"差生"。也许是理科知识太复杂烦琐，使我经常陷入迷茫中，成绩一直在中等水平徘徊不前。加上高中学业压力大，我曾一度感到喘不过气来。幸运的是，每个星期会有一节美术课，那是我第一次正规地接触"美的法则"这个概念。老师在讲台上讲述着艺术的形成与传承意义，这勾起了我很大的学习兴趣，在平时空余时间，我也会主动去了解有关艺术创造的课程与知识。当时，我想换一种方式生活，拓宽自己的眼界，不再仅仅局限于理科和文科。也是这个决定，我确定了自己未来大学专业选择的方向，也改变了自己普通平凡的人生。下定这个决心后，经过几百天的努力与学习，我最终进入了理想的大学，选到了心仪的专业，开始学习我感兴趣的设计课程！

 高职时期：职业启航

在金华职业技术学院，我选择了产品艺术设计作为我的专业方向，也因此结识了许多拥有共同兴趣与理想的朋友。课堂上，老师们不仅没有与我们学生之间产生代沟，反而更像是我们的朋友，亲切地给我们传授着宝贵的设计知识。此外，我还积极参与了学校的各种社团活动及工作室实践，如家具设计、珠宝设计等多元化课程和项目，这些经历让我深刻认识到设计是一门深奥且广阔的学问。

在校时，每一次为了完成设计项目而挑灯夜战的经历，都让我深深体会到坚持和专注的力量。记得参加全国大学生工业设计大赛期间，为了准备参赛作品，整个团队连续数周熬夜进行头脑风暴、方案设计和模型制作。在不断的修改和完善过程中，我深刻体会到团队协作以及创新思维的重要性，老师也是一遍一遍给予我们指导，陪着我们一起修改。最终，作品获得了优异的成绩，这不仅是对专业能力的肯定，更是一次宝贵的经历。那些经过反复修改、打磨的作品，见证了我的成长与进步，让我明白了成功背后往往是无数次的尝试与修正，也让我懂得了团队协作的重要性。另外，在校时各种实践经历，让我清晰地认识到，理论知识固然重要，但将其应用于实际、解决实际问题的能力更是不可或缺。

 工作时期：职业实践

从金华职业技术学院毕业后，我入职吉利科技集团体验设计师岗位，因为我在大学期间就读的专业是产品造型设计，总体来说与我现在职业的相关程度还是很大的。在学校期间学到的相关知识与项目实践经验，不仅提升了我的专业技能，也增强了我的综合素质，让我对这份工作并不算陌生，为我顺利过渡到职场生活打下基础。记得有一次，我接到一个紧急的项目，要求在短时间内为一款新推出的电商平台完成UI设计。为了按时完成项目，我迅速组建团队，分工合作，日夜奋战，不断克服各种技术难题和设计挑战，最终按时交付了高质量的设计方案，平台也顺利上线并取得了良好的业绩。这次经历让我明白了在高压力下保持高效和专注的重要性，也再次印证了精准理解需求和团队协作的重要性。

心有多大，舞台就有多大！有人说设计师像神笔马良一样，可以把一切事物栩栩如生地表现出来，就像神仙下凡，用神力把纸上的东西表现出来！对每一个设计师来说，最为艰难的挑战应当就是创作灵感的来源。灵感的产生具有随机性、偶然性，它是新颖的、独特的，同时具有情绪性。但灵感会枯竭，特别是艺术学院的学生，未来工作的方向大抵离不开设计，我们的烦恼也会随其涌现。所以，我平时会经常浏览国内外的网站，注重观察网站设计，如国外的behance和dribbble网站以及国内的站酷。同时还会关注各公司的公众号，如阿里巴巴、腾讯、字节跳动等，这些都能有效地帮助我找寻不同的灵感，还可以提升自身审美力。

 职场心路：职业寄语

回想起大学的生活，我认为大学就是从学生到职场的一个过渡阶段。在大学期间除了学好专业知识外，在课余的时间我们也要多去参加一些社交活动，因为在职场中，不仅仅是看你个人的专业能力，社交能力也是不可或缺的。希望学弟学妹们要去积极了解自己专业的现状和有关就业的信息，包括行业今后的发展趋势，用心观察生活，感悟人生真谛，让设计与生活互动。我也衷心地期望我们学校的发展可以越来越好！

（供稿单位：设计学院）

91. 从兴趣萌芽到行业翘楚

姓　　名：沈连春

职业岗位：永康泓宝行汽车销售服务有限公司（宝马）4S店总经理

所学专业：汽车检测与维修

毕业时间：2005年7月

　　我叫沈连春，金华职业技术学院汽车检测与维修专业2005届毕业生。在校期间曾担任学习委员、组织委员等班干部职务，每学期荣获校优秀干部称号，并最终荣获省级优秀毕业生称号。2006年加入物产中大元通汽车有限公司（世界500强企业）工作，曾先后在东风日产、宝马品牌4S店担任总经理一职，现任永康泓宝行汽车销售服务有限公司（宝马）4S店总经理，任职期间曾多次荣获厂家和集团优秀总经理、优秀共产党员称号。

　　回顾我的成长历程，汽车一直是我生命中不可或缺的一部分。

 高中时期：职业萌芽

　　小时候，为了节省开支，父亲经常购买报废的拖拉机回来自己修理，并总能让看似废弃的机器重新焕发生机，他专注的神情和熟练的动作让我印象深刻。在这样的环境中成长，我自然而然地对汽车产生了浓厚的兴趣。每当看到路上飞驰而过的车辆，我都会想象着它们内部的构造和运行原理。那些机械的奥秘仿佛在向我招手，吸引我去探索。

　　中学时代，我的学业逐渐繁忙起来，但对汽车的热爱始终没有减退。课余时间，我会阅读各种与汽车相关的书籍和杂志，了解汽车的发展历程、不同品牌的特点以及最新的汽车技术。虽然学业压力较大，但我还是会利用有限的闲暇时光，去观察路边的汽车，研究它们的外观设计和轮毂样式。有时候，我甚至会幻想自己有一天能够亲手设计和制造一辆属于自己的汽车。

　　当时的我，理科成绩相对较好，尤其是物理和数学。这些学科的知识为我后来理解汽车的机械原理和技术参数打下了坚实的基础。每当在课堂上学到与力学、电学相关的知识，我都会联想到汽车的发动机工作原理和电路系统。

高中的学习生活紧张而充实，面临着高考的压力，我不得不暂时将对汽车的热爱放在一边，全身心地投入到学习中。然而，即使在繁重的学业中，我也会在偶尔的休息时间里，和同学们讨论汽车的话题。每当谈论到最新的汽车款式和性能，我都会感到无比兴奋，仿佛所有疲惫都一扫而空。

在选择文理科时，我毫不犹豫地选了理科，深知这对未来研究汽车技术至关重要。物理课的力学分析、化学课的材料知识，都让我看到其与汽车制造和维修的紧密关联。高考压力如山，而我心中的汽车梦想如明灯照亮前行路。我告诉自己，唯有努力学习，考上理想大学并进入相关专业学习，才能更靠近汽车梦想。

 ## 高职时期：职业启航

功夫不负有心人，我成功考入了金华职业技术学院，选择了汽车检测与维修专业。

进入大学后，丰富深入的课程如汽车构造、汽车电子技术、汽车故障诊断与维修等，让我如饥似渴地汲取着知识。每堂课我都认真听讲、做好笔记，不放过任何细节。课堂上，老师生动的讲解和丰富的案例使抽象的理论变得具体清晰，我由此明白了汽车发动机工作循环、底盘结构和电气系统原理。

但我深知，仅掌握理论远远不够，汽车维修实践性极强。于是在暑假期间，我给自己制定了严格而充实的计划。清晨，我奔向驾校，全神贯注练车技，无论天气如何都不懈怠，只为早日拿到驾照并深入了解汽车的操控性能。下午，我准时到修理厂，不惧油污灰尘，热情地向师傅请教。从简单的零部件更换到参与复杂的发动机维修，我都积极投入其中。有一次，有一辆汽车的发动机发生故障，声音沉闷、动力不足，经检查疑是气门问题。我随师傅小心拆卸部件，发现气门磨损。在师傅的指导下，我更换了气门并重新组装。当汽车启动时，我听到平稳的声音，成就感油然而生。还有一次，一辆汽车在行驶中突然熄火，经查是电路短路导致。我和师傅沿线路排查，找到并修复，当看到车重新发动、车主露出满意的笑容时，我深刻体会到了付出的价值。每次解决故障、听到汽车发动的声音，都是对我努力的肯定，也更加坚定了我在汽车维修道路上走下去的决心。

除学习和实践外，我还积极参与班级事务。担任学习委员和组织委员期间，我认真负责完成工作，组织学习讨论，协助老师收集作业和资料，并协调班级活动，每学期都因出色表现荣获校优秀学生干部称号。学生工作锻炼了我的组织和沟通能力，更让我懂得了团队合作的重要性。

大学的努力让我收获满满，我以优异成绩毕业，并荣获省级优秀毕业生称号。这些荣誉不仅是对我大学时光的肯定，也是我继续前行的动力。

 工作时期：职业实践

2006年，我有幸加入物产中大元通汽车有限公司（世界500强企业）工作，这是我职业生涯的一个重要起点。

刚进公司，我满怀热情与期待，也深知自己将面临巨大的挑战。公司规模大、业务杂，我被分配到东风日产4S店基层岗位，每天跟师傅学习车辆检测、维修和保养技术。我虚心求教、认真观察，不放过任何学习机会。虽工作辛苦，却乐在其中，我明白基层锻炼才能掌握核心技能。

起初从事机修，但不安于现状的我渴望突破，深知销售岗位的挑战与潜力，并坚信自己不会差。于是我转岗做销售，从基层顾问起步，稳扎稳打。做顾问时，我用心倾听客户需求，以专业和热情推荐车型，凭借努力晋升为主管，带领团队冲业绩。做主管期间，我注重成员成长，探索创新策略，业绩攀升后晋升为经理。通过持续的拼搏，仅7年时间我就实现了从顾问到总经理的跨越，并在东风日产积累了丰富的管理经验。

由于表现出色，在集团领导的推荐下，我获得了进入豪华品牌——宝马工作的机会，开启了职业生涯的新篇章。在新的岗位上，我将继续砥砺前行，不断挑战自我，创造更加辉煌的业绩。

任总经理后，我深感压力与责任巨大，要管团队、保运营、定战略、应竞争。为提升业绩，我深入了解市场动态，推动创新营销策略和服务项目的实施，注重团队建设，吸引优秀人才。在团队的不懈努力下，永康泓宝行宝马4S店成绩显著，我本人也多次获"优秀总经理"称号，成为行业典范。

 职场心路：职业寄语

回顾职业生涯，我深感幸运与自豪。从好奇汽车的孩子到有成就的专业人士，离不开家庭、学校、师友的帮助及自身的努力坚持。

未来，我将继续在汽车行业深耕，不断追求卓越，为客户提供更优质的服务，为行业的发展做出更大的贡献。

（供稿单位：智能制造学院）

92. "差生"摇身变成"95后"外贸小老板

姓　　名：吕丰硕

职业岗位：永康市邦正工贸有限公司总经理

所学专业：国际商务

毕业时间：2017年7月

创业并非仅凭一腔热血，

亦非憧憬着成功人士而埋头苦干，

须提升自我，方可得见伯乐，

须重视他人，方可得以资源，

须以过去为鉴照，以未来为目标。

　　我叫吕丰硕，2017年毕业于金华职业技术学院商学院国际商务专业，目前是永康市邦正工贸有限公司的总经理。"95后"的我已先后3次成功创业，并一直从事外贸跨境相关行业。现公司主要经营简约炉具、烧烤炉、户外炉头等，年销售额达3000万元。

 中职时期：职业萌芽

　　我的故事始于金华永康——我深深热爱的家乡。从小，我就有些贪玩，文化课成绩一直不尽如人意，因此也成了老师眼中的"差生"。中考失利后，我在家人的安排下进入了永康市职业技术学校学习。江山易改，本性难移。进入中职后，我玩心依旧，在老师那里的形象也是依旧。直到一次课堂给了我改变的契机。那天，班主任在上公开课中途突然让我站起来朗读课文，正是这个意外的朗读机会让我被学校播音室的负责老师注意到了。在他的建议下，班主任重新审视了我的基础和条件，并给了我一个参加演讲比赛的机会。这是我第一次得到老师如此重视，便毫不犹豫报名参赛，不仅为了班级荣誉，也是为了证明自己并非一无是处。

　　参赛决定好下，过程却不容易。我的文化课成绩不好，写的讲话稿一次次被否定重来。加上没有登台经验，内心十分紧张。班主任注意到了我的困难，专门为我请了播音室老师指导。那段时间，我不再贪玩，每天晚自习都去老师办公室备赛。写稿子、发音训练、站位训练、表情管理，各种细节一遍遍地磨一遍遍地改。晚自习结束后，同学们都睡觉了，我还一个人在走廊上背稿子、练台风。皇天不负有心人，我最终获得了第二名的好成绩。这次比赛让我获益很大，老师对我的肯定多了，同学们也说我好像变了一个人一样。

后来，演播室的"伯乐"老师又找我加入校播音室，我进去一待就是2年，一边跟老师"学艺"，一边和学长们一起主持校内各种大大小小的晚会。我从来没有这么认真地做过一件事情，老师和同学也总是夸奖我声音好听，在台上很有魅力。渐渐地，我变得自信起来，在语言表达和人际交往方面有了很大进步，学习上也有了动力，成绩慢慢变好。2015年，我顺利考入金华职业技术学院。

 高职时期：职业启航

在金华职业技术学院就读期间，班主任谢华老师对我帮助很大。她总是不断地肯定我、支持我，相信我一定可以学好专业知识。这对一直文化课学习不太好的我来说鼓励很大，我暗暗下定决心要在学习上下苦功夫。可以说，大学时期是我学习最为认真的一个阶段，课堂上我认真听讲，课堂外我凭借着主持经验积累起来的良好沟通能力，与任课老师们打成一片，时常在课后和老师们交谈，问专业知识，聊职业规划。在和老师们交流之后，我深切感受到了外贸行业的广阔前景，这也为我在实习期指明了求职方向。

学习之余，我积极参加学生工作和活动。2015年下半年，我成功竞选成为班级团支书。由于我们班招收的是中职生源，班上有一半来自永康的同学，另一半则是来自温岭的同学。两拨同学之间隐隐存在对抗、不融合的情况。班主任谢华老师发现问题后和我进行了"促膝长谈"。在她的指导下，我组织了合作型趣味运动、知识答题竞赛等多场班级团体活动，成功增进了全班同学的团结。班级工作之外，我充分发挥自己在主持方面的特长，多次担任学院各类晚会与比赛的主持人，成功获得了老师和同学们的认可。通过这些平台，我极大地锻炼了自己的组织协调能力和语言表达能力，并结识了许多优秀的人。这些都为我后来的就业和创业打下了坚实基础。

 工作时期：职业实践

作为一名"创二代"，毕业后我没有选择回家族公司，而是加入了永康维森贸易有限公司，担任一名eBay平台的运营人员，负责产品上传、市场调研、市场定价策略制订以及物流方案的设计等工作。我每天第一个到公司提前做好准备，因为客户分布全球各地，我又克服时差经常深夜还在与客户沟通洽谈。经过坚持与努力，我的业绩迅速增长，第二个月就达到了近2万美元，获得了公司领导的认可，并在短时间内晋升为团队主管。其间当然也遭遇了一些问题，记得入职第三个月，我运营的eBay平台账号突然出现了几个差评。当时店铺正处于上升期，差评率必须严控在千分之五以内。我感到十分慌乱，不知所措地向老板求助。老板以他丰富的经验告诉我，处理差评的关键在于找出问题根源并妥善解决。在他的指导下，我深入调查，发现问题出在物流环节，于是立即与物流公司协商，同时及时联系客户诚恳道歉，并提供折扣优惠以弥补损失，最后成功挽回了店铺声誉。后来，我还进一步了解了各物流公司的服务质量、出错率及价格等因素，择优选定了几家合作伙伴，从根源上避免再次发生类似问题。

我的表现深得老板赏识，他不仅常带我参与创业者之间的交流活动，还提出了携手创业的提议。2018年2月，我与原公司的两位负责人共同创立了金华众盈贸易有限公司，专注于工具类、家具类产品的跨境电商业务，主要平台包括亚马逊、eBay、速卖通。我担任销售管理职务，持股50%。公司初期运营尚算顺利，但两个月后，我们遭遇了PayPal账号结汇额度受限的问题，大部分账款只能滞留在新加坡花旗银行，无法顺利兑换为人民币。资金流转受阻，公司运营顿时陷入困境。我四处奔走，多方打探，尝试联系了多家银行等金融机构和众多同行，才终于找到一种提现方式，尽管手续费从25美元/笔涨至35美元/笔，但总算解决了结汇难题，公司资金流得以恢复正常，运营也走向正轨。到公司成立一周年之际，已实现400万元的营业额，所经营的店铺更是屡获"金牌卖家"殊荣。

在经历了前两次创业的洗礼后，我勇敢地开启了第三次创业之旅，创办了永康市邦正工贸有限公司，目前担任总经理一职。在总结了前两次创业的诸多经验教训后，我建立了更多的前期工作和后期对接的机制，以更加完备的姿态应对随时可能会出现的困难。例如，做好前期的宣发工作，并且快速在试用期内安排HR做好岗前培训；在涉及大规模、多单量的客户时，安排员工盯点到位，随时跟进物流进度；在平台运营到一定规模后，及时调整人员分配和工作职责的分工等。如此一来，第三次创业的道路总算是有惊无险地走到了现在并且持续发展着。

 职场心路：职业寄语

　　创业之路充满挑战，作为"95后"的小老板，我始终保持谦逊学习的态度，既向父亲请教管理之道，也向有创业经验的朋友学习经营策略；既善于在实际工作中发现问题，也善于在实际工作中解决问题。同时，我也非常乐于向人分享自己的经验所得，曾专门返回母校为学弟学妹们举办了eBay平台操作技巧与规则的培训。我坚信，只要保持一颗永不熄灭的炽热之心，不断努力拼搏，我们每一个人都能开创属于自己的辉煌。

（供稿单位：商学院）

93. 播种梦想，深耕创业田野

姓　　名：沈琦铭
职业岗位：赣州稻念香生态农业有限公司总经理
所学专业：工业分析与质量管理
毕业时间：2016年7月

埋下一颗"兴趣"的种子，
在创业实践中生根发芽，
在新型农业领域中开花，
在前行的道路上持续收获。

　　我叫沈琦铭，所学的专业是工业分析与质量管理。目前担任赣州稻念香生态农业有限公司的总经理，公司在浙江建有农业技术研发中心、院士工作站，在江西建有数字农业示范基地、万亩良田综合示范园区等，曾获评石城县"优秀新型农业经营主体"等荣誉。

 ## 高中时期：职业萌芽

　　高中时期，我就读于杭州天目外国语学校，当时我的学习成绩一般，数学、物理是我的弱势学科，所以文理分科时我选择了文科。但我从小就对化学有着浓厚的兴趣，小时候科学课的化学实验里，各种化学物质在颜色、状态上的纷繁变化激发了我强烈的探索欲，我的化学成绩也历来不错，高中化学会考获得了A等级。

高三受到老师和往届同学的影响，我报名参加了金华职业技术学院的提前招生考试。当时的提前招生考试需要先明确报考的二级学院，从兴趣出发，我还是报考了与化学相关的制药学院。通过提前招生考试后，我再次来到金职选择具体就读的专业。由于我的考试成绩在全院排名第二，我拥有在6个专业中任选其一的资格。我在专业老师的指导下，结合家乡企业的特点与自身对未来发展的规划，选择了工业分析与质量管理专业。

 高职时期：职业启航

工业分析与质量管理专业开设了有机化学、无机化学、分析与质量管理体系等相关课程，学生毕业后常从事质量检验等工作。质检作为药品生产流程中的最后一道关卡，是一个良心活。学院也历来秉承"端品厉学"的办学理念，不仅治学严谨，还极为重视学生动手能力的培养，更是让我们学会了"做事先做人"的道理，勉励我们要不断加强对自身综合素质的提升。

例如，大一暑假期间，我参加了学院在义乌举办的"百元创万"的创业实践活动。我们分成早、中、晚3个小组，分别开展了不同的创业项目，学会了如何高效利用全天不同时段以获取更多收入，我们也克服了晚上打地铺、凌晨三四点去进货等困难，学会了如何更好地开展分工合作与提升团队凝聚力。

大二时，我报名参加了学校的创新创业大赛，那是我人生中第一次正式登台的项目路演，紧张之余，对我个人也是一次重大突破。正是有了这次大赛的经历，我顺利地申请到了学校创业园的创业店铺，并开始实践我的创业想法。当时恰逢校庆20周年的纪念活动，校友会向我们订购了手工纪念皂，让我们赚到了两万多元。这些学生时期的创业体验，也为我在毕业后的创业之路奠定了基础。

从全班同学的职业发展情况来看，也进一步验证了学校的培养成效。毕业时，我们全班56个同学实现100%就业，其中80%的同学从事了与所学专业相关的行业，且多为高质量就业，平均月薪在4600元左右。如今，大家也仍然在大型药企、环保局、水文监测站等单位发展。

 工作时期：职业实践

（一）质检岗位显才学

2016年毕业时，我的求职需求是找一个离家近的公司从事质检工作。当时，我向浙江帝龙新材料有限公司这家上市企业投递了简历，经自我介绍等面试流程后，我当场就收到了录用通知。入职仅8个月，我就开始担任主任助理一职，月薪从4000元涨到了7500元左右，可见当时在企业里的发展前景还是非常好的。尽管质检岗位一向以工作内容固定、工资稳定而广受青睐，但出于个人对创业的热爱以及受家族创业氛围的影响，我还是在工作一年后踏上了创业的征程。

（二）首次创业有帮手

从专业所学出发，我在2017年创办了杭州曼巴环保有限公司，主要开展水污染治理、环保咨询服务、土壤污染治理与修复服务等相关业务。尽管此时我已毕业1年有余，但我的母校仍然关注着我的创业梦想，并在我的首次创业过程中，让我能够链接校友资源获得诸多助力。一是资金支持，两位同行业的优秀学长愿意共同出资支持我创办企业；二是技术和业务支持，温俊老师不仅给我引荐了相关专家，还帮我联系促成了一些业务合作；三是人员支持，班主任发布的校招通知也让我能够更高效地招募到合适的员工。

（三）转型创业展担当

初次创业有所成效后，我又开始积极谋划转型，2022年创办了赣州稻念香生态农业有限公司。这一转型于我而言并不陌生，高中时期学习的文科知识让我对季节气候、土壤、降水量等知识有一定了解，高职阶段的学习也让我掌握了土壤检测、生物菌等相关知识，首次创业开展的水和土壤污染治理的业务经验，都对开展规模农业大有裨益。

借着江西省招商引资的机会，看准石城县颇为富饶的自然资源和较大的发展空间，我来到了江西省赣州市石城县，开展了集特色农业种植、数字农业建设、智慧农业探索于一体的农业创业项目。当前处于创业前两年，农业创业的盈利相对滞缓，但发展前景较为明朗。未来10年，我们将致力于在江西省近30个县完成新型农业模式的推广，通过"连农带农"的发展模式，为"三农"建设承担更多的责任。

 职场心路：职业寄语

当初，我选择工业分析与质量管理专业是出于我对化学这门学科的喜爱，毕业后进入企业从事质检工作也是对我专业所学的认可，辞职创业是对自身综合能力的一次挑战，而转型创业以及涉足新型农业更是责任与担当的体现。职业规划不会一气呵成，职业发展也固然不会一帆风顺，但我相信兴趣足才能动力足，对创业的热爱驱使着我有意识地规划，有目标地前进，也一定能够收获属于自己的鲜花与掌声。

（供稿单位：制药工程学院）

94. 做专业就要不断地精进与学习

姓　　名： 金茂鑫

职业岗位： 杭州微风企科技有限公司C#开发工程师

所学专业： 物联网应用技术

毕业时间： 2018年7月

学无止境，不断淬炼自己，

互联网技术发展迅速，

每当你遇到新的挑战，

唯有花上精力学习，才能把挑战转变为机遇。

　　我叫金茂鑫，毕业后一直从事物联网相关领域工作，现任杭州微风企科技有限公司C#开发工程师。

　　为胜任服务端开发工程师一职，我不断学习，从C#基础语法到ASP.NET框架，从数据库设计到微服务架构。后来我担任了C#开发工程师，我投入了大量时间和精力学习C#语言及其相关技术栈，从.NET Framework到.NET Core，从WPF到Xamarin，我一步步深入探索并掌握这些技术的精髓。

　　大学期间，我参加了多项技能竞赛，荣获全国职业院校技能大赛一等奖、浙江省职业院校技能大赛二等奖。我认为大学经历不仅是我学习路上的一个重要阶段，更为我的职业生涯打下了坚实的基础。

 高中时期：职业萌芽

　　在苍南县龙港高级中学求学期间，我始终把学习放在首位，努力学习各科目知识，特别是数学和物理，这两门科目是我最感兴趣和擅长的。我积极参与课堂讨论，与同学们分享心得和解题思路，也乐于向老师请教不懂之处，这些努力帮助我在学业上取得了显著的进步。

　　此外，我还有幸担任班长一职，这成了我学习与成长的重要经历。作为班长，我积极组织协调班级的各项活动和事务，如文艺演出、运动会等。这些活动不仅丰富了同学们的课余生活，更重要的是促进了班级内部的凝聚力。

我扮演着促进班级凝聚力、加强师生沟通的重要角色，我经常主动与老师沟通，反馈同学们的意见和建议，同时也积极传达老师的意见和建议。这种双向沟通不仅让同学们感受到了被尊重和重视，也让老师们更好地了解了同学们的需求和想法。

这些经历不仅锻炼了我的社交能力、组织协调能力，更让我与老师、同学建立了深厚的友谊，使我感受到了与集体共同成长的快乐。

 ## 高职时期：职业启航

在金华职业技术学院，我经历了丰富多彩的成长与挑战，收获了许多宝贵的经验和荣誉。在学院的三年时光里，我不仅专注于学业，还积极参与各类竞赛和活动，努力拓展自己的专业水平和实践能力。

作为一名学生，我始终把学习放在首要位置。在课堂上，我认真学习专业知识，特别是物联网相关的课程和技术。我善于通过理论学习和实际操作相结合的方式；深入理解物联网技术的原理和应用，这为我后来的竞赛和就业打下了坚实的基础。

我积极参加了多项物联网专业竞赛，荣获了全国职业院校技能大赛物联网技术应用赛项一等奖，这是我在竞技场上的一次重要胜利，也是我大学生活中最难忘的时刻之一。备战全国职业院校技能大赛期间，我们几乎不分昼夜，放假期间依旧留校训练，经常忙碌到在实验室打地铺，我的指导老师王静老师也经常陪我们一起训练到深夜。我们剥了一箱又一箱电线，布了一次又一次设备，每一次复盘，每一次模拟任务，现在回想起来依旧让人怀念。

备赛过程虽然很辛苦，却也进一步夯实了我的专业水平，磨砺了我的项目管理、技术开发、创新思维、团队合作等技能水平，我也变得更专注沉稳。这段经历对我后来的职业选择、职业规划产生了极其深远的影响。

 ## 工作时期：职业实践

在踏出校园的大门，满怀对未来的憧憬与激情之际，我有幸入职杭州嗨趣网络科技有限公司，正式开启了我的职业生涯之旅。

嗨趣是一家专注于网络信息技术、电子商务技术、数据处理技术的技术开发公司。初入公司，面对全新的工作环境和复杂的项目代码，我深知自己需要迅速适应并融入团队。专业知识的学习是我职业生涯发展的第一步，好在大学期间打下了良好的专业基础和自学能力，从C#基础语法到ASP.NET框架，从数据库设计到微服务架构，我如饥似渴地吸收一切可以学习的内容。同时，我积极参与团队内部的技术分享和讨论，很快我就熟悉了公司的项目流程，并顺利接手了部分模块的开发工作。

随着对公司的深入了解，我开始承担起更加重要的角色。在"数据中心平台"项目升级过程中，我主导了服务端的性能优化工作。面对日益增长的用户量和数据量，我深入分析了系统的瓶颈所在，提出了通过引入Redis作为缓存层、优化数据库查询语句以及采用异步处理机制等方式，成功地将系统的响应时间缩短了近50%，并有效缓解了高并发带来的压力。我的优化升级方案极大地减少了公司的服务器成本，优化了错误处理流程，也降低了开发任务的复杂度。这一成果不仅得到了项目组的认可，也为我赢得了更多的信任与机会。

在嗨趣的这段时间里，我深刻体会到了团队协作的重要性。无论是日常的代码编写与调试，还是项目的进度控制与风险管理，都需要团队成员之间的紧密配合与有效沟通。我积极参与团队代码审查、技术分享、团队建设等工作，与同事们相互学习、相互帮助，共同面对挑战，慢慢地就与他们建立了深厚的友谊和信任。

在嗨趣历练之后，我带着更加成熟的心态和丰富的经验加入了杭州微风企科技有限公司，担任C#开发工程师一职。在这里，我迎来了新的挑战与机遇，也开始了新的职业旅程。

杭州微风企科技有限公司是一家专注于网络技术、计算机软硬件、数据处理技术的技术开发、技术服务公司。从服务端开发到客户端开发，这对我来说是一次全新的尝试和挑战。为了快速适应这一转变，我投入了大量时间和精力学习C#语言及其相关技术栈。从.NET Framework到.NET Core，从WPF到Xamarin，我一步步深入探索并掌握了这些技术的精髓。同时，我也密切关注行业动态和技术发展趋势，不断更新自己的知识体系。

在公司的"门户客户端"项目中，我担任了核心开发成员的角色，负责整体架构设计、核心功能模块的开发以及性能优化等工作。通过深入分析用户需求和使用场景，我设计了一套既符合业务逻辑又易于用户操作的应用界面。这一项目为公司触达渠道用户增加了一个新的方式，极大地增加了渠道客户的黏性，让公司的产品能够更加主动地推向客户。

在产品研发过程中，我始终保持着对技术创新的追求。我积极探索并尝试将新技术应用于项目中，以提升产品的竞争力和用户体验。例如，在"智能分析功能"的实现过程中，我引入了机器学习算法来优化系统的性能。这一创新不仅提升了产品的智能化水平，也赢得了用户的一致好评。

在团队的努力下，我们也成功推出多款具有竞争力的产品，包括ERP数据分析类产品、贷后数据分析类产品、各电商类数据分析产品等，成功吸引了度小满、蚂蚁金融和部分知名银行成了我们公司的客户。

 职场心路：职业寄语

回望过去6年短暂的工作经历，我深知学习的重要性，从大学专业入门到职场上不断深入、精通。人生就是一个学习的过程，只有不断学习，不断提升自己，才能更好地面对各项挑战，抓住人生机遇。

[供稿单位：信息工程学院（怀卡托国际学院）]

95.筑梦高铁：让梦想飞驰在祖国大地上

姓　　名：楼文浩
职业岗位：中国铁路上海局集团有限公司上海动车段虹桥动车运用所地勤机械师
所学专业：机电一体化技术
毕业时间：2022年7月

从高铁旅客，
到铁路地勤机械师，
前方的铁路轨道，
就是指引我飞驰人生的方向。

我叫楼文浩，是金华职业技术学院机电一体化技术专业19级毕业生。毕业后，我进入了中国铁路上海局集团有限公司上海动车段虹桥动车运用所，成为一名地勤机械师，主要从事动车组的运行检修及故障处理工作。从学校到职场，我一路走来，不断学习和积累专业技能，从最初的理论学习到如今的实践应用，每一步都让我更加坚定了自己选择的职业道路。在这里，我想借此机会，分享一下我从学校到工作的经历，以及这些经历带给我的成长与感悟，希望能够为校友和学弟学妹们提供一些启发和帮助。

 高中时期：职业萌芽

在高中时，我和很多同学一样，迷茫于未来的专业选择。那个时候，家人、老师和朋友们都在给我各种建议，有人说可以选择计算机，也有人建议我去学金融，毕竟这两个行业发展前景广阔，但我心里始终没有定论，不知道该往哪条路走。

一次偶然的机会，我和父母在讨论未来的职业时，父亲提到了中国铁路上海局正在招聘机电一体化专业的学生。这让我眼前一亮，我从小就对火车和铁路有着浓厚的兴趣，每次看到飞驰而过的动车，心里总有一股莫名的激动。我开始查找关于机电一体化专业的相关信息，了解到这个专业不仅涉及机械原理，还涉及电气控制和自动化技术，是动车组维护和检修的重要技术基础。

有了这个明确的目标，我在学习中变得更加专注。我开始认真学习物理和数学，因为这两门课程是机电一体化专业的基础学科。我还经常在课余时间自学一些机械和电子方面的知识，尽可能为大学学习打好基础。虽然学习任务很重，但每当想到未来可能在铁路局工作，亲手维护那些我曾仰望的动车组，我就感到无比的动力。

高考后，我填报了金华职业技术学院机电一体化技术专业，并最终被录取，我知道自己已经迈出了实现梦想的第一步。

 高职时期：职业启航

进入大学后，我的生活一下子变得丰富起来。虽然我从高中时就定下了学习机电一体化专业的目标，但真正开始学习这个专业时，我才发现它的广度和深度远超出我的预期。机电一体化并不像我想象的那么简单，它涉及机械设计、电子技术、自动化控制等多个领域。起初，我有些手足无措，但转念一想，这不正是我一直期待的挑战吗？于是，我下定决心，要在大学期间尽可能掌握更多知识，提升自己的技能水平。为此，我制定了严格的学习计划。每天早晨，我都会比别人早到教室，占一个靠前的位置，专心听讲。课后，我经常去图书馆查阅资料，消化课堂上没完全掌握的知识。每次遇到不懂的问题，我都会主动向老师或学长学姐们请教。有时问题难度较大，我会反复琢磨，直到彻底弄懂为止。

除了课堂学习，我还积极参加各种校内外的竞赛活动。我知道，光靠课堂上的知识是不够的，实际动手能力和解决问题的经验同样重要。在大二时，我报名参加了全国大学生机械创新设计大赛。这是一次难得的机会，我与几个志同道合的同学组成了一个小组，开始了长达数月的备赛。备赛的过程是艰苦的。每天下课后，我们就聚在实验室，讨论设计方案，进行模拟实验。记得有一次，我们的设计模型因为一个小小的误差导致实验失败，整组人都感到沮丧。但大家并没有气馁，而是连夜赶回实验室，一遍遍地调整、测试，直到问题得到解决。那段时间，我们几乎每晚都熬到凌晨，实验室的灯光常常是全校最晚熄灭的。通过这次比赛，我的团队协作能力和实际操作技能得到了极大的提升。更重要的是，我学会了如何在压力和失败中调整心态，找到解决问题的突破口。最终，我们的作品获得了大赛三等奖，虽然不是最好的成绩，但对我来说，它是对我们付出努力的最好回报。

3年的大学生活转瞬即逝，当我站在毕业的门槛上时，我感到自己不仅在知识和技能上有了质的飞跃，更在思想和心态上有了深刻的成长。我从一个对机电一体化充满好奇的新手，逐渐成长为能够独立思考和解决问题的专业人才。大学不仅仅是我学习知识的地方，更是锻炼我意志和拓展我视野的平台。我深知，未来的职业道路上依然会有很多挑战，但正是这段大学时期的积累，给了我直面未来的勇气和信心。

 工作时期：职业实践

毕业后，我顺利实现了自己的梦想，很幸运地进入了中国铁路上海局集团有限公司上海动车段虹桥动车运用所，成为一名地勤机械师。我的工作内容主要是负责动车组的日常检修、故障处理以及保养维护，确保动车组的状态良好，从而保障高铁的安全运行以及旅客的生命安全。动车组的维护工作看似简单，但每一个环节都要求极高的精准度。动车组的检修工作不仅包括日常的检查，还包括处理运行过程中出现的各种故障。每当动车组达到检修周期，它们便会进入库房，而我们的任务就是确保这些列车在出库时处于最佳状态。动车组上的任何一个小小故障，都可能会导致运行中的严重问题，因此，每一个细节都不容忽视。

记得刚入职不久，我被安排了一项重要的检修任务。当时一列动车在运行中出现了制动系统异常的提示，而这列动车组即将投入下一轮的运行任务。面对紧急情况，我和团队立刻投入到故障排查中。经过几个小时的检查和调试，最终我们成功解决了问题，确保了列车能够按时安全出库。这次经历让我深刻体会到动车组检修工作的责任重大，同时也让我感受到了团队合作的重要性。

除了日常的检修任务，2022年春运期间，我还被安排到上海虹桥火车站进行助勤工作。春运是铁路系统一年中最繁忙的时段，车站内人流量巨大，几乎每一秒钟都有人在问路、找站台，或者需要其他的帮助。那段时间，我的岗位是在服务台，主要负责为旅客解答疑问，指引他们找到正确的站台，有时还要协助残疾人士上下车。那是我第一次真正感受到车站一线工作人员的辛苦。每天面对上千名旅客的咨询，我必须保持高度专注，耐心回答每一个问题。有时嗓子已经沙哑，但我还是要强打精神，继续服务那些迷茫或焦急的旅客。有一次，我帮助一位坐着轮椅的老年旅客从进站口一路护送到车厢。看着她在列车员的帮助下安顿好位置后，我才安心离开。虽然身体上疲惫不堪，但心里却充满了成就感。

　　一天的工作结束后，我常常觉得嗓子像冒烟一样痛，即使不停喝水也无法缓解。这让我深刻理解了车站工作人员的艰辛，他们的每一次微笑、每一句解答，背后都是无数的努力和付出。通过这些工作经历，我不仅提高了自己的专业技能，更加深了对铁路工作的敬畏。动车组的安全关系到无数人的出行安全，每一次检修都是对我们职业精神的考验。而服务旅客的经历，则让我明白了铁路服务的重要性——它不仅仅是一个职业，更是一份责任，是对每一个旅客安全和顺利出行的承诺。

职场心路：职业寄语

　　如今，我已经完全融入了动车运用所的工作节奏，每一天都在为保障列车的安全出库而努力。我深知，自己肩负的责任不仅仅是要确保动车设备的正常运转，更是要确保数以万计旅客的平安出行。我会继续在这条路上不断前行，精益求精，用自己的努力为铁路事业贡献力量。

（供稿单位：智能制造学院）

96. "深耕"工业自动化领域的新星

姓　　名： 凌建华

职业岗位： 浙江百盛光电股份有限公司电气工程师

所学专业： 工业机器人技术

毕业时间：2022年7月

找到感兴趣的领域，

积极面对学习、工作中的挑战与机遇，

保持谦虚和好学的态度，争取在激烈的竞争中脱颖而出。

　　我叫凌建华，2022年毕业于金华职业技术学院工业机器人技术专业，现任浙江百盛光电股份有限公司电气工程师。在校期间，我曾获全国职业院校技能大赛工业机器人系统集成赛项的浙江省一等奖、全国二等奖，熟练掌握了ABB工业机器人、西门子PLC的操作和使用，这些经历和技能为之后的工作打下了坚实的基础。如今，我在百盛光电工作，专注于设计和调试制造手机盖板的机器。每当看到朋友们手中的手机，我都会想，这手机的屏幕会不会是由我所设计的机器生产出来的呢？

 高中时期：职业萌芽

　　我的中考成绩达到了嘉兴市的重点线，因此顺利就读于嘉兴的一所重点高中。刚入学，我通过分班考试考到了学校的重点班，那时我志向远大，希望通过高中三年的努力能够考上一所985名校。在高中的第一学年，我带着这股不服输的劲头认真学习，成绩也稳步提升，排名一度达到了年级前20名。

　　然而，在高二的一次月考中，我因为发挥失常掉到了年级200名开外。这次失误成为我成绩一落千丈的起点，在那之后的每次成绩都没有进步。最终高考时，我的成绩也只排在了全校200名左右，勉强达到了本科线。

　　我生于农村，当时对职业也没有清晰的想法和规划，因为成绩不理想，我决定填报一门将来好就业的专业。受到人工智能的影响以及从小对拆装玩具比较感兴趣的原因，我决定填报工业机器人技术专业，最终被金华职业技术学院录取。

 高职时期：职业启航

　　进入金华职业技术学院后，我发现工业机器人技术是自己感兴趣的专业。在这里，我不仅学到了扎实的理论知识和专业技能，还得到了丰富的实践机会。

　　大一时，我就开始接触ABB工业机器人和西门子PLC的编程和操作。这些技术在工业自动化领域应用广泛，掌握它们对我的职业发展至关重要。在大二期间，我参与了学院的工业机器人竞赛班学习。竞赛班的管理非常严格，每天学习时间从早上8点到晚上9点，我们都在实验室里进行高强度的训练。暑期里，我也选择留校继续学习，整整一个月的时间，几乎没有休息过一天。正是这日复一日的刻苦训练，我被选拔为参赛者参与浙江省"工业机器人系统集成"赛项的比赛，最终获得一等奖。随后，我又代表学校参加该赛项的全国比赛，最终获得二等奖的成绩。经过一年的不懈努力，我收获的不仅仅是知识、技能、荣誉和自信心，更深刻理解了坚持和努力的真正意义。

除了比赛，我还积极参与学校的各类项目实践。例如，我曾参与一个基于PLC的智能仓储系统的开发项目。这个项目要求我们设计并实现一个能够自动分类和存储货物的系统。通过这个项目，我不仅提高了自己的编程能力，还学会了如何在团队中高效合作。

回顾三年的高职学习，我深感这段经历不仅是专业知识与职业技能的积累，更是个人成长与职业规划的基石。期间所学的知识为我打下了坚实的理论与实践基础，也让我对所学领域有了更加全面和深入的理解。这些专业知识如同指南针，引导我在专业领域内不断探索和前行。同时，这段经历也让我更加明确了自己的职业目标和人生方向，我不断尝试、不断反思，逐渐找到了自己真正热爱并愿意为之奋斗的事业。

工作时期：职业实践

2022年7月，我顺利毕业，并入职浙江百盛光电股份有限公司。初入职场，我从一名电气工程师助理做起，跟着公司的前辈学习。在这段时间里，我主要负责一些基础的工作，如设备的维护和简单的程序编写。然而，我并不满足于此，希望能够独立完成整个项目的设计和调试。

经过2年的努力，我终于实现了这个目标。现在，我已经能够独立设计和调试制造手机盖板的机器。这些机器主要由3个六轴的工业机器人、2台PLC和1个由电脑控制的视觉模块组成。我负责的是PLC整体逻辑的编写、机器人程序的编写以及最后的整体联机调试，确保整台设备可以流畅快速地运行。

在工作中，我遇到了许多挑战。例如，有一次我们需要设计一台能够同时处理多种规格手机盖板的机器。这对PLC的编程要求非常高，因为需要考虑到不同规格的盖板在传送带上的位置、速度以及加工顺序。为了完成这个任务，我查阅了大量资料，并与同事们反复讨论和测试。最终，我们成功设计出了一台高效的多功能机器，大大提高了生产效率。在百盛光电的两年里，我参与了多个重要项目，其中有两个项目让我印象深刻。

一是蓝玻璃自动检测线项目，这个项目是我负责的第一个大型项目。整机由一个整体模块构成，由PLC作为主控对接上位机与机器人执行器。整体逻辑由1个凸轮分割器分成8个工站，每个工站分别执行不同功能，由机器人抓取蓝玻璃并存放至分拣模块，实现蓝玻璃的检测与分拣。我负责PLC程序整体逻辑控制编写、整体电路设计以及整机流程调试和上位机的对接。这个项目让我第一次全面了解了从设计到调试的整个过程，也锻炼了我的综合能力。

二是手机玻璃盖板全自动检测线项目，这是一个更为复杂的项目。整个自动线由三个模块组成，分别是设备进料检测部分、人工检测部分和分拣部分。整个系统由5个台达B2伺服驱动器、1个立仪测厚镜头模块，以及3个六轴机器人执行器协作完成。控制部分由2个PLC与1个上位机控制完成，上位机负责采集玻璃盖板厚度等信息，PLC负责收集信息并把控整体流程，下发给机器人完成整体控制。我负责PLC整体逻辑控制程序的编写与整机调试、机器人程序编写与调试，以及电路设计。这个项目的成功让我在公司内外赢得了更多的认可，也让我对自己的能力有了更大的信心。

 职场心路：职业寄语

回顾我的成长经历，我深刻感受到，兴趣和努力是成功的关键。从高中时期的成绩起伏波动，到大学时期的专业学习，再到工作时期的实际操作，每一步都充满了挑战和机遇。正是这些经历，让我不断成长，成为今天的自己。对于在校的学弟学妹们，我有几点建议：首先，一定要找到自己感兴趣的领域，并为之努力，兴趣是最好的老师，它会引导你不断前行；其次，不要害怕失败，失败是成功的垫脚石，每一次失败都是一次学习的机会，它会让你变得更强大；最后，要保持谦虚和好学的态度，不断提升自己的能力。只有这样，你才能在激烈的竞争中脱颖而出，实现自己的梦想。

未来，我希望能够继续在工业自动化领域深耕，参与更多具有挑战性的项目。同时，我也希望能够将自己的经验分享给更多的年轻人，帮助他们在职业道路上走得更远。通过不断学习和实践，我相信自己可以在这个领域取得更大的成就，并为社会的发展贡献自己的力量。

（供稿单位：智能制造学院）

97. 直击体育最前线，做好新时代记录者

姓　　名： 应宇康
职业岗位：《体坛报》记者
所学专业： 数字媒体艺术设计
毕业时间： 2020年7月

汗水浇灌梦想，
镜头相拥未来。
做一名体育赛场上的新闻人，
跨越性别、国界、地域，
刻录每个荣耀与汗水交织的时刻。

　　我叫应宇康，目前是浙江《体坛报》社的一名记者，负责新闻报道的统筹策划、采写、拍摄制作等工作。我与央视、浙报、浙江广电等媒体开展新闻合作，参与报道东京奥运会、第十九届亚运会等十余项重大赛事，采访了汪顺、叶诗文等多位奥运及亚运冠军。同时，我参与了体育助力山区发展、赛事旅游融合、新春基层走访、冬训备战等专题报道。作为一名体育记者，我会参加国内外各种赛事，承担着传播正能量、推动社会进步的责任。我希望通过自己的报道，可以让更多人关注到体育运动对个人健康和社会发展的重要性。

 高中时期：职业萌芽

　　在高中时，我就对摄影摄像艺术表现出十分的热爱。每当校园活动或是校运会来临，我总是拿着相机穿梭在赛场各个角落，用镜头记录下精彩瞬间。同时，我也是学校摄影社团的成员，参与学校宣传工作给了我进一步接触摄影专业的机会。那时的我，虽然还未明确未来的职业方向，但内心深处已经对这个行业有了憧憬。

高职时期：职业启航

进入高职后，我选择了数字媒体艺术设计专业影视方向。我加入了张赛老师的工作室，参与社会面工作，还加入了校记者团，参与校级活动的宣传报道工作。这些实践经历使我的专业技能和实践能力得到了显著提升，内向的性格也得到了很大的改善，为我现在的新闻工作打下了坚实的基础。大学生活记忆中，最让我印象深刻的是2018年安徽写生之旅。从最初的概念构思到最终的作品呈现，我们经历了一系列的探索和尝试。在这个过程中，每个人都充分发挥了自己的创意和技能，通过团队协作，将想法转化为实际成果。当然，在实际拍摄中，我们也经常会遇到意想不到的情况，例如，天气变化导致光线不足，或是突然出现的"过客"影响了整个画面质量等。这时，我们需要根据现场实际情况迅速调整和完善拍摄方案，例如，为了捕捉一个画面纯净、意境悠远的镜头，同学们有的寻找身边的物品作为道具来丰富场景设置，有的当起"劝导员"，拦住过往行人。实地拍摄的经历，不仅让我深切体会到影视作品背后制作过程的繁复与艰辛，更让我领悟到了导演综合调度能力的重要性。

 工作时期： 职业实践

2020年，带着对新媒体的好奇，我踏入了一家宠物医疗电商公司开启了不到一年的实习，负责新媒体内容的创作与推广。这段经历让我开始认识到在快节奏的时代背景下内容为王的重要性，同时也让我接触到如何运用数字媒体艺术的方法吸引并留住观众。一次偶然的契机，我得到了一个跨进新闻媒体行业的机会，我便辞去了在金华的工作回到家乡杭州从零开始。由于是半转行，我刚开始进去还有些不太懂，但是在同事的帮助和自己虚心学习下，渐渐对这份工作得心应手，最初的那段时间，总是最艰难，也是最有意义的。

2021年，我成功入职了《体坛报》社，正式成为一名记者。成为一名优秀的体育记者不仅需要扎实的专业技能，更要有强烈的社会责任感、敏锐的洞察力以及不懈的努力。学弟学妹们总是会问我，在当记者时遇到过最大的挑战是什么？我告诉他们的是两个，一个是社交，还有一个是思考。例如，由于某些原因导致采访对象不能如约，就需要发挥自己的社交能力，去寻找一个新的适合的采访对象来完成这个任务。记者不是闭门造车，更多的是要带着思考走出去，沉下去。

进入《体坛报》后，我迅速融入这个充满激情与挑战的团队。面对接踵而至的大型赛事报道任务,我从未有过退缩。从第十四届陕西全运会到东京奥运会,到浙江省第十七届运动会,再到杭州第十九届亚运会及亚残运会,无论是前方还是后方,我始终保持冲在一线的态度,传递出运动健儿们的汗水与荣耀。每一次采访奥运冠军、亚运冠军,都是对我专业能力的极大考验,但也是我成长道路上最宝贵的财富。我学会了如何在紧张的比赛氛围中捕捉新闻点,如何在有限的时间内深入挖掘故事背后的价值,更学会了如何以一名记者的身份去理解和尊重每一位采访对象。

除了大型赛事报道外,我还积极参与了体育助力山区26县共富、跟着赛事去旅游、新春下基层、冬训备战等主题报道。这些报道让我深刻认识到体育不仅仅是竞技场上的较量,更是推动社会进步、增进人民健康福祉的重要力量。

在日常工作中,我还负责省内各地的运动赛事、校园体育的报道。这些看似平凡却充满温情的故事,让我更加坚信体育的力量是无穷的,它能够跨越年龄、性别、地域的界限,将人们紧紧相连。而我要做的,就是传递好体育的声音。

职场心路:职业寄语

回顾我的成长历程,从初高中时期埋下的梦想种子到高职时期的技能锤炼,再到如今作为一名体育记者的追梦之路,每一步都充满了挑战与收获。数字媒体艺术的专业经历和技能,帮我拉近了与梦想的距离。在未来的日子里,我将继续秉承初心,以勇立潮头的精神面貌,做好新时代的记录者。

同时,我也想对在校的学弟学妹们说:"无论你们选择哪条道路,都要保持对梦想的热爱与追求。勇敢地迈出第一步,不断学习、不断进步、不断挑战自我。记住,成功从来不是一蹴而就的,它需要时间的沉淀和汗水的浇灌。愿你们都能在自己的领域里发光发热,成为那个最耀眼的自己!"

(供稿单位:设计学院)

98. 追随兴趣之光，95后新星的幼教之路

姓　　名： 单思萍
职业岗位： 初本学前教育研究院教学管理与服务部主管
所学专业： 早期教育
毕业时间： 2021年7月

从喜爱到热爱再到专业，

把热爱变成事业，

是我对兴趣最好的致敬。

以童为本，

我们都是幼教路上的追梦人。

　　我叫单思萍，金华职业技术学院早期教育2021届毕业生，同时也是早期教育专业的首届毕业生，现担任初本学前教育研究院的教学管理与服务部主管。回顾我的学习生涯，从中考失利懵懵懂懂进入中职学习，到坚定信念将来从事幼教行业报考金华职业技术学院，再到大学努力学习，最终以班级第一名的优异成绩踏入了初本学前教育研究院的大门。工作后，我从一线教师成长为教务部主管，如今成为一名95后的教育管理人员。在管理岗位上，我能够带领初本教务部培训组同事完成幼儿园教师培训教务带班工作，并一直获得好评。大学期间，我屡获校级奖学金，被评为"优秀毕业生"。工作期间，我还获得了集团新生力量与优秀员工表彰。

 中职时期：职业萌芽

　　面对中考的失利，何去何从？家人温暖的建议如同灯塔，照亮了前行的道路——从心出发，追随兴趣之光。

　　我出生在浙江绍兴的农村，拥有一个幸福和睦的家庭。父母对我有着无尽的爱与耐心。自小，我便在这样温馨的家庭氛围中成长，自然而然地模仿父母的行为，与他们一同照料邻里间的小朋友们。那份纯真的快乐与成就感，至今仍是我最宝贵的记忆。

面对中考的失利，我并未气馁。在家人与老师的鼓励下，我坚定地选择了中职学校幼教专业，并加入了高考班，心中怀揣明确的目标，我要考入理想的大学，争取编制，最终成为一名幼教老师。中职时期，外甥的降生如同一份特殊的礼物，为我提供了宝贵的幼教实践机会。我把人们所说的"带孩子"变成了用专业的学前教育知识陪伴他成长。随着时间的推移，看着外甥的点滴进步以及对我的依赖，让我提前感受到了作为幼教老师的幸福与责任，也让我对未来从事幼教事业充满了信心与热爱。

 高职时期：职业启航

选择金华职业技术学院，选择早期教育，从此正式踏入幼教的大门。

高考结束后，在一次偶然的机会中，我了解到一线城市的早期教育就业市场需求异常火爆。这个发现激发了我投身早期教育的决心，最终，我在高考志愿中选择了金华职业技术学院的早期教育专业。作为该专业的首届学生，大学三年里，我们在专业主任赵青老师及专业教师们的引领下，共同遨游于早期教育的知识海洋。

早期教育专业虽然是新开设的专业，但是其课程设计科学合理，专业老师们用心教学。在这里，我们深入理解了早教的理论精髓，学习了儿童生理卫生、婴幼儿保育、早期教育概论、早期教育活动设计与指导、婴幼儿家庭教育与指导等课程。学校除了在校内建有各类实训基地外，还与校外的麦苗公学早教集团和金华红黄蓝早教机构等建立实训实习基地，每个学期我们都会在学校指导老师的带领下进入这些基地见习。见习的实践操作，让我对0~3岁的幼儿有了更多的了解，我们也将所学知识第一时间转化为实际能力。每次见习，我都紧紧跟随老师的脚步，勤勉学习、认真备课，早教老师的风采在我身上悄然绽放。大三快毕业的时候，初本学前教育研究院来校招聘老师，我以第一名的优异成绩踏入了研究院的大门，有幸成为幼教专家王芳老师团队的一员。就此，也开启了我在初本的全面发展之路。

 工作时期：职业实践

就业环境瞬息万变，守心跟随幼教领袖，把握机遇，勇于挑战，95后新星冉冉升起。

正式加入初本后，在园长的工作安排下，我历经了半日托、晚托、亲子早教、全日托及招生等多个岗位的锤炼。我在一线实战中持续审视自我，精益求精。晚托与早教课的细致研磨，不仅锤炼了我的课程准备技巧，更激发了我的创新思维。同时，在半日托、全日托及招生工作的深入参与中，我稳扎稳打不断提升自己的专业技能，同时学会了如何更有效地与家长沟通，构建起坚实的家园合作桥梁。这一路，我成长迅速，能力得到了全面跃升。

随着就业市场的变迁与出生率的下滑，初本敏锐捕捉趋势，毅然转型，将重心移至0~6岁幼教师资培训领域。我的职业轨迹也随之发生变化，从昔日与孩子的纯真互动，转变成与幼教工作者的深度交流。在深思熟虑个人发展与行业前景后，我决定继续与初本并肩前行，专注于幼儿教师继续教育领域。在一次次的培训中，我与幼教领域的专家学者及同行广泛交流，不仅拓宽了我的知识面，也让我在思维的碰撞中激发新的灵感火花。同时，教务工作的复杂多变，极大地锻炼了我的随机应变与深度沟通能力，为我的职业生涯增添了宝贵的财富。

2023年下半年，我迎来了职业生涯的新篇章——管理岗位，这既是沉甸甸的压力，也是催人奋进的强大动力。我时常自省，作为一个仅工作3年的95后，我为何能获此重任？这份思考也成为我不断前行的内在驱动力。2023年底，在与初本执行院长宋老师的深度交流中，她建议我探索多元路径，强化管理能力。于是我立下宏愿，制订了详尽的学习计划，广泛涉猎管理领域的经典著作，力求理论与实践并重。近一年来，我全身心投入到初本教务部培训组的管理工作中，从精细化的项目管理，到团队的高效协同，再到成员能力的全面提升。在这个过程中，我不断调整自我状态与心态，与初本同频共振，共同成长。如今，我更加坚信，只有不断挑战自我，才能在管理的道路上越走越远。从一线幼教人，到培养更多的一线幼教人，那颗新星终会照耀身边的人。

职场心路：职业寄语

在幼教璀璨星河中，我追随着领航者的光辉，共驭时代变革之潮，破浪勇进。人们常说："兴趣是最好的老师。"希望大家都能找到自己的兴趣所在，牢牢把握好每一次实习机会，给自己增添实践阅历，以梦为马，不负青春韶华！

（供稿单位：师范学院）

99. 让坚持与热爱成为组装"汽车梦"的动力源

姓　　名：余洋
职业岗位：浙江亚特电器股份有限公司质量工程师
所学专业：新能源汽车技术
毕业时间：2022年7月

从儿时的汽车模型，到成人后的零件拼装，

从失败到成长，从专科到本科，

汽车追梦人，我一直在路上。

　　我叫余洋，是金华职业技术学院新能源汽车技术专业2022届毕业生。大学期间，通过不断的学习和实践，我不仅掌握了新能源汽车领域的专业知识，还积极参与了各类创新创业竞赛。2022年毕业后，我顺利考入浙江农林大学暨阳学院。2024年，我本科毕业了，并入职浙江亚特电器股份有限公司担任质量工程师。进入职场后，我深刻体会到，大学期间的学习不仅仅是书本知识的积累，更是我应对实际工作挑战的重要基石，特别是在质量管理工作中，细致与精益求精的态度至关重要，而这些品质都是我在大学的实践项目中逐步培养起来的。在工作中，我每天都要面对产品质量的检测和控制，这不仅要求我对专业知识有深入的理解，还需要我具备发现问题、解决问题的能力，这些能力的培养正是源自我在校期间的不断锻炼和成长。

 ## 高中时期：职业萌芽

　　我和汽车的不解之缘始于孩提时代，在我小时候，给我买遥控汽车玩具是爸爸妈妈奖励我的一种方式。而我对汽车的热爱不是因为玩具汽车酷炫的外观，我真正想探索的是其内部驱使它行驶的工作原理。我总是会将拿到手的玩具拆分再组装起来，一次次的拆装、拼合，带给我的不仅仅是成就感，更让我感受到汽车内部蕴含的科学知识。我对汽车的兴趣也由此产生。"兴趣是最好的老师"，但再加之努力和坚持，或许才是我得以坚持到底最后能够成功的必要条件。

高中时期，我就读于浙江省绍兴市越城区越州中学，这是一所充满朴实学风的普通高中。由于我的性格较为内向，我在班级中宛如一颗不起眼的小星星，但也默默散发着自己的光芒。面对大学的选择，由于我的学习成绩并未出类拔萃，更未明确自己心仪的专业方向，我曾一度感到迷茫。在一次与班主任的交谈中，我偶然得知了金华职业技术学院开设新能源汽车技术专业，这让自幼对汽车便怀有浓厚兴趣的我，有了一个新的目标。于是，我毫不犹豫地将其列为志愿表的首位。这份偶遇，实则也蕴含着一份幸运，它引领我更加热爱并投身于这一专业。

高职时期：职业启航

大一那年，我有幸加入新能源汽车赛教融合班。自此，我的大部分课外时光便与汽车实训室紧密相连，过着寝室与实训室两点一线的生活。我深知"业精于勤而荒于嬉，行成于思而毁于随"的道理，因此，我热衷于将新能源汽车的理论知识与实操技能相结合。在实训室，我埋头苦读，从驱动电机的奥秘到新能源汽车的概论，无不一一涉猎；同时，我也紧跟老师的步伐，学习新能源汽车的拆装、故障排查、诊断技术及开发应用。面对疑惑，我总是勇于提问，不厌其烦地向老师请教，力求每一个知识点都能了然于胸。

大二时，我调整方向，将重心转向了创新创业竞赛上。尽管困难重重，我还是选择迎难而上，凭借在动力电池管理及维护、驱动电机控制技术等方面的深厚功底，我投入了前所未有的努力。在"做中学、学中研、研中创"的工匠精神的指导下，我和同学们经过两年的研究、无数次的电路设计和夜以继日的程序优化，最终，我们的项目申请了10项专利，并在第十二届"挑战杯"大赛中取得了突破，赢得了我校历史上首个国赛金奖。

同年，我们还在第六届"互联网+"大学生创新创业大赛中获得了国赛银奖，在第十二届浙江省大学生职业生涯规划大赛创新创业类高职高专组获一等奖（小组第一名），为学校的"双高建设"新征程贡献了力量。我们与浙江大学等多所本科院校同台竞技，在大学生服务外包创新创业大赛中获得了全国三等奖，实现了我校在该赛事国奖上的零突破。每周超过80个小时的实训学习、2329块PLC白板的制作、2168次电控传导的调试、4326次电路的改进设计，见证了我从竞赛参与者到领跑者的转变。

除此之外，我还荣获了2020年浙江省最佳创新创意之星、第十二届浙江省大学生职业生涯规划大赛创新创意类高职高专组最佳答辩奖（浙江省高职院校唯一获奖者）、浙江省第十二届"挑战杯"大学生创业计划竞赛一等奖；"建行杯"第六届浙江省国际"互联网+"大学生创新创业大赛金奖1项，第七届浙江省"互联网+"大学生创新创业大赛银奖2项。3年中,我共获得了5项国家级荣誉、13项省级荣誉和20余项校级荣誉。

三年时间里,我还一直专注于新能源汽车技术钻研与学习。针对新能源汽车集成电控领域存在的问题,我带头成立"集成先锋"团队,团队内汇聚了一群志同道合的同学,大家为了自己的兴趣,抱着对未知事物的好奇,朝着同一个目标共同奋斗,这种感觉也给了我很大的动力,支撑着这个团队不断往前进步。在不断试错下,终于我发现由电控领域引发的电动汽车事故频发,并以此为切入点,逐步展开。

本科时期:学历晋升

从金华职业技术学院新能源汽车技术专业毕业后,我决定继续深造,以进一步拓展自己的专业知识和视野。2022年,我成功考入了浙江农林大学暨阳学院。在这段求学过程中,我不仅深化了对新能源汽车技术的理解,还接触到更广泛的学科知识,从而全面提升了自己的能力。与之前的高职生活相比,本科阶段的学习挑战更大、要求更高。课程内容不仅涵盖了新能源汽车的前沿技术,还涉及了智能交通、可持续能源管理等交叉学科,这让我开始从更加系统和全面的角度思考新能源汽车产业的发展。学习之余,我积极参与了学校的科研项目,特别是在新能源电池管理系统的优化研究中,我与团队成员紧密合作,解决了多个技术难题。这段科研经历让我真正体会到理论与实践相结合的重要性,也让我对新能源汽车行业的未来发展有了更深刻的理解。

2024年6月,我顺利从浙江农林大学暨阳学院毕业,正式步入职场,成为浙江亚特电器股份有限公司的一名质量工程师。在工作中,我深刻感受到从学生到职场人的转变所带来的挑战。然而,正是在高职和本科阶段所积累的知识和技能,让我能够从容面对工作中的问题,尤其是在质量管理的严谨性和创新性方面,我得到了充分的锻炼与发挥。

职场心路:职业寄语

回顾这几年的学习历程,我愈发体会到,学习不仅是为了应对考试或完成学业,更是为了为未来的职业生涯打下坚实的基础。如今,站在职业发展的起点上,我怀揣着对行业的热情,渴望将所学的知识应用到实际工作中,不断追求技术的进步与自我的提升。我坚信,学习的步伐不会停止,而我也会继续在这个快速发展的行业中,勇敢迎接未来的挑战。

（供稿单位:智能制造学院）